螺旋动力系列

[美]赛义德·道拉巴尼（Said Dawlabani）/ 著
蔡莹晶 / 译　陈秋佳 / 审校

螺旋动力

全球经济篇

MEMEnomics:
The Next Generation
Economic System

华夏出版社
HUAXIA PUBLISHING HOUSE

谨以此书献给我的两个女儿克洛伊（Chloe）和奎茵（Quinn），也敬献给我的父母双亲贾米莱（Jamileh）和伊莱亚斯（Elias）。

以此书敬献给我的好友兼工作伙伴唐·贝克（Don E.Beck），在过去的十年间，他的天赋才能每天都在激励着我。

还要将此书敬献给我聪颖绝伦的爱侣埃尔扎（Elza），是她为我指明了这条永无止境的求索之路。

目录 contents

本书赞誉　　　001
序　　言　　　001

第一部分　模因经济学　　001

引　言　　　003
第一章　开明自利时代的最后一位骄子　　023
第二章　经济层面的价值体系范式　　046
第三章　模因经济学理论框架　　103
第四章　货币在人类发展过程中的作用　　122

第二部分　生存层面的经济价值观发展史　　145

第五章　前两个模因经济周期：权力雄踞模因和爱国繁荣模因　　147
第六章　第三个模因经济周期：金钱至上模因　　175
第七章　探寻新范式　　213

第三部分　功能型资本主义平台　　231

第八章　价值体系与功能流程　　233
第九章　拥抱知识经济价值观　　274
第十章　功能型经济体系实例　　293

第十一章　设计制造业的未来　　310
第十二章　从股东到利益相关者定义可持续发展的公司　　326

参考文献　365
致　　谢　375
关于作者　377

本书赞誉

本书是一部杰出的著作，它立足于富足经济学、经济繁荣以及培养健康的生态系统，以建立可持续的商业实践行为。它对经济一体化具有一种大局观的看法，认为在这个整体相互依存的星球上，经济一体化是以人们有觉知的愿景为指导的。赛义德·道拉巴尼出色地将当前的经济活动置于逐步进化的模型中，有助于重塑未来富有远见的商业领袖的思维方式。我强烈推荐大家阅读这本书。

狄巴克·乔布拉（Deepak Chopra）
《纽约时报》最受欢迎的作者
《超级大脑》合著者

我们处于危机四伏的世界中。地球正在经历第六次生物大灭绝，这一事件在科学上被归因于人类文明的发展未能与大自然的智慧维持协调一致。我们以过时的达尔文式"适者生存"哲学作为自己的存在和行为模式，却忽视了我们对整个人类以及我们的支持环境应当承担的责任，这样的做法威胁着我们的生存。

在这本书中，富有文化创造力的赛义德·道拉巴尼赋予我们聪明才智，帮助我们安全地穿越这条黑暗的通道，走向更为健康的未来。道拉巴尼是一位宏观经济学家，他利用前沿的仿生科学，为我们提供了开创性的价值体系研究方法，以模拟商业世界的有意识演化。我强烈推荐大家阅读这本书，因为它为我们作出了重要贡献，提出了引人注目的可持续的经济发展模式，以指导人类未来的发展演变，并能助力我们拯救生物圈。

布鲁斯·利普顿（Bruce H. Lipton）博士

细胞生物学家

畅销书《信仰生物学》作者

《蜜月效应》作者

《自发进化》合著者

我受邀来分享自己的想法，谈谈我怎么看这本有关资本主义未来发展的最重要的书。

本书是一位杰出的美籍黎巴嫩思想家对进化经济学领域进行的丰富而富有启发性的重新思考，是这个领域首屈一指的书。赛义德·道拉巴尼是一位变革经济学家，也是新兴价值体系科学的重要实践者。对于那些想要了解系统性变革的人而言，这本书不可不看。

珍·休斯顿（Jean Houston）博士

畅销书作家

人类潜能运动创始成员

全球公共领域和私营领域的领导者，都会在阅读和研究本书时受益匪浅。自从担任西南航空公司的首席执行官以来，我一直都在密切关注克莱尔·格雷夫斯博士（我们1981年曾见过面）和唐·贝克博士的研究工作。在西南航空公司的发展和布兰尼夫国际航空公司（Braniff International）的财务转型过程中，贝克博士曾给予我宝贵的个人指导。如今，赛义德·道拉巴尼已经掌握了他们二人所有成熟的研究结果，并将其研究工作发展到了新一代经济学阶段。这本书为您提供了强大的信息源，也提供了经济起飞计划，能将您的组织带入新的发展层次。如果您希望能处于变革的前沿，阅读这本书能让您拥有这样的机会。

霍华德·普特南（Howard Putnam）
美国西南航空公司和布兰尼夫国际航空公司前首席执行官
《浊风》作者
演讲名人堂成员

作为《科斯莫斯》（Kosmos Journal）的创刊编辑，我将本书选为我们目前推荐的两本书之一。这本书不仅开创性地力图将经济学置于模因连续体之中，而且由于它以时间为轴展开，涉及整个经济学领域，就其文字内容而言，也非常值得一读。这将是新兴模因经济学领域的经典之作，应当让所有大学生都能读到这本书。由于我们正寻求在新经济中建立新的资源共享方式，这本书将对变革经济学领域的发展作出重大贡献。

南希·鲁夫（Nancy Roof）

《科斯莫斯》创刊编辑

要想创造适合所有人生存的世界，我们需要了解全美乃至全球复杂而多变的人类价值体系万花筒。在商业和经济领域，这一点尤为重要。赛义德·道拉巴尼通过开展开创性的对话，谈论人类和社会的发展阶段以及我们需要的能适应当下生存状况的新兴经济体系，让我们有机会得以探讨这个重要话题。如果我们学会了应用新一代思维方式，就可以为人类创造一个繁荣发展的未来。来读这本书，加入关于健康变革的对话吧！

辛迪·威格尔斯沃思（Cindy Wigglesworth）

《拥有精神智慧的 21 项技能》作者

深度变革有限公司（Deep Change, Inc.）总裁

序　言

唐·贝克 博士

很少有人会从人类发展或文化进化的角度来写作经济学等学科的书籍。读者难得能看到这样一部记述性著作，它采用了一种开拓型的研究方式，通过广义文化整体系统的方法重新构建了一个专门的学科。赛义德·道拉巴尼在本书中正是这样做的。这本书重新定义了经济和政治领域那些相互矛盾的意识形态问题，并将这些问题置于一个进化发展的新范式中。这本书讲述了好的变革是什么样的。

毋庸讳言，现今我们要应对那些威胁着我们诸多民主制度的重大政治分歧。左翼和右翼不同的意识形态已经形成了两极分化的阵营，就像是相去千里的两个世界。如果我们对过去几年间人们发表的所有演讲、书籍和文章进行内容分析，并探讨学术界或智囊团人士为了攻击这些意识形态问题而发起的争论，就能看到这么几个清晰而鲜明的思维模式：资本主义要么是伟大的，要么是贪婪的；社会主义要么是仁爱的，要么是有害的；富人之所以富有，要么是因为他们努力工作，要么只不过是因为他们中了人生的彩票；穷人之所以贫穷，要么是因为他们散漫不守规矩，要么就是因为他们受到了富人的压迫；经济再分配要么会创造公平的竞争环境，要么会降低全球人民的智力水平。究竟哪种说法是对的？

这些传统争论大多围绕着相互矛盾的经济模式、开放的政治准入制度、法定的机会与结果均等机制，以及其他一系列外部的、自上而下的解决方案而展开。关于政府预算的规模和分配机制的争论也愈演愈烈，金钱成了包治百病的灵丹妙药。新施行的规章制度要么会改变人心向背，要么会激怒那些相信在自由竞争的市场中存在着"看不见的手"的人。人人都受益于大政府的慷慨馈赠——政府会帮助那些发展规模越来越大，以至于"大到不能倒"的企业摆脱困境，也会动用税收来为社会福利计划提供资金支持。当然，知识经济还将会把精妙绝伦的技术创新成果带到非洲最偏远的村庄，不论当地有没有通电。确实如此。

塑造人类未来的思想家们正面临着一场艰巨的考验——这是极其重大的考验，需要我们举众人之力，共同创建合适的政治和经济体系，以便最出色地应对地球生命所面临的复杂状况。两个多世纪前，苏格兰哲学家亚当·斯密写下了自己对于人类道德和贸易演变的看法，一举俘获了全世界人民的心。但如今，他的学说在将自由企业制度引领到了人们难以想象的高度后，其核心却开始遭到人们的质疑。现今的全球经济和治理体系不能再以固有或僵化的意识形态为基础了，不管它们过去多么了不起、多么振奋人心。

如今，为固定的经济和政治领导力结构开处方的傲慢的指挥式智能正在减退，由开放体系和分布式智能所赋能的模型正在兴起。

随着经济活动接连陷入一个又一个衰退期，人们也正在加紧寻求更为复杂的领导力模型。人类系统的多样性不能再仰仗于有权势的精英阶层的刻意设计而实现——这不应成为它唯一的实现方式。这种将知识和政策构想从社会上层往下层涓滴渗透的旧范式，代表着工业时代的价值观，它塑造了人们数百年以来的政治和经济生活，可是在过去几十年里，这种范式却变得越来越过时了。这些昔日价值观的遗留物仍然还是人们解决问题的主要方法来源，但事实证明，这些旧方法的成效却在日益减弱。

为了使新的领导力涌现，以期应对我们所面临的挑战，我们必须创造出新的范式来。如今，一种新的领导力范式正在产生，关于如何为未来的政治和经济复杂性而做出设计的观念启示也开始变得深入人心。一种新的范式要想胜出，它就必须得解释更多的变量，考虑到更多不可预见的情况，还要能比它终将取代的原有范式解决更多的问题。由于生活是不断变化的，这种新兴范式必须得是一个开放的系统，而不是处于一种封闭的状态。它必须包罗万象，接纳过去所有的意识形态，因为这些意识形态产生于不同的时代、环境和发展阶段，都是正当合理的。它还必须拥有分布式智能，从社会各个角落收集信息，以便设计出有效的长期解决方案。这些解决方案必须对个人、组织和整个社会都具有同样重要的意义。在人类文化的差异性随时间推移而不断演变的过程中，这些解决方案必须要考虑到人类文化差异的方方面面，同时还能够应对有关人们的生活水平和生活质量的各种底线问题。

今天，我们在物理和生物科学领域进步的前沿持续探索，应当学着将来自这些系统的复杂性融入社会科学领域中。仿生学和进化生物学的研究领域为我们提供了丰富的知识储备，帮助我们设计出了一个未来，能够依循自然规律来适应复杂性的未来。未来的管理系统将会充满各种模拟大自然的设计，在大自然中，权力会依照将功能发挥到最大的方式进行分配。知识自下而上传播，各种政策自上而下涓滴渗透，价值观和智慧基于其需要满足的功能而向各个方向流动，这三种动态汇集在一起，将会使决策过程变得更为强大。经济学必须审视人类、文化兴起以及复杂的适应性系统等概念，将其作为研究方式，来创造出重新理解全球经济挑战的多样化方法。

关于社会科学复杂性这一领域的研究已经有几十年的历史了。我已故的同事兼好友克莱尔·格雷夫斯（Clare W. Graves）博士首先绘制了人类发展层次图谱，并首创了帮助人们理解生物—心理—社会发展阶段的方法。他的研究有助于人们理解文化中存在的复杂的适应性系统。在我的学术生涯中，有相当一部分时间都专注于将格雷夫斯的研究发扬光大，并基于他的研究发展出各种模型，用来帮助世界各地的政府和企业打破僵局，以及管理未来人们要面临的各种复杂性问题。从南非到中东再到冰岛，我们已经证明了，如果政策制定者能够透过我们称之为价值体系的棱镜，看到社会复杂性问题中所特有的、像DNA一样的构造，那么有意义的改变是有可能发生的。在格雷夫斯提出要大规模理解文化的框架之后，几十年过去了，生命科学领域的研究和信息革命的发生都在证明，文化在结构上模仿生活，简单而僵固的意识形态也不再能为充满复杂性的未来提供唯一的解决方案。

这本书可谓是将这些思想带入当代生活应用中的最佳途径。赛义德·道拉巴尼书写的这部作品，无异于将格雷夫斯风格的研究技术天才般地应用到了进化经济学领域。他的方法和分析，加上他对这一理论的深刻理解，使他在当代经济学舞台上具有了第三代格雷夫斯式人物的风采。在2008年金融危机爆发之前，他就已经是首批质疑过去和现今的经济学家们所秉持的因循守旧的思维模式的人士之一。继而，他又有条有理地阐明了当前资本主义表达方式陷入衰退状态的原因，并阐释了为什么更高形式的经济秩序亟须呈现出来。由于人类的存在是沿着上升的发展轨迹螺旋而上、向着更高层次的表达而推进的，因此赛义德用来定义经济发展的方法也是我见过的最新颖的方法之一。世界上有一大群思想家，他们在影响着新世界观的自觉演变，而他就是其中的一员。基于几十年来我们对人类发展的生物—心理—社会一体化理论的研究和全球应用，我们知道这种方法是有成效的。我们知道，文化和国家一样，都是伴随着人们的生存状况所催生出的价值体系或社会阶段而形成的。这种复杂的适应性智慧，形成了将一个群体的成员联结在一起的黏合剂，将他们以一个民族的方式定义下来，并能反映他们在地球上的居所的地域特色。

随着时间的推移，社会发展中的各种文化阶段形成了独特的融合体，使各种指导准则、生存守则、起源神话、艺术形式、生活方式和社会意识交融在一起。虽然这些都是人类经验的合理表达，但它们处理社会复杂问题的能力并不相当，这就给人们带来了挑战，使得政治正确的领导层无法设计出有效的解决方案。然而，文化中这些有迹可循的社会发展阶段并不是宿命论脚本，要将我们封锁在违背自己意愿的选择中；它们也不是预先设计好的楼梯上那段必然会出现的台阶；它们也不会像麦田怪圈那样奇迹般地出现在我们的集体心理中。文化不应当被看作死板僵化、一成不变。

恰恰相反，它们是核心的适应型智慧，会有兴衰起落，会有进步也会有倒退，在条件允许的情况下，也会有能力达到新的巧妙复杂的水平。它们很像洋葱，会长成一层层渐次包裹的样子。没有终局状态，没有最终的目的地，也没有乌托邦般的天堂。每个阶段都是下一个发展阶段的前奏，进而层层推进，再陆续发展到后面的一个个阶段。每个新出现的社会阶段或文化浪潮都包容了更广阔的视野、更复杂的组织原则，带有新校准过的优先事项、思维模式及明确的底线。所有先前经历过的社会阶段都留存在这种融合式的价值体系中，从而决定了特定的文化、国家或社会所具有的独特神韵。一旦在某种文化中出现了一个新的社会阶段，它就会通过该文化的表层表达，包括宗教、经济和政治安排、心理学和人类学理论，以及对人性的看法、我们未来的命运、全球化，甚至建筑模式和运动偏好，来传播自身的指导准则和生活优先事项。

这就是处理复杂性问题的新范式背后所蕴含的关键思想，它将会有助于我们定义这本书中详尽描绘出的领导力的未来发展：我们都生活在流动的状态中；总会有新酒，也总会有旧酒囊。事实上，我们发现自己在追寻一个永无止境的征程，而政治和经济的发展历程也是这样的。不同的社会、文化和亚文化，乃至各个国家，都处在不同的心理—文化发展水平，在这些发展水平下所呈现出的问题，其复杂程度各不相同。我们在美国西岸所面临的诸多问题，在洛杉矶中南部也一样存在着。无论是在波旁街（Bourbon Street）还是在我们工作的南非祖鲁（Zulu）部落，人们都能体验到万物有灵论的世界观。明尼阿波利斯（Minneapolis）市议会所要应对的问题与荷兰的政府机构所面临的争议其实并无二致。

被称为第三世界的社会所要应对的问题多半与其自身发展区域内部所面临的挑战相关，因而其暴力和贫困的发生率较高。这样的社会发展阶段下所构建的经济和政治领导力模型是不可能与第一世界相同的。对于第三世界而言，最重要的是要谋求生存、寻求安全感，以及应对封建社会时代的社会环境。第二世界所面临的挑战也是不一样的。这种国家的特点是一党专政，不论是右翼还是左翼执政，都没什么区别。这些国家也一定有不同的领导力模型，能够最好地适应它们从第三世界的发展阶段跃升时所做的文化转型。

被称为第一世界的国家和国家集团已经实现了人类所知最高水平的富足程度，人口出生率更低，技术的使用也更广泛。虽然它们秉持的价值观是战略性的、以自由市场为驱动的、个人主义的，但它们相信这种形态会是社会发展的终局状态，即"历史的终局"。虽然这种想法似乎成了今天的主流信仰，但在"后现代"时代之后，新的价值体系已然开始出现，只不过我们还没能充分发掘出某种词汇，可以让我们跳出"第一世界"的语境，巧妙地将这种价值体系表述清楚。此外，还有一个严重的问题：数以亿计的人阔别了第二世界和第三世界的生活方式，但不知这些人能否过上他们在卫星电视和社交媒体上看到的那种富足程度的生活。

在这本书中，赛义德颇有感触地指出，一旦人们开始通过分层化的方法来制定解决方案，对于不同的发展阶段考虑采取不同的解决方案，那么许多问题就会变得不那么难以应对了。在这种范式下，流动状态的思维方式取代了终局状态下的停滞不前。过于简单的解决方案会逐渐演变发展为我们对于人类本身、对于解决方案的独特性，以及对于人类发展过程中必然要经历的步骤和发展阶段，都能有更加丰富而充分的了解。僵化的规则是顽固的国家意识形态的产物，它将被起伏波动的算法所取代，这些算法连接着一个世界，那里充满各种变量、各种生命周期、各种不确定因素，以及蕴含在生活本身的核心中的其他复杂动态。这里没有担保，没有永恒的路线图，没有必然的目的地，也没有永不褪色的蓝图。然而，这里有方程式，有行动方案，有大数据，有分析，有分形，有结果，有流程，也有过程。随着时间的推移，每个新的解决方案都会引出新的问题。人类的行为动机会随着生存状况的改善或恶化而发生改变。我们将会拥有内在系统（而不是多态化自我）——依照事务的优先级和给人带来的紧迫感，不断重新进行自我安排的各种分层化的决策堆栈。不同的文化和亚文化被认为是有机的存在，只要有合适的生存状况，

> 这种培养领导力的方法，其真正目的是要同时打造内部和外部的动态活力——既扩展大脑能力，又扩展人们在文化、政治和经济方面的发展能力。

这种有机存在就会呈现出新的复杂水平。

人类和文化发展的这种新范式在这本书中得到了详尽的记述。本书解释了人为强加于经济学中的体系是怎样变得封闭而有害的。通过使用历经50年的研究和全球应用而开创的一系列流程，赛义德反复论证了一个命题：如果将来经济领域想要发展为全系统式的领导力形式，就必须在未来的经济研究中考虑采用价值体系的方法。赛义德还通过使用自然设计和价值体系生命周期等技术，开创了一种全新的方法来重构经济史，揭露了过去的涓滴渗透力法中存在的障碍。他紧接着还提出了解决办法，设定了可持续性实践的新标准，这些解决办法建立在功能性平台的基础上，旨在满足处于特定经济发展水平的人民和文化的发展需求。这本书是将价值体系理论应用于经济学的精彩入门书。对于想要建立文化价值体系——不仅要了解经济学，还要了解螺旋动力学（Spiral Dynamics）理论的应用以及克莱尔·格雷夫斯所做的开创性工作——的人们而言，这也是一本实践指南。它反映出格雷夫斯模型的演化进入了一个很少会考虑人类和社会发展不同阶段的不同需求与动机的领域。

最后，再提醒一句：这种培养领导力的方法，其真正目的是要同时打造内部和外部的动态活力——既扩展大脑能力，又扩展人们在文化、政治和经济方面的发展能力。其目的是要加速自然准则的推行，这些准则似乎在驱动着社会变革的发生。内部和外部动态活力的产生，在很大程度上依赖于自组式的准则和过程，而不是那种机械式、人为强制或命令式的准则和过程。借助于知识经济和社交

> 在永无止境的人类发展旅程中,混乱与秩序之间存在着螺旋上升的张力,正是由于很好地管理了这种张力,我们才与"最高指导原则"一起,成了人类历史的共同缔造者。

媒体的帮助,我们在这种模式下谋求的变革已经开始发生了。它混乱无序,常常带有暴力倾向,还会由于有不成功的开始、倒退、重大飞跃、前进和退出而显得难以预料。这种变革是系统性和整体性的,本质上是为了革新人们根深蒂固的行为做法,揭露腐败,使充分的社会清明成为常态。它排出了污浊的死水,疏通了支流,在激流险滩中找到了正确的行进方向,使日益变得凝练的思想、能量和人类精神在时间与空间中保持着持续的发展进步。在永无止境的人类发展旅程中,混乱与秩序之间存在着螺旋上升的张力,正是由于很好地管理了这种张力,我们才与"最高指导原则"(The Prime Directive)一起,成了人类历史的共同缔造者。

——唐·贝克博士
全球人类发展中心创立者
《螺旋动力学》共同作者
于美国得克萨斯州丹顿市(Denton)

第一部分

模因经济学

经济演变的整体系统观

引 言

据称，阿尔伯特·爱因斯坦说过："我们不能用制造问题的那一套思维方式来解决问题。"所有熟悉美国当前政治和经济分歧的人都知道，我们正面临着旧制度无法解决的重大问题。创新思想无法问世，因为它们被分化到了互为对立的左翼和右翼两大政治阵营中。我们选出了承诺践行变革的政客，但政治机器却使他们的愿景变得过时了。懊恼中，我们又选出新的政客，将他们送到同样分化对立的政治体系中，期待能得到不同的结果。对立的经济和政治意识形态正深深地破坏着美国文化的基础结构，但事情并不一定非要这样发展。如果当前的政治经济僵局可以通过一个尝试可以"说明一切"的理论来进行重构，会怎么样呢？这个理论曾被用来帮助南非从种族隔离制度中走出来，激励巴勒斯坦人民为建设他们未来的国家而兴建基础设施，还对冰岛新宪法的设计者们产生过影响，试试何妨？以上这些都是全球变革推动者们应用这个理论框架而取得的一些成功，模因经济学的框架也正是建立在这个理论框架的基础之上。

本书所阐述的概念，其背后的推动力来自两位杰出的发展心理学家——克莱尔·格雷夫斯和唐·贝克——所做的开创性工作。格雷夫斯是亚伯拉罕·马斯洛的同时代人，他提出的理论简称为人类

| 阿尔伯特·爱因斯坦说过:"我们不能用制造问题的那一套思维方式来解决问题。"

存在理论（the theory of human existence）。在这个理论中，关于成熟人类的发展本质，格雷夫斯阐述了他与同时代人不同的观点。其他人认为，成熟的人或成熟的文化是人们所期望实现的发展的终局状态；格雷夫斯却认为，在人类本性中，归根结底是不存在终局状态的。他将人类的旅程描述为一场永无止境的探索，人类的价值观塑造了文化，而文化反过来又塑造了人类的价值观。这两个因素相结合，使格雷夫斯所说的"双螺旋"模型得以形成，人类的心理能力会根据不断变化的生存状况——模型中的文化或社会部分——重新调整到较高或较低的水平。与当时人文主义心理学运动中的许多同时代人所不同的是，他坚信社会或社会因素在人类和文化的进化演变中起着关键作用。他是首位将人类发展的"社会"方面纳入一个被称为人类和社会发展的"生理—心理—社会"模型当中的学术研究者。

贝克在1974年遇到格雷夫斯后，舍弃了自己终身教授的学术生涯，转而致力于格雷夫斯研究的应用工作。1996年，他与克里斯托弗·科万（Christopher Cowan）合著了一本书，名为《螺旋动力学》（*Spiral Dynamics: Mastering Values, Leadership, and Change*）[①]，这本书成为承载格雷夫斯方法论和研究成果的最权威的容器。螺旋动力学是由贝克和科万所创立的理论，在过去的十年间，我一直在研习这个理论——不仅是因为这个理论吸引着我，还因为我是世界上最幸运的人，一直在与具有杰出思想的唐·贝克进行密切协作。

---

① 该书中译本已由华夏出版社于2022年出版。——编者注

> 格雷夫斯将人类的旅程描述为一场永无止境的探索，人类的价值观塑造了文化，而文化反过来又塑造了人类的价值观。

模因经济学（Memenomics）是由两个词合成而来的。第一个词是"模因"（meme），最初由进化生物学家理查德·道金斯（Richard Dawkins）提出。它与基因（gene）一词同韵，正如基因中携带着定义人类特征的密码那样，模因中也携带着定义文化特征的密码。第二个词是基于"经济学"（economics）而来的。正是经济学和模因学这两个领域相结合，形成了本书中提出的这个新兴的创新研究领域。自然进化的理念会将个人、机构和文化定义为价值体系模因或元模因（'MEMEs），而模因经济学建立在这种理念的基础上，并能够提供与这些模因密码相一致的经济学解决方案。

模因涉及音乐、潮流、时尚等方面，在接下来的章节中，我将对此进行更详细的说明。模因定义了我们的生活。在被划归到宗教、哲学、政治和体育运动等文化组群中时，它们集合在一起，就形成了价值体系模因或元模因。格雷夫斯是最先使用"价值体系"这个词的人。这个词被用来指代人类处于不同发展水平时，特指生活中不同的偏好和优先事项。经过几十年的研究，格雷夫斯发现价值体系具有八个层次。贝克和科万给这个术语起了一个更现代的名字，即元模因。在研究工作中，他们还将这个模型中"双螺旋"方面的定义详细阐述为两个不同的主要因素：一个主要因素是人类创造元模因的能力，另一个主要因素是生存状况——它唤起了元模因的觉醒。第二章将会更为详细地讨论该模型框架中的这两个重要方面。纵观全书，价值体系和元模因这两个术语都是指个人或文化发展中的生理—心理—社会阶段。不论书中使用的是哪个术语，本书的不

> 在格雷夫斯看来，人类的发展现象如同叶序那样，是折叠起伏的，是不断通往更高层次的成熟、个性化和文化的一段无尽的旅程。

同凡响之处在于，领导者的决策过程可以根据决策者所归属的价值体系衡量出来，因为在人类发展的这八个已知层次中，每个层次关于哪个治理系统最适用于社会和经济系统运行，都有其自身规则和视角。**模因经济学**正是以这种方式重新解释了人们对于过去、现在和未来经济政策的争论。

读者将屡次看到我使用"人类发展"（human emergence）这个词。因为它与格雷夫斯和贝克的理念框架的本质以及模因经济学的本质直接相关，所以应该解释一下这个说法的起源。在20世纪60年代末与70年代初，当同时代的学者们都在专注于界定那些影响个人或某种文化达到成熟或乌托邦状态的步骤时，格雷夫斯的学术研究却指向了其他的方向。格雷夫斯认为没有终极状态存在，或许如今是个乌托邦，但十年后就不再是了。在他看来，人类的发展现象如同叶序那样，是折叠起伏的，是不断通往更高层次的成熟、个性化和文化的一段无尽的旅程。[1] 他将自己的理论称为"人类行为的涌现式周期性存在层次理论"（Emergent, Cyclical, Levels of Existence Theory of human behavior），并将其缩写为ECLET。以下是1974年格雷夫斯在一次会议上的讲话稿，他将"发展或涌现"（emergence）一词作为一种永无止境的自然过程予以陈述，用来描述自己阐释人性的独特方法：

> 我将今天这个理论称为"人类行为的涌现式周期性存在层次理论"。此刻，我之所以这样为它命名，是因为随着

时间的推移，研究数据中出现的某些内容需要用特定的术语来表示，其中就涉及人类的心理似乎一直在发展或涌现，这个观点与你们过往在诸多关于人类心理状态探讨中所见到的截然不同——他们探讨的是设法使人走向成熟，获得健康的人格；或者，人们会设法将某个社会变成一个乌托邦式的社会。然而，我的研究数据支持的根本就不是这类思维方式。我的数据表明，根本就不存在"成熟的社会"，也不存在心理上成熟的人类。这个理论认为，人类的变化永无止境。"发展（或涌现）"这个概念就来源于此。[2]

我与贝克在几次谈话中都曾聊到过这个说法的起源。他也认为，格雷夫斯得到的那些数据所呈现的精妙之势，更像是人类发展的"跌宕起伏"（enfoldment），而非进化演变。根据贝克的说法，格雷夫斯使用"发展或涌现"这个词或许还有另外的原因：因为他看到同事马斯洛使用"层次体系"（hierarchy）和"进化"（evolution）等说法，在学术和制度上都遭到了抵制。20世纪60年代和70年代是平等主义价值观盛行的时代，在任何地方使用这两个术语都是不受欢迎的。20世纪90年代末，贝克创立了第一个人类发展中心（Center for Human Emergence，简称CHE），他对中心的使命是这样描述的："人类发展中心将助力于促进人类物种通过综合运用在人类知识和能力上所取得的巨大突破而进行自觉发展，其中涉及了自然模式的一贯性、超级融合、统一性、拓展的整体思维能力、深度智能以及意识观念等方面。"[3]

到如今,世界上已经建立了十几个人类发展中心,主要宗旨是透过价值体系这块棱镜来重新审视我们在人类和文化发展方面所面临的挑战,并给出具有天然适应力的解决方案。

我写这本书的灵感,来源于我与贝克博士长达十年之久的工作时光,他就是运用价值体系的方法来解决问题的一位先驱人物。贝克博士作为知名的地缘政治顾问,从他的家乡达拉斯到约翰内斯堡、伦敦、拉马拉,所到之处,都留下了自己的印记。将这个理论框架应用于现实生活实践中,让我学到了深藏在螺旋动力学原理和大规模变革背后的许多智慧思想。我首次将价值体系的方法应用于经济学领域,是在中东人类发展中心(Center for Human Emergence Middle East,简称 CHE-ME)。贝克博士和我的妻子埃尔扎·马洛夫(Elza Maalouf)是该中心的创始人,我作为首席运营官帮助他们设计了"建设巴勒斯坦倡议方案"(Build Palestine Initiative)中的经济发展要素。在贝克的领导下,中东人类发展中心营造出的文化为我们的研究和设计注入了一种新的方法,这种方法与西方智库、咨询顾问和无数非政府组织通常所使用的方法都全然不同。埃尔扎是中东人类发展中心的首席执行官,她正在写一本关于这一系列方法的书,这些方法是建立在"自然设计"(Natural Design)这个螺旋动力学概念的基础上的。自然设计方法是建立在格雷夫斯/贝克思想框架下的一个大规模系统变革模型,能够自然而然地将人员、资源、机构和流程做好协调校准,以服务于与文化中所有利益相关者都息息相关的最高目标。本书的最后一部分在很大程度上就使用了这些自然设计的过程，来打造独特的、具有文化适合度和适应性的未来经济。

我将在这个理论框架中获得的方法，作为工具应用到自己的专业领域——房地产开发和投资指导——让我更加坚定了写作这本书的决心。对文化进行"薄切"①（thin-slicing）的能力成了一个工具，帮助我预见了房地产行业的崩盘和紧随而来的金融危机。2005年底，当同行们都在不断建造房屋时，我却逐渐停止了房地产开发业务，这令他们感到诧异。到了2008年年底，房市中的泡沫迫使美国大多数建筑商不得不重组债务或寻求彻底的破产保护。当金融危机全面爆发时，小圈子里的朋友们（其中包括唐·贝克）敦促我，要让世人知道，这种用于研究经济学价值观的整体系统化方法怎样可以作为有效的工具，让我们预知经济环境的变化并设计出可持续发展的未来。

我在2008年和2009年发表了几篇论文，对金融危机爆发的原因做了模因分析。[4]我希望让读者去感知的，正是这样透过价值体系的分层棱镜来看待世界的范式转变，就如同螺旋动力学理论和格雷夫斯的方法论所呈现的那样。我希望政策制定者们在应对地缘政治挑战的各个方面（而不仅仅是经济政策方面）时，能将这门承认世

---

① 薄切是指通过非常少量的信息或者瞬间的观察来形成判断或者做出决策的过程。这种方法强调在短时间内快速而精确地从复杂情境中提取重要信息的能力。通过这种方式，人们可以迅速作出有效的决策，而不必依赖详尽的信息或深入的分析。——审校者注

界上各种各样价值体系的新兴科学纳入他们的决策框架内。

我把模因经济学描述为，通过价值体系这种新兴科学的视角，研究经济政策对于文化的长期影响。这个理论使用整体系统方法来考量和解决经济上的挑战。我把它的理念和原则应用到了实践中，也在变革型领导力的研究生课程中就此进行过几年的授课。它是进化经济学的延续，借鉴了所有经济学原理，但不属于经济学主流中的一部分。书中专门用一整章详细介绍了奠定模因经济学框架基础的主要原则。这是复杂理论与经济政策之间的交集。

这里所提出的理念，既不会批评经济理论和实践中的特定方面，也不会以一种意识形态高于另一种意识形态为前提。它不能帮读者挑选股票，也不能帮助经纪公司优化对冲基金策略。它更多的是在创造一种范式转变，让人们的关注点从理论孤岛和经济学的经验主义本质转向更广泛的视角，看到现代商业在人类的发展或停滞中所扮演的角色。自2008年金融危机以来，已经有5000多本书问世，就过去经济政策的失败以及未来如何前行给出了不同的观点。有人提出了充分利用经济衰退的余波谋求发展的策略，而另一些人则把指责的矛头对准其自身信仰和价值体系所攻击的每一个人。思想领袖们竞相提出令人信服的理由，来阐述我们为何应该重新接受凯恩斯主义经济学，让政府在指导经济政策方面发挥更大作用；但也有些人希望我们能够重新借力于里根经济时代的自由放任式资本主义的优势。当今市场上还没有哪本书提到过关于宏观经济学的进化论视角，而本书则是汇聚了人类发展、复杂系统和可持续经济政策等

> 通过更好地了解这门钻研大众心理学的新兴科学，我们能轻松识别出某些价值体系中产生的行为和意识形态，并通过这个新的视角加以审读，从而判定它们将来会是长期可持续的，还是仅在短期内起作用。

当代思想的一部著作。

在这本书中，我通过独特的视角解释了文化价值体系在定义经济政策的成败时所起的作用。通过更好地了解这门钻研大众心理学的新兴科学，我们能轻松识别出某些价值体系中产生的行为和意识形态，并通过这个新的视角加以审读，从而判定它们将来会是长期可持续的，还是仅在短期内起作用。

模因经济学理论剥开了经济学语言的层层外衣，使这门学科的核心回归到它作为一门社会科学的起源点。它创造了一些方法，让读者了解政府的经济政策如何能制定得更为高明，以及政府本身如何能做到"更为敏捷有效地运转"。它展示了如何能让企业做出更健康的行为，以及如何从独特的价值体系的视角出发，为未来的经济做出规划。透过模因经济学的棱镜重新解构这些问题，让我们在人类发展的层级性方面具有了更加完整的视角，为我们在更深层次上重构人类行为和文化发展打开了空间。这种独特的方法，使读者能够看到徜徉于世间的芸芸众生基于自身的发展水平而具有的不同价值偏好，并提供了一种差异化的方法来应对他们合乎情理的可持续诉求。

本书的第一部分介绍了价值体系的概念和历史，以及世界各地对其原则的不同使用方式，以便使我们深入了解这种方法的与众不同之处。第一章记载了现代资本主义社会里极其有权势的美联储前主席艾伦·格林斯潘的生活，记述了他的职业生涯，并通过奠定本书格调的棱镜视角，审视了塑造他生活的强大力量。书中描述了他

> 开明自利时代作为价值体系层级上的一个模因代码，只是一个站点，停驻在我们向更高层次的价值观进行不懈探索的人类发展旅途中。

的童年早期，描述了他一跃成为最具影响力的全球领导人的权力崛起时期，还描述了他在职业生涯的末期承认自己意识形态中的谬误之处，也承认自己曾秉持的先驱式的世界观业已陨灭。在《新的耻辱日》（*A New Day of Infamy*）中，这位全球商业大师承认了他思维模式中的缺陷，这暴露了资本主义过去40年在发展方向上存在的种种漏洞，也成了激发人们去探索新范式的诱因。这一章为读者做好了铺垫，让我们理解，开明自利时代（Age of Enlightenment）作为价值体系层级上的一个模因代码，只是一个站点，停驻在我们向更高层次的价值观进行不懈探索的人类发展旅途中。它打开了一扇门，让我们开始以不断发展演变的系统的思维方式去思考——这些系统会随着不断变化的现实而发生改变，而不是被封冻在受制于当下一成不变的价值观的意识形态之中。

第二章详细介绍了这种新兴的价值体系科学背后的主要构成要素，模因经济学的概念就是以此为基础建立的。这一章基于生理—心理—社会研究方法来衡量人类的价值观，记述了文化如何发展及为何发展，并重述了这一概念框架的历史，以及我之所以会萌生想法，要支持克莱尔·格雷夫斯的理论的背景原因，该理论被加拿大出版物《麦克林杂志》（*Maclean's Magazine*）称作"解释万事万物的理论"。[5]此章简要介绍了克莱尔·格雷夫斯的开创性研究。他的开创性工作代表着一位学者为绘制人类生存地图而付出的最富雄心壮志的努力。而后，此章又向读者介绍了由格雷夫斯思想的后继者——唐·贝克和克里斯托弗·科万——所发展出的螺旋动力学理

> 在八个已知的人类发展层次中，每一层次都有各自不同的价值体系和独有的特征，诸如不同的社会和经济偏好、生活优先级、思维方式以及许多其他不同特点。

论。我与贝克共事长达十年，结合这期间积累的工作经验，我重新介绍了适用于经济学价值体系的部分理论。我还提到了八个已知的人类发展层次，每一层次都有各自不同的价值体系和独有的特征，诸如不同的社会和经济偏好、生活优先级、思维方式以及许多其他不同特点。现今的研究证实，价值体系作为大脑中的结构而存在着，也存在于心理信仰系统和行为以及不同水平的文化生活方式中，读者可以对此增进理解。后面的章节中会讲到世界各地不同的经济价值体系，展示一些案例，也会做出分析，说明我们是如何通过格雷夫斯所说的"生存意义上的价值观"来实现经济发展的，这也表明我们迫切需要改变方法了。

第三章解释了模因经济学是什么，并介绍了贯穿于这种方法中所用的方法论。该章解释了为什么这些方法论与大多数经济学家所使用的不尽相同，以及为什么即使是在进化经济学领域所取得的进步也无法给出解决经济问题的完整系统性方法。该章还阐明了经济周期和模因经济周期之间的区别，并介绍了一个周期中的不同阶段。通过这种方式，我们能理解有远见的想法是如何诞生并在几十年的时间里定义了我们的文化的，以及这些想法如何成熟、衰退、最终衰亡，并成为未来周期 DNA 的组成部分。该章还给出了审视技术周期及其对人类发展的影响的新方法。最后，我们通过价值体系的视角来看待变革的本质，使读者能够获得知识，以区分艺术性变革（aesthetic change）和系统性变革（systemic change），并知道何时以及如何分别为这两种变革进行规划设计。

第四章研究了历史上货币在文化发展过程中所扮演的模因角色，为本书的第一部分做了收尾。亚伯拉罕诸教是第四层价值体系的编码，早在其中任何一个宗教出现的很久之前，人类历史上就已经出现了行为规范，我们摒弃了凭着原始本能、依靠狩猎和采集果实为生的生活方式，采信了更为温和的价值观。这就使得贸易被收入货币交换体系之中。该章用价值体系的视角来审视货币的历史，以确立其作为第四层价值体系推动者的功能角色。当我们审视货币从最初的物物交换形态演变到现在的法定货币形态时，我们就会对当今西方经济体所面临的挑战有一个至关重要的元模因视角。这次我们面临的挑战确实与以往不同，不仅是出于计量经济学方面的原因，还因为我们滥用了生产性产出这一历史代表性角色。这一章举了许多例子来说明，若让第四层价值体系中最古老、最常见的那个模因代码——货币——变得腐化堕落，我们必然要承担其后果。

本书的第二部分通过模因经济学的框架重新解释了美国的经济史，通过模因经济周期的概念对历史进行了重塑，进而对相互矛盾的价值体系作出了分析。正常经济周期和超级经济周期构成了现代经济学的争议框架，但模因经济周期向我们展示了人类价值的独特性质，因为模因经济周期在一层又一层、一波又一波地发生着演变，为读者提供了新的工具，去了解为什么复杂的经济意识形态会有兴衰起落，以及这些兴衰起落是如何发展而来的。一旦理解了这种整体系统的方法，读者就会对诸如2008年金融危机这类事件产生一种新的认识，能够理解这是对较低价值表达的必要超越，以便使资本主义的演进过程能够继续沿着人类发展的上升螺旋进行永无止境的探索。

在格雷夫斯/贝克的模型下，有八个已知的人类发展层次或元模因，即八个价值体系层次，而本书仅关注了在其中五层内发生的经济生活周期。这些被我称为"模因经济周期"的历史时期，就出现在这五层价值体系主导着我们的价值观和信念的那段时间里。前两层价值体系与当今经济没有太大的关联，因此未进行讨论：第一层价值体系与早期人类生存相关，当时还没有经济系统可言；第二层是代表着简单农业贸易的部族价值体系，它对当今复杂的全球经济影响不大。第三层元模因，始于"君权"价值观的传播，结束于工业革命时期"大规模生产和分配"的伊始，代表着我们进入了现代经济学时期。这第三层——以自我为中心的价值体系——的结束时期，定义了美国现代经济学尚未成熟的阶段。这个时期代表着文化演进过程中第一个重要的经济周期，我称其为第一个模因经济周期。

自内战结束以来，美国经历了三个模因经济周期。第五章探讨了前两个模因经济周期。我们将会简要了解第三层价值体系的经济密码，它定义了第一个模因经济周期，我称其为权力雄踞模因（Fiefdoms of Power meme）周期。从内战结束到大萧条肇始，持续盛行的封建价值观和以自我为中心的价值观逐渐占据上风，成了第一个模因经济周期的象征。通过模因经济学理论，我们将20世纪30年代到70年代这段时期做了重新定义，认为它代表了第二个模因经济周期，并称其为爱国繁荣时期（Patriotic Prosperity Era）。这时，第四层价值体系开始影响美国。这层价值体系的象征是遵从法律、秩序和民族爱国主义的准则，一派欣欣向荣的景象。正是在这时，许多制度得以建立。我们能够看到各种类型的模因——经济的、政治的、文化的和教育的——是如何在第四层价值体系的荫庇下定义美国中产阶级的。

我们还将了解到最高目标在激励常见的经济活动方面所起的作用。本书第三部分会提到，人们在设计经济政策时，这个工具是必不可少的。简而言之，最高目标是每个人都想要和需要实现的目标或价值，但任何个人或团体都无法仅靠自己单方面的努力去实现它。最高目标的构想是以贝克在解决冲突方面所做的开创性工作为基础的，已经在南非和巴勒斯坦地区的大规模设计中得到了应用。在第二个模因经济周期中，赢得战争是首要的最高目标。纵观第五章，我们通过一个新视角看到了模因经济周期的不同阶段——模因经济周期常常被经济学家忽视，但它却为政策制定者从全系统的角度进行设计提供了令人信服的理由。

第六章探讨了第三个模因经济周期，它始于罗纳德·里根（Ronald Reagan）当政时期，如今正处于无序和崩溃的阶段。我们将会看到这个模因经济周期如何代表着第五层价值体系——战略进取（Strategic Enterprise）的价值观：脱离了陈旧规章制度的负累，这层价值体系成为经济发展演变的一个更高效的表达。我们可以看到金融如何发展演变，如何变得喧宾夺主，以及后工业社会的承诺是如何被打破的。透过价值体系的棱镜对一系列事件进行重新解读，我们认识到2008年金融危机的惊涛骇浪是怎么产生的。读者将能从价值体系层面认识到，在引发金融危机的问题上，为什么克林顿政府比历任政府都更难辞其咎。最后，该章还分析了为什么紧急财政援助计划代表着这个模因经济周期的末期阶段。

本书的第二部分到第七章就结束了，这一章描述了人们对于新范式的长期求索。艾伦·格林斯潘向美国国会作出说明，指出了那个时代意识形态的缺陷，然而时隔很久之后，掠夺性的价值体系如今仍在主宰着全球经济。该章分析了以金融创新取代生产性产出时，人们在价值体系层面所付出的代价。该章还讨论了泡沫经济的模因经济学意义，因为我们仍在第三个模因经济周期末期的长期萎靡状态中徘徊不前。我们还看到一种新范式出现了，它预示着下一个周期即将来到，并试图了解第六层价值体系的平等主义价值观是如何重新定义经济格局的。我们看到，呼之欲出的第四个模因经济周期为未来带来了那么多希望，因为它的核心要素是信息的民主化和人性理解的深化。这些全都是第六层元模因的价值观。

本书的第三部分为美国重新扮演定义未来经济哲学的领导者角色提供了独特的指导。这就是我们制定的一个新的最高目标，能够充分发掘美国的潜力。我们了解了创建功能资本主义平台（the Platform for Functional Capitalism）的四个重要支柱；这是第七层价值体系的平台，正处于萌芽的初步阶段，在未来几十年内，它还将持续展现其与众不同的模因特征。采用"功能型"管理形式是一种大规模变革的设想，该设想基于第七层价值体系框架的独特的文化DNA密码。这里的元模因致力于将以往价值体系中的最佳表达进行综合和集成，汇入功能流程中，同时在不断地仔细观测那些层出不穷的新变革。这是将生物系统的分布式智能开创性地运用在了文化层面。

第八章进一步解释了第七层价值体系和第五个模因经济周期的特征。就是在这里，格雷夫斯的"人类的重大飞跃"愿景得到了实现。这里会讲到系统集成和功能流程。在本书中，这是首个让我称之为设计部分的章节，在这里，我们将更为细致地研究第七层价值体系中的价值观。它们不再是"生存"（subsistence）层面的价值观，而是"存在"（being）层面的价值观。通过了解为什么这是人类最难走进的阶段，我们将开始认识如今人们正在经历的系统化机能障碍。这里描述了第七层领导力所具备的品质，并列举了当今政府、商业、媒体和知识经济领域中存在的这类领导者的例子。该章随后还向读者介绍了自然设计（Natural Design）的"工具箱"，它将能使我们通过一种易于理解的自然方法重新定义当今社会所面临的问题和挑战，通过这种方法，我们也能为未来设定系统化的最高目标。

第九章比较和分析了具有匮乏性特征的第五层价值体系与趋于成熟的、资源民主化的第六层价值体系。它们分别对应着第三个和第四个模因经济周期。而后，我们会探讨，要想过渡到系统化的第七层价值体系——"谨慎丰裕"（prudent abundance）的第五个模因经济周期——需要些什么。日趋成熟的知识经济是功能型资本主义平台的四大支柱之一。我们遵循知识经济的轨迹，因为它持续创造着第七层价值体系的自我赋权工具——"分布式创新"。我们还研究了一种新的富于企业家精神的文化基因的价值体系的基本特征，这种文化基因正在重新为社区赋权，还促成了本地企业主的回归。我们将会了解知识经济如何提供第一个开放式系统的鲜活实例——这个开放式系统包容了其他价值体系的多样性特征。我们还会知道如何将不同的价值体系连接到一个健康、可持续的业务表达平台上，从而彻底改变商业的本质。

第十章重点阐述了构建第七层价值体系的功能型金融体系。这让我们对货币有了新的理解——在我们通过其承担的社会发展工具的角色对它进行重新定义后，货币成了功能型资本主义平台的第二个支柱。在金融创新领域，有个常常被忽视的问题，就是金融创新已脱离了所有能衡量生产性产出的合理标准。此章在向我们介绍第七层价值体系时，还介绍了那些能重整金融和生产力的工具。这层价值体系更贴合业已证实的货币功能历史，并且其表达方式与时俱进，成为生产力追求的催化剂。我们还将研究中央银行的真正本质，以及恢复美联储作为分布式繁荣促进者的角色所需推行的职能改革。本书还研究了创建高效运转的第七层价值体系的资本市场所需的设计要素，以及引导投行远离非生产性事务的计划的细节，这些非生产性事务仍旧是造成每次金融危机的主要原因。

制造业正在向西方回归，但这与它当初离开时的情形完全不同。在第十一章，我们会明白为什么制造业（功能型资本主义平台的第三个支柱）的回归为美国带来千载难逢的机会，让它基于第七层价值体系规划出了一个全新的经济部门。我们将看到，在当今文化中，为什么必须关注到每个相关的价值体系，并允许它们参与设计贡献。我们将会理解，要想让这个梦想成为现实，为什么系统化参与是必要的。从教师和社区领导人，到政府机构和研究型大学，通过层层走访调研，我们将会了解这种设计方案何以能够成为可持续经济的未来发展模板。我们还将了解智慧型政府（smart government），即处于第七层价值体系规划之中的政府，了解当一个经济体处于模因经济周期的最后阶段（我们如今所处的阶段）徘徊不前时，为什么必须要增大研发投入。最后，我们将评估增材制造技术和第三次工业革命的基本要素，它们是第七层价值体系的可行工具。

功能型资本主义平台的第四个支柱是对美国企业文化价值体系的检视，这是第十二章（本书最后一章）的重点所在。本章将会描述开放系统的公司与封闭系统的公司之间价值体系的差异，还将解释价值观和技术方面的变革如何促使这两种类型的系统朝着不同的方向发展。这里研究了当下许多公司出现的功能失调现象，研究了它们为重拾公众信任所走过的艰难道路，研究了公司"所有权"一词的价值体系演变，还研究了创始人出身的CEO与专业人员出身的CEO在行为准则上所具有的明显差异。书中还详细讨论了第七层价值体系中公司CEO的特征，以及建立第七层价值体系的企业文化所需的条件。

我的分析是基于对当前处于第七层价值体系的两个不同类型的

顶尖公司的研究而得来的。谷歌和知识经济的颠覆性本质代表着第一种新兴发展模式。全食超市（Whole Foods）及其有意识的进化发展是第二种新兴发展模式。本书最后还对"有觉知的资本主义"（Conscious Capitalism）这个概念进行了价值体系分析，并解释了为什么它将有望在商业实践中系统化地传播第七层价值体系的价值观。

本书为资本主义和经济体系的演变提供了一个独特的视角。在所有章节中，我将为读者提供新的工具，帮助他们识别出每种价值体系中的不良实践，觉察到每种价值体系与其他价值体系之间的联系，以使读者加深对这种独特的经济学方法的理解。与其他只关注经济中的某些部分而忽视其他部分的经济理论不同，我给出了一种完整的、全系统式的方法，并针对结构性改革提出了全面的路线图。它囊括了以往体系中的最优实践，同时仍具展望未来的眼界。

模因经济学框架的建立，是基于这样一种信念：它认为全系统式思维方式将会是未来盛行的思维方式，通过应用价值体系这种新兴科学的独特原理，我们开始预见到未来的模样。随着我们开发出越来越多的测量技术，我们会继续证实格雷夫斯/贝克提出的关于人类发展特征的理论框架背后所蕴含的智慧。熟悉格雷夫斯研究工作的科学家们最近在德国科隆大学完成了一项大脑功能磁共振成像研究，肯定了人类发展层次理论背后的研究工作。[6]知识革命中涌现的许多新兴特征也都证实着格雷夫斯曾对人类发展的第七层和第八层所做的特性描述，并且这些描述都是他在一个原本不可能预见到信息时代所带来的变革的时期就已经得出来的。这与贝克当初在南非帮助人们解除种族隔离制度的经历很相似。转型期结束后,贝克的很多建议都被忽视了,这导致我们如今看到那里的文化价值观水平有所下降。

模因经济学的构想同样建立在格雷夫斯/贝克构想的一般原则之上,给出了人类发展经历的分层视图。我希望,通过为这种分层化的观点赋予经济学内容,我能带来一种综合全面的思维方式,重新解构经济活动在过去和未来所承载的价值观,并为读者提供工具,以了解我们曾经的历程及未来前行的方向。

第一章　开明自利时代的最后一位骄子

> 提及"资本主义",我所指的是那种完全、纯粹、不受控制或管理的自由放任式资本主义,国家与经济是相互分离的,同样,出于相同原因,国家与教会也是相互分离的。[7]
> ——客观主义哲学流派创立者安·兰德(Ayn Rand)
> 节选自《客观主义者准则》(*The Objectivist Ethics*)

新的耻辱日

2008年10月23日,对全球大多数人而言并没什么重大意义。在那个已变得异常复杂的世界上,这只不过是寻常的一天。美国东海岸沿线,清晨的温暖阳光与凉爽的秋风交织相映。人们熙熙攘攘地挤满了纽约市的大街小巷,匆忙投身于各自的生活中。越过曼哈顿的天际线,从洛克菲勒中心的观景台向外望去,会看到中央公园里植物的叶子在灯光映照下闪耀着红色和橙色的温暖色调。在那场百年一遇的风暴过后,雷曼兄弟等数家倒闭的券商曾经所在的办公大楼虽被弃之不用,却依然傲然挺立着。在地球的另一端,中国宣布,中国飞速增长的经济已经打破了所有关于美国金融市场动荡会导致经济形势不稳定的论调。在印度孟买的塔塔汽车总部，高管们因收购了捷豹和路虎而洋洋自得，他们此时正忙着收购大片农田，用来建设世界上最大的汽车制造厂。在阿拉伯联合酋长国，迪拜的统治者勒令参与建造迪拜塔的12000多名建筑工人保持24小时不间断的工作节奏，以确保这座最高的人造建筑能够按时开放。回到纽约证券交易所的交易大厅，华尔街的机构成功地抵挡住了批评人士的攻击：其最受尊敬的权威专家们通过电视广播向世界各地的众多追随者做出保证，最近的市场波动纯粹是由恐惧所驱动的，9月份的市场调整已经完全是过去式。

就在这个"一切业务如常的日子"——华尔街当时称其为"新常态"——的表象之下，形势却绝非如常。当年9月底在全球金融市场上形成的那道裂痕，开始演变成严重的结构性断裂带。随着时间推移，人们越来越明显地感到不安，担心无法像以往那样正常做生意了。除去华尔街的虚华辞藻以及很久之前迪拜天际线的浮华魅力之外，整个全球经济都在崩溃的边缘摇摇欲坠。世界上只有一个人非常详尽地了解现代人类正在面临的这场灾难。他比世上其他任何人都了解得更深、更广，因为他就是幕后推手——是他一手打造了这一切，现在又眼看着它们分崩离析。

全球金融领袖的崛起

2008年10月那个周四的上午，艾伦·格林斯潘准备在美国国会就金融危机的起因作说明。世界各地的数百万人都想知道，对于这个在世界上久负盛名、处在权力顶峰的人来说，这一天会是什么样的。在他担任美联储主席期间，格林斯潘博士主持的政策使得人们创造了巨大的财富，这种富裕程度是世界上前所未见的。他身材高大，自信非凡，敏锐而智慧，仪态庄严，在公共场合甚少会说不合时宜的话，也不会流露出多少情绪。在美国历史上，没有人能像格林斯潘博士那样参与到最高等级的经济政策制定中。他的影响力持续了三十多年，在未来的几十年里，他的政策产生的效应还将继续被世界各地的人们所感知。1987年，他被时任总统里根任命为美联储主席——这是世界上最具权力的银行业职位——而后历经布什、克林顿和小布什三任总统，仍继续在政府中担任这一要职。其实，早在1974年，当他担任福特总统身边的经济顾问时，格林斯潘博士对经济政策的影响就初见端倪了。

世界各地的政府和商界领袖都尊称他为大师，这是理所应当的，因为当他演讲时，全球的经济界都会突然安静下来。紧接着，在他演讲结束后的几个小时里，经济领域的人们会发狂似的做出分析，逐字逐句地仔细剖析他所说的话。他在演讲中的每一次意味深长的停顿，都会被提请给演讲专家或法医心理学家做判断，通过这位主席对全球经济状况的感受，推测其蕴藏的深意。他在美国国会山作说明时，那些迫切想因其政策而邀功的政客会对他如痴如狂，就像十几岁的女孩对待自己最近迷恋的偶像一样。美国的国会议员，不论党派身份，都已将这位先驱人物抬高到神话般的地位，他成了当代为资本主义传达神谕的人物。

> 这就是当代权力曾经达到的状态：一个人选择哪种饮料，决定着成千上万人的命运浮沉。一场精心筹备的演讲就能使得数十亿美元蒸发殆尽。

1996年12月，适逢互联网泡沫期，他只是简单提到一句"非理性繁荣"[8]，警示人们对互联网泡沫期的市场估值可能过高了，短短几个小时内，全球股市就蒸发了数十亿美元。2005年6月，他只不过描述了美国房地产市场"有泡沫"，就宣告了西方历史上延续最久的富足时期行将结束。据说，在最后一个任期即将结束时，当他与美联储地区支行的行长们举行完例行会议后，暗中探访的财经记者们会尾随他走进咖啡馆，希望能捕捉到有关政策方向的蛛丝马迹。如果主席点了咖啡，外界对这个行为的解读就会是：市场过热，加息在即。如果他选择喝茶，外界的解读就将是：他打算保持低利率，让全世界人民都能睡个安稳觉。

这就是当代权力曾经达到的状态：一个人选择哪种饮料，决定着成千上万人的命运浮沉。一场精心筹备的演讲就能使得数十亿美元蒸发殆尽。成吉思汗或亚历山大大帝要是能认识到将来这会是人类社会发展演变的自然进程，他们当初肯定就会采取不同的做法了。赢得世界人民的民心和思想的斗争，已经从血腥可怖的战场转移到了崇高而无伤大雅的市场。征服国家不再靠军事实力，而是依靠软技能，这些软技能富含各个领域的复杂知识，包括如何创造国家财富、如何掌控可怕的经济周期、如何推进全球贸易等等。

这是世界文化上的一个系统化转变，需要我们再走近些，去审视那些象征着这种价值观的思想者们。人类从造成战争和饥荒的贫困中走了出来，被带入繁荣兴旺的开阔天地，而这种繁盛是和平、独立和自力更生的基石。这被当作人类克服过去所有缺点并最终救赎自己的最后边界。几乎每个人、每个国家都想要参与到这种行为中去，它们都指望西方国家能引领它们走进新的乐土。更具体地说，它们把目光投向了美国，因为美国经济在创造与应用创新方面一直表现出最强大的适应能力，在提高人民生活水平方面也做得比任何其他发达国家都更成功。而现在，负责掌管促成这场经济奇迹的那些财富的人，正是极度务实的格林斯潘博士。

从模因经济学理论的角度来看，自工业时代开始以来，格林斯潘博士的政策对人类发展有着最为深刻的影响。在全球大部分地区，资本主义在事实上成了人类奋斗目标的捍卫者，推动人类社会进化到了更高的发展水平。在他担任世界上最重要的央行行长期间，有如此之多的文化派系沿着繁荣的阶梯向上攀登，这在当代历史上是从未有过的。此举造成了全球经济上升，使全球价值观产生了许多变化，并且将继续产生长期而深远的政治和经济影响。

塑造意识形态的环境因素

2008年，随着全球金融市场逼近崩溃的边缘，在这位最具影响力的资本主义捍卫者看来，资本主义的本质遭到了毁灭性的打击。为此，我们值得更加全面细致地研究资本主义制度中最有权势的这个人，从而弄清楚他的意识形态是通过何种动力和信仰体系被塑造出来的。由于模因经济学是通过个体和文化发展水平的整合视角来看待经济演变的,因此,在研究每位重要人物时,至关重要的是运用经济学家在其研究领域内很少想到的棱镜视角,即价值体系的方法,它揭示了塑造个体意识形态并影响着文化发展的行为背后的动力。下一章将会继续对新兴的价值体系领域进行更全面的解释。然而,模因经济学理论框架的前提会发生范式转移,重要的是要为这种范式转移设定环境基调,意即:在对任何经济危机做最终分析时,必须根据当时的文化发展阶段来解读政策制定者和当权者的价值观与信仰体系。这对于消除造成危机的潜在因素及制定可持续的经济政策至关重要。

要想了解一个人如何思考,我们必须了解塑造这个人思维方式的个体因素和文化动因。要想了解一个人何以能在如此深刻的层面上对文化产生影响,我们就需要对这种文化中的模因结构进行更深入的研究。尽管人类学家们一直在争论个体和文化这两种动因中哪种因素的影响最为紧要,但通过对影响格林斯潘博士的生活和职业生涯的主要因素的记载,我们会看到这两种力量交织在一起,共同组成了错综复杂的舞步。为什么这些信仰体系会出现在个体和文化中?它们在其中又是怎样呈现的?这都是价值体系研究的重点。当我们透过价值体系的棱镜重新解构当代经济史时,我们开始意识到,格林斯潘博士所倡导的一切都在朝着社会经济价值的更高表达跨步前进,这反映了经济发展演变的轨迹。在他得势时,他的思想是当时那个体系中所能出现的最好的思想,因为它正在从过时的表达模式过渡到一个新的、令人兴奋的经济发展阶段。

那么，格林斯潘博士的个人价值观和信仰体系是如何形成的呢？在格林斯潘的自传《动荡年代》（The Age of Turbulence）中，我们看到有几位精神导师在他的生命中出现，成为影响他思维方式的最重要的人。这些人在格林斯潘博士取得成就的过程中所扮演的角色或所代表的意识形态并未引起过多的关注，但他们共同代表着一个强大的舞台，正是在这个舞台之上，格林斯潘的思想得到了全世界的强烈关注。事后看来，我们可以得知，这些导师的信念和他们所倡导的价值观会塑造未来几十年的经济文化。最先对格林斯潘的信念产生深远影响的人是他的父亲。他的父亲赫伯特·格林斯潘（Herbert Greenspan），在20世纪30年代是华尔街的一名股票经纪人，正是在那个时候，父亲的世界观开始在诸多方面塑造着儿子的未来。格林斯潘夫妇在儿子2岁时就离婚了。格林斯潘博士说："父亲没能陪伴我成长，这使我的人生出现了一大片空白。"[9]他回忆说，自己童年最快乐的时刻，是在华尔街探望父亲并陪同父亲出差的那段时光。1935年，他9岁时，父亲写了本书献给他，书名为《重铸辉煌》（Recovery Ahead）。据格林斯潘博士说，这本书准确地预言了大萧条时期将会结束。书中有这样的记述：

> 致我的儿子艾伦：愿我最初的努力成果能伴随着对你的无尽思念而不断延续，分生出更多类似的成果来，这样，当你长大成人后，你就可以回顾它们，并努力推敲这些预测逻辑背后的思维，并开启你自己类似的作品。——你的爸爸[10]

> 斯密为工业革命和开明自利哲学的早期发展阶段设定了新的道德基础,但他却从未料到,在复杂的市场力量驱使下,原本有利于个体经济进步的独立自强的道德情感,会被对自身利益的追求所取代。

发展心理学领域中的多年研究支持这样一种观点:大脑中负责计划、推理、社会判断和道德决策的关键区域是在童年中期得到发展的。我们可以认为,在他9岁时,父亲的这些想法已经构成了格林斯潘博士思维模式的基础,并有助于他形成对股市走势的逻辑推理。

第二个影响格林斯潘思维模式的人是资本主义之父亚当·斯密。很多人会格外崇尚自力更生的道德哲学与资本主义的优良品质,艾伦·格林斯潘亦是如此,他极度崇拜亚当·斯密学说。随着工业时代的到来和开明自利运动的诞生,哲学家们开始重新看待个体责任,并开始重新思考它如何在自由市场中发挥作用。格林斯潘多次引用亚当·斯密的论述,大谈利己主义的优点,却忽略了斯密在其中所警示的诸多道德风险。在其早期作品的大部分教义中,斯密都为工业革命和开明自利哲学的早期发展阶段设定了新的道德基础。资本主义经历了两个半世纪的发展演变,但斯密却从未预料到,在复杂的市场力量驱使下,原本有利于个体经济进步的独立自强的道德情感,会被对自身利益的追求所取代。自由放任式资本主义的倡导者们,诸如格林斯潘,都没能完整描绘出亚当·斯密这位道德哲学家和资本主义之父在追求财富创造时想要看到的那番意象。

哈佛大学的经济学家约瑟夫·熊彼特(Joseph Schumpeter)是另一位富有影响力的思想家,他深刻地影响了格林斯潘博士成年时期的信念体系的形成。美国的许多经济政策都建立在熊彼特的某些经济理论的基础上,导致成千上万的公司关停生产设施,并转移到海外。格林斯潘博士形容熊彼特是一个"对资本主义的核心动态有

> 在格林斯潘执掌美联储期间,"创造性破坏"成了美国制造业基地消失的主要正当原因。技术创新用机器取代了美国工人,但无论是政府还是美联储,都未公开承诺会创造新的就业机会,以替换人们因技术创新而失去的工作岗位。

深刻见解"[11]的人。在1942年出版的《资本主义、社会主义与民主》(*Capitalism, Socialism and Democracy*)一书中,熊彼特透过盎格鲁—撒克逊经济模式的棱镜,充分阐明了对马克思主义中的"创造性破坏"(Creative Destruction)一词的重塑和再造。

熊彼特理论的前提是,在自由市场经济中,拥有专业技术知识的企业家总能引入创新,颠覆现有的经济模式,将生产力提高,而且这种创新本身也将能维系经济的增长。[12]随着资本主义价值观的发展演变,"创造性破坏"逐渐变成了创新和进步的代名词。在随后的几年里,资本主义的座右铭变成了"要么创新,要么毁灭"(innovate or die)。这句座右铭出现在每个重视此观点的公司董事会会议室和商学院里,从而成为许多行业保持竞争优势的准则。将来我们会认识到,其实那些开拓创新的价值体系和最具创新价值的思维过程与思想,包括那些关于经济理论的构想,最初都源于一个以崇高目标为起点的乌托邦理想。我们文化中的剥削性元素,却通过一种不同的价值观视角曲意解读了这种创新的预期功用,正是出于这种原因,它反倒变成了凶器,刺向创新者。

在格林斯潘执掌美联储期间,"创造性破坏"成了美国制造业基地消失的主要正当原因。技术创新用机器取代了美国工人,但无论是政府还是美联储,都未公开承诺会创造新的就业机会,以替换人们因技术创新而失去的工作岗位。创新开始成为进步的象征,这是一种不可避免的进步,仅需增加更少的人力投入就能提高生产率。

阿瑟·伯恩斯（Arthur F. Burns）是另一位影响格林斯潘信念体系的人物。格林斯潘形容他是对自己的人生影响最大的两个人之一。伯恩斯教授是格林斯潘博士在哥伦比亚大学攻读博士研究生时的指导老师。在格林斯潘之前，伯恩斯教授率先获得了经济学家在政府中所能担任的最高职务。他是艾森豪威尔任总统时的经济顾问委员会主席，后来先后成为尼克松、福特及卡特任总统时期的美联储主席。他之所以成为人们关注的对象，是因为他对经济周期理论所做的开创性研究工作，后来通过格林斯潘博士，这个理论又得到了进一步发展，成为美联储制定政策时不可或缺的工具。掌控经济周期是经济学家所能实现的最伟大壮举。

每位企业主都梦想能生活在不受衰退影响的经济繁荣时期。可正如我们会看到的那样，在格林斯潘博士的带领下，美联储为实现这一梦想而制定的诸多政策只是推迟了衰退的必然发生，并创造了一种以负债为基础的文化，这种文化给人一种假象，让人以为经济周期总是处于上升期，而从长远来看却使创新显得不那么重要了。如果商业活动以负债为基础，而且其公正性比伯恩斯最初设想的要弱得多，那么，衡量商业活动的精准度能有多高呢？透过价值体系的棱镜重新审视经济问题，我们将反复看到，经济理念必须如何对个人、企业和整个文化中各种不同的价值观和信念体系负责，才能设计出可持续的经济政策。

不过根据格林斯潘博士的自传，前面提到的这些人，都没能像客观主义哲学流派的创立者安·兰德那样对他的思想产生如此深刻的影响。他记述说,是她让自己在二十几岁时从一个封闭的数学专家的硬壳中走出来,进入一个开明自利的世界。[13] 兰德是俄裔,后移居美国。在 20 世纪 50 年代和 60 年代,作为精英会话沙龙的爱好者,她在纽约市结交了一群追随者,格林斯潘博士便是沙龙中的常客。在他的公众生活中,没有哪位精神导师能像兰德这样耀眼。在美国白宫的椭圆形办公室里,当格林斯潘博士站在福特总统身边宣誓就任经济顾问委员会主席时,陪在他身旁的是他生命中重要的两个女人:一个给了他生命,另一个影响了他的意识形态,在未来的岁月里,这些意识形态将以人们难以想象的方式影响世界的发展。格林斯潘博士和兰德一直保持着密切的友谊,直到兰德去世。

客观主义哲学的长期笼罩

安·兰德对她的客观主义哲学做了如下总结:

1. **现实**是客观的绝对存在——事实就是事实,不受人的感情、愿望、希望或恐惧的影响。

2. **理性**(识别和整合人类感官所提供的素材的能力)是人类感知现实的唯一方式、人类知识的唯一源泉、人类行为的唯一指南,也是人类生存的基本方法。

3. **人**——每个人——本身就是自己存在的目的,而不是达成他人目的的工具。人必须为自己而存在,既不能为了别人而牺牲自己，也不能为了自己而牺牲别人。追求理性的自利和自己的幸福是人生的最高道德目标。

4. 理想的政治经济制度是自由放任式资本主义。在这个制度中，人们彼此之间并不是受害者与加害者的关系，也不是主人与奴隶的关系，而是互为贸易商，通过自由、自愿的交换而实现互惠互利。在这个制度中，任何人都不能通过诉诸武力从他人那里获得任何价值，任何人也不能主动对他人动武。政府所扮演的角色只不过是保护人类权利的警察；政府只有在反击时才能诉诸武力，且只可以打击那些先动武的人，如罪犯或外国侵略者。在完全的资本主义制度中，应该实现（但从历史上看，还没有实现）国家和经济的完全分离，同样，出于相同的原因，也应该实现国家和教会的分离。[14]

这种哲学将个人利益置于一切之上，并将自由放任式资本主义视为社会秩序的最高形式来捍卫。关于这种哲学的本质，仍存在许多争论。我们可以看看这种学说在多大程度上被转化为意识形态，并在格林斯潘博士的领导下影响了美联储的政策。例如，客观主义者认为，政府对公民生活的任何干预，包括征税，都是不道德的。有多少这样的观点被隐秘地运用到了政策决策中，从而大规模地影响了集体价值观和行为？当我们在自由放任的市场环境中把重点放在个人的自由上，而个人却缺乏这种意识形态所预设的完全责任能

> 由于客观主义的本质是不受约束地追求自身利益，因而没有哪个人或哪种文化能够在疯狂追求自身利益的同时掌控世界的发展走向。这些客观主义的理想，在非哲学家的手中，很容易就会变成制造浩劫的凶器，在未来的几十年里阻碍人类的发展。

力时，要靠什么去阻止这样的个人剥削其他那些对市场环境了解较少的人？并且，从绝对意义上讲，被剥削者要去哪里才能实现自己的最大利益？

如果人类意识的最高形式是将现实视为绝对和客观的，那么这种观察的实现仅限于个人的认知水平——他的能力所能达到的水平。正如兰德所描述的那样，理性是人类感知现实的唯一方式，但世界各地的人们能力不同、文化各异，他们对待理性时是否会以同样的方式，通过同样的合理性渠道并参考美国经验中特有的参照点，而且与兰德在她的学说中追求的相同？如果将这种哲学呆板地应用在不同的信仰体系中，很可能会压制许许多多的人。尽管客观主义哲学满足了格林斯潘博士的求知欲，但在美国乃至世界各地，无论是政府官员还是工业界的掌权者，都很少有人能完全理解它的教义。由于客观主义的本质是不受约束地追求自身利益，因而没有哪个人或哪种文化能够在疯狂追求自身利益的同时掌控世界的发展走向。这些客观主义的理想，在非哲学家的手中，很容易就会变成制造浩劫的凶器，在未来的几十年里阻碍人类的发展。

解救美国的英雄

兰德最成功的小说名为《阿特拉斯耸耸肩》（*Atlas Shrugged*），这部小说与格林斯潘博士站在福特总统身边、宣誓就任首席经济师时如何理解兰德也陪在自己身旁有直接的关系。这部小说出版于1957年，自2008年经济开始衰退以来，它再次变得相当受欢迎。兰德在书中讲述的是美国经济在政府干预和监管的重压下不堪重负、轰然崩溃的故事。随着形势的恶化，美国政府把问题归咎于贪婪和自由的市场，通过增加干预来做应对，但这只会令危机更加深重。书中刻画了一个由压制性的政府官僚所统治的社会，以及一种欣然接受着极其有害的庸碌无为和平均主义的文化。阿特拉斯是希腊神话里的擎天巨神，在小说中，阿特拉斯集体隐喻的原型象征着美国的实业家。故事的主人公约翰·高尔特（John Galt）说服阿特拉斯"耸耸肩"，不要将美国的高产人才输送给寄生的政府。实业家们听从了高尔特的号召，一个接一个地罢工，而后消失不见。一位名叫达格妮·塔格特（Dagny Taggart）的目击者开始了艰辛的求索，想要弄清楚"究竟谁是约翰·高尔特"。在国家和政府几乎要崩溃时，高尔特以英雄的身份现身，重新构建了一个颂扬个人成就和开明自利的社会。他发表了长达70页的长篇演讲，用以阐释小说的主题及兰德的客观主义哲学。

在1974年的美国，情况与高尔特时代并没有太大的不同。通货膨胀——资本主义面临的最大威胁——达到了11%的历史最高水平，工会阻碍了所有重要的工业产出，阿拉伯石油禁运事件造成美国股市急剧下跌，在两年内市值蒸发了近50%。[15] 为了资助越南战争而向纳税人征收的所得税附加费也对社会造成了极坏的影响。雪上加霜的是，水门事件的阴影笼罩着华盛顿，这是美国现代史上最黑暗的阴影之一。美国人民在迫切地寻求变革。他们将所有的愤怒和沮丧都投向了这位有污点的总统，令尼克松在这群无路可走的民众面前成了众矢之的。尼克松的辞职被视为美国和美国经济的一个转折点，但此时也在日后埋下了经济政策真正发生改变的种子。新上任的福特总统需要找到一位英雄前来修复美国经济的信誉度。于是，在导师阿瑟·伯恩斯（时任美联储主席）的竭力主张下，艾伦·格林斯潘接受了经济顾问委员会主席的提名。

这是美国在经济政策制定方面发生重大转变的开端。多年来，格林斯潘的私人咨询公司一直在为私营企业开发最先进的计量经济模型。现在是时候把这些模型和格林斯潘的意识形态一起带给这个道德沦丧、失去控制的政府了——它正处于崩溃的边缘，也正在寻求机会得到彻头彻尾的改造。这开启了倡导战略企业价值观的新周期，首次揭开了一个与众不同的时代篇章。

约翰·高尔特的再度出现象征着一个英雄的回归，就如同艾伦·格林斯潘出现在华盛顿一样。生活以完美的形式效仿了艺术；达格妮·塔格特在高尔特身上见证了自由资本主义的回归，就像安·兰德站在了那个将她的理想以最高水准付诸实践的人身旁。早年间，《纽约时报》的一名评论家批评《阿特拉斯耸耸肩》，认为它是一本出于仇恨而写就的书，当时格林斯潘为兰德和这本书的写作前提进行了如下辩护："《阿特拉斯耸耸肩》是对生活和幸福的颂扬。正义是无情的。富有创造力的个体、坚定不移的目标和理性，都会给人们带来快乐和满足。那些固执地逃避目标或理性的寄生虫自会灭亡。"[16]

在白宫内举行的这场就职典礼上,兰德站在了格林斯潘身边,这是一种不言而喻的默契,但对于那些熟悉她观点的人来说,这一举动的象征意义比对它的言语解释更有说服力。约翰·高尔特掌控了那个受困于陈旧政治观念的经济体,它现如今正在进入一个"繁荣推动者"的新开拓时代——凭借着开明自利和"认为政府统治资本主义不道德"的意识形态。只有在卡特执政时期,格林斯潘未能担任最高权力职位。彼时,他的缺席只会让人们愈发需要他的回归,因为人们把他视为资本主义的真正救世主。卡特所信奉的政策与福特和格林斯潘所信奉的截然不同。为了控制通货膨胀,卡特收紧了货币供应,并将利率提高到21%以上,这使他的经济政策彻底失败。心怀不满的美国民众把选票转投给了罗纳德·里根,而里根在就职演说中也提倡兰德的观点,宣称"政府不是解决问题的灵丹妙药,政府恰恰是问题所在"。意识形态的统一终于得以完成,美国走上了其历史上延续时间最久的繁荣时期。

格林斯潘的意识形态代表了一种哲学,这种哲学开启了一个新的价值体系阶段,象征着美国和世界各地的开悟哲学与工业时代的意识水平。大多数的经济学家都会认为,必须对20世纪70年代政府的严厉监管采取措施,因为代表着工业的价值体系发展得比代表着法律的价值体系快得多。到了里根政府执政时期,不合时宜的法规已使得这个价值体系几近瘫痪,而限制政府作用的新政策正是美国经济所需要的。自里根政府首届任期以来,美国的经济经历了某

> 金融创新开始变得越来越受欢迎，因为它被少数人吹捧为一种救赎工具，能够拯救所有落后的个体——从贫穷的农民到贫穷的不发达国家，不一而足。

些历史上最为深刻的变革。20世纪80年代制造业的衰落和后工业时代专业人士阶层的崛起，为我们顺理成章地迈向接下来的进步阶段铺平了道路。到了20世纪90年代，"金融创新"领域备受尊崇，它在越来越高的程度上决定着我们的经济产出，而这位美联储主席对这个领域相当了解。

作为首席财务顾问，格林斯潘博士了解货币在保持经济运行中所起的作用。资本市场是经济活动的生命线，就像氧气是所有生命赖以生存的生命线一样。金融创新开始变得越来越受欢迎，因为它被少数人吹捧为一种救赎工具，能够拯救所有落后的个体——从贫穷的农民到贫穷的不发达国家，不一而足。人们热衷于创造金融衍生品和其他复杂的金融工具，这取代了他们原本要创造就业、提高生产率、显著增强经济活力的目标。年复一年，格林斯潘博士都会出现在美国国会山，让美国人民放下担忧，相信这个创新的银行体制不需要调控。国会不愿掣肘蓬勃发展的经济，总是全然接受大师的复杂解释，却没能完全理解其真正含义。然而，创新发展到后来，往往就会变味：当它发展成熟后，我们社会中的剥削性因素就会将这种创新技术用于其他目的，背离了人们创造它的初衷。

华尔街掌控了全球金融市场之后，美联储主席开始变得无能为力——无力再在风大浪急的未知海域驾驭这艘不守规矩的巨轮。在新千年的前十年里，每个寻求资本主义财富的人，其意识中都不再具有对于"开明自利"一词的领悟。即时满足成了繁荣兴旺的全新准则，而这种欲望是永无止境的。全球资本主义的巨轮在斥资供养着一头贪婪的猛虎，却丝毫未曾考虑其行为将会带来的恶果。当美联储主席的最后任期接近尾声时，这艘巨轮已经转入了令人不安的航向，在劫难逃。

落　幕

《阿特拉斯耸耸肩》的圆满结局是不能复制到美国历史上的。在书中，约翰·高尔特激励了美国的实业家，让他们在被政府劫掠而不堪重负的废墟上重新打造了一个乌托邦社会。灾难性的经济政策和20世纪70年代的社会动荡拖累了美国的经济发展，而这些实业家挺身而出，重建了经济。里根任总统时解雇了11000多名罢工的联邦雇员，并继续推行将普通工作从美国工人手中外包出去的理念，此举宣告了这个繁荣新时代的开始。美国人对这个乌托邦梦想的追求，经年累月发展到后来，却致使人们对获取廉价资金的需求取代了对创造就业机会的需求，而在这个过程中，维系美国工业时代社会精神的责任大都消失不见了。在2008年的秋天，当这一切轰然倒塌时，美国国会希望能够听到他的发声——正是他，几十年来都在劝导国会不必为美国的新发展方向而担忧。

2008年10月23日，全世界都在等待聆听我们这个时代最伟大的"语言大师"的重要演讲。那时，格林斯潘卸任已经有两年了。他回到了私营企业，提供对冲基金咨询，告诉人们如何赚取大量财富——方法就是押注于他最后十年在美联储任职时所支持的金融模型会失灵。这次演讲与他以往做过的其他任何陈述都有所不同，一个字都不能说错，任何时候都必须表现出理性的至高无上，每句话都必须用来维护人类才智中的客观理性。他知道，在国会面前，他必须达到最高程度的清醒状态，才能给出非同寻常的答案——国会必须得面对选民的愤怒，因为他们失去了自己的大部分（甚至全部的）净资产。

国会以前从未深入探查过这位大师的发言，但这次情况有所不同。他将自己的整个职业生涯建立在不受政府干预的哲学基础上，而现在，正是这个政府，它肩负着使命，要防止全球经济彻底崩溃和失败。尽管他的精神导师们早已不在，但他们的思想已经形成了一系列意识形态体系，在世界各地的政府和工业中有了自己的生命。如果约翰·高尔特在演讲中提到过自由放任式资本主义发展过程中的这个阶段，这位大师肯定知道该说些什么。但就像我们的所有英雄一样，大师无所畏惧。他知道，在近代历史上，自己是能踏上国会山的最佳演说家。以他的创造性天才，他肯定会用"罕见"和"百年一遇"等词语来描述当前的金融危机。是的，现在他找到能说的话了。客观主义哲学使他能够再次将单薄的理性和客观理性主义投射到一个极端混乱和复杂的世界中。完全合乎逻辑地引用过去的演讲，就可以构成数日甚至数周都讲不完的证词和辩论，从而消除人们对过去政策决定的任何指责。恰恰是这些决定，数十年来怂恿美国远离了昔日的工业辉煌，冒险进入了低确定性的后工业时代金融创新试验场。

　　人们一定会想，在此前数周的反思中，这位大师是否曾想过要为所发生的一切大大方方地接受责备。想必这样的探究会让他对人性有更深层次的理解，而不是通过精英会话的视角只能看到线性的、过分简单化的观点，并附以过多的度量指标。想必现在他应该已经知道，开明自利这个词被世界各地不同的价值体系严重曲解了。从这些方面思考问题，就需要彻底脱离现有的逻辑思维模式，而这位大师还没准备好要这样做。

　　当他发言时，预先准备好的陈词中那无害的逻辑，一如既往，坚不可摧。其内容包含了关于市场状况的描述，比如"百年一遇的事件"和"严重调整"，以及一系列会让安·兰德等友人感到非常自豪的形容词。然而，这次他的言论将不会赢得他多年来习以为常的赞扬。在诵读演讲稿时，这位大师并未意识到，自己已经不再被青睐，曾经最仰慕他的那些人也不再眷顾他了。几十年来，许多美国人还从未见过自己的资产价值蒸发得如此之快、如此之巨，他们感到恼怒。那一年是大选年，这场灾难必须要归罪到某个人头上。

　　就像在1974年，美国举国上下都在为自己的苦难寻求解决办法，便把尼克松当作了替罪羊；在2008年10月，几位国会议员也在拼命寻找下一个尼克松，要把经济崩溃的责任归咎于他，好在选民面前保全自己的面子。这位大师的演讲绝对合乎逻辑，但在那天，逻辑不会成为他的盟友。在演讲结束时，来自加利福尼亚州的国会议员亨利·韦克斯曼（Henry Waxman）责问他，是否愿意为这场迫

> 自由放任式资本主义的这位最讲求实效的领导人谢幕了，这个令世界上许多人及各国政府着迷的时代也终于落幕了。

在眉睫的经济灾难承担责任。在格林斯潘的职业生涯中，他从未遭受过如此严厉的谴责。这不是一个具体的政策问题，也不是事先准备好的问答环节中的一部分。接受谴责会给资本主义的核心支柱带来灾难性的影响；而如果全部或部分地承认错误，也将会证实世界各地关于美国这个超级经济大国行将衰落的猜测。

面对国会议员韦克斯曼的诘问，格林斯潘虽然竭力保持镇定，但情绪还是渗透进他的理性思维，声音中流露出前所未有的真诚。他以释然的态度反驳道："我们这些指望贷款机构通过实现自利来保护股东权益的人——尤其是我自己——都正处在一种震惊的难以置信的状态。"当这场不留情面的盘问转向他对自由市场意识形态的看法时，他回答说："我发现了一个缺陷。我不知道它有多重要或会持续多久，但这个事实让我非常苦恼。"在这个节骨眼上，这位国会议员意识到，他迫切需要得到一个更为简化的回答，因此也不必再进行夸张的智力探讨。韦克斯曼争辩道："换句话说，你发现你的世界观、意识形态是不正确的，它失灵了。""确实如此，"这位美联储前主席回答说，"你知道，这正是令我感到震惊的原因，因为我从事相关工作已有四十多年了，有相当多的证据表明，它曾经运转得非常良好。"[17]

说完这些默认的话语，自由放任式资本主义的这位最讲求实效的领导人谢幕了，这个令世界上许多人及各国政府着迷的时代也终于落幕了。2008 年 10 月 23 日是一种信念体系的象征性终结，这种信念体系影响着全球经济的价值观，并将成为本书随后许多章节中讨论的主题。资本主义在西方发展到了顶峰。它使全世界无数人摆脱了贫困。而现在，它的最新典型——金融创新——中的那个缺陷致使它彻底崩溃了。格林斯潘博士说出了实情，卸去了自己的负担，却让世界上所有发达经济体在痛苦地寻求解决方案的漫长过程中失去了指导方向，而这个解决方案很可能永远都不会出现。

弗雷德里克·希恩（Frederick Sheehan）在他2010年所著的一本书中，对这位大师提出了最为严苛的批评。在书中，他详细描述了在格林斯潘的任期内，政府政策是怎样改变了财富的分配方式，并将财富从普罗大众手中转移到华尔街的。希恩对格林斯潘在美联储任职期间的表现做了如下总结：

> 在担任美联储主席的18年间，艾伦·格林斯潘见证了美国历史上最大规模的财富向上再分配。如今看来，显然，他的政策极大地推动了华尔街从为美国经济提供资金的发动机转变成了摧毁经济的机器——格林斯潘给予了华尔街精英和华盛顿政客们可能希望得到的一切，从而对美国经济的空心化起到了推波助澜的作用。[18]

我们选择记录格林斯潘博士的政策和意识形态，并非企图恶意中伤他，而只是为了解释我们所处的经济环境，并向他在带领资本主义穿越未知海域时所表现出的勇气致敬。透过价值体系的棱镜来看，开明自利时代始于工业时代和科学大发现时代的拂晓时分，只是人类发展过程中的一种价值体系的表现。格林斯潘博士是这个体系中的最后一位杰出的骄子；也正是这个体系使整个西方世界都在发出追问，想知道除了获得个人成功和富足之外，是否还有更美好的东西值得我们去探索。在当今世界上，我们正在亲历的经济困境是在新体系诞生前我们必然要承受的阵痛，新体系将会囊括这些价值观中的某些部分，但这些价值观将无法再主宰我们的生活。

新体系的价值观一旦能够得以充分地展现，我们就可以带着包容、成熟以及健康的谦逊心态来回顾我们当前的价值观表达。透过元模因的棱镜，我们将会重新审视自身文化中的许多政治和经济政策，以便让读者更为全面地了解价值观是如何产生的，并知道它们为何而来。如今，在本·伯南克（Ben Bernanke）的领导下，美联储的许多政策仍然会受到严厉批评，但只有通过理解模因经济周期的运作方式，并认识到复杂价值体系的兴衰规律，从而去重新解读他的行为时，人们才能更好地了解下一步将会发生什么。尽管现在是伯南克在继续应对当前资本主义表现出的缓慢衰退期，然而在人类的发展史上，格林斯潘无疑仍会被公认为中央银行和货币政策方面的先驱人物。就像美国的许多先辈一样，他身上具有一种真正的先驱精神，要是没有这种精神，自由企业制度就会显得温和而无趣了。

第二章　经济层面的价值体系范式

　　古典经济学理论是建立在不充分的人类动机理论的基础上的；如果它能够接纳人类具有更高层次的需求（包括自我实现的需求和对最高价值的热爱）这个事实，古典经济学理论很可能会发生革命性的巨变。[19]

——亚伯拉罕·马斯洛

　　经济学领域与现代人类本身一样古老。在历史上，经济思想在确定某种文化的政治观点方面一直扮演着重要的角色。从古希腊罗马时代一直到铁幕降下，人们始终都在争论，想知道哪种观点和哲学对人类的生活最为有益。政治经济学思想成为资本主义的明确捍卫者，精通资本主义实践应用的经济学家们成为在全球范围内传播资本主义应用方法和价值观的不可或缺的人。不论是大公司还是银行和智库，所有那些推崇自由市场优势的人，都会高度重视经济学专业。几十年以来，这门学科成功地量化了所有维持全球经济运转的因素，从看似难以应付的全球资源配置任务，到预测消费者支出，不一而足。任职于国际货币基金组织和世界银行的经济学家们能够准确地让世界上最贫穷的国家知道，它们需要做些什么就能使经济朝着正确的方向发展。这门学科的从业者创建了大量的数学模型，来预测与创造财富有关的一切事物。

多年间，经过反复试验，这些经济模型愈发完善，对误差的接纳度很低。这些模型中既有为了确定失业数字而进行的复杂而艰辛的分析，也有预测利率和消费者支出之间关系的非常复杂的算法。随着这个职业从无所不在的主观社会科学领域转入统计和数学数据收集领域，它吸引到的是更关心完善经验数据而非推动整体社会福利的科学思维模式。食品和能源价格等变量由于太过起伏不定而难以控制，就会在 CPI 的计算中被剔除。[20] 这样做是为了保持数学模型的简练性，使其更容易得到预测。在这个行业里，没有人喜欢不确定性。如果他们无法量化某个变量并掌控它，以使其符合给定的预测并保持其准确性，那么这个变量就会被删除。经济预测做得越准确、越专业，就越容易陷入学术界、私人和公共咨询领域的理论孤岛。

尽管趋势越来越多地向这个方向转变，消费者层面的假设却始终保持未变。尽管他们的模型中剔除了大量的消费者支出指标，但经济学家从未质疑过自己这样做的一个前提假设：消费者无论面临何种压力，总是会以负责任的方式行事。他们认为没必要去研究消费者行为，因为该行为会自动受到银行给予消费者的信贷评级水平的限制。在金融危机引发的经济衰退余波中，这些假设失灵了，迫使经济学领域不得不经历自工业时代开始以来最为深刻的一场变革。

资本主义哲学的本质被彻底动摇了。这是一场历史性的危机，让一群极具影响力的精英思想家走出了他们的象牙塔，继而走进了自我发现和灵魂探索的旅程。他们所揭示的洞见其实非常简单：在一个经济体中，消费支出占到了总产出的70%，当然应该更密切地去关注消费者行为。

自2008年金融危机以来，行为经济学成了迅速受到欢迎的一个经济学研究分支。耶鲁大学的罗伯特·席勒（Robert Schiller）是这一专业领域内最为杰出的经济学家之一，他曾准确预测了2000年的科技泡沫和不久前的房地产泡沫。行为经济学领域因其采用心理学的深刻见解和方法而变得流行起来。行为经济学关注的是人类为何无法理性、开明且自利地行事，以及人类是如何行事的。[21] 换句话说，它研究的是消费者为何会偏离亚当·斯密和安·兰德所说的开明自利的最高理想。大多数经济学家所使用的模型，都是假设消费者会视其收入、短期和长期的债务以及消费习惯的总体变化等标准化的资源投入指标来做出合理的决策。行为经济学这种新的范式转变，会研究为什么我们会为获得即时满足而冲动消费，置未来于不顾；会研究我们是如何屈服于同辈压力，与他人攀比的；还会研究为什么我们会高估自己的能力，却会低估坏事发生的概率。它是对导致次贷危机的一系列行为的研究。

但是，如果不采用更全面的视角来看待高阶价值体系及创造宽松信贷政策的思维模式，并全面理解它们如何与其他价值体系进行相互作用，那么这也将只是另一种线性的探索而已，在下一次衰退

> 从模因经济学的角度认识资本主义的失败是一种独辟蹊径的方法，这种方法的独特之处在于，它既关注个体心理，也关注不断发展的文化心理，还会考虑到环境和人的因素都有着不断变化的特质。

到来时，它就会被扔进历史的垃圾桶。2008 年的金融危机清楚地表明，自由市场的参与者们并不是全都认同"开明自利"这个同一标准。诞生于纯粹的哲学语境中的意识形态很难处理人们的不同动机，也无法统一规定人们应当如何透过价值体系的棱镜，在他们所从事经营活动的文化语境中追求自己的利益。

从模因经济学的角度认识资本主义的失败是一种独辟蹊径的方法，因为它考虑到了人类发展的层级性特征，并试图通过一个经过六十多年时间形成的价值体系框架重新解读经济问题。这种方法的独特之处在于，它既关注个体心理，也关注不断发展的文化心理，还会考虑到环境和人的因素都有着不断变化的特质。如果亚当·斯密和安·兰德还活着，得知迷途知返的后继者在一个与他们各自所处的时代都完全不同的新世界里试图落实自己的观点，他们将会看到自己的工作成果是全然失效的。如果经济学家们不是太过执着于其数学模型的简要性，而是通过这门新兴科学的视角，更多地关注文化与个人层面逐渐发展的心理特点，也许最后的结果就会大不相同。

新兴价值体系科学的发展简史

已故的发展心理学家、美国联邦学院（Union College）的名誉教授克莱尔·格雷夫斯首先为这种全新的革命性范式的研究奠定了基础。他倾尽毕生的时间所研究的理论框架，叫作"人类存在层次"（Levels of Human Existence）。格雷夫斯与心理学家亚伯拉罕·马斯洛

> 为什么我们的经济出现了那么多问题,导致在2008年全球经济发展到了濒临崩溃的边缘,此后仍在持续衰退?如果从格雷夫斯所提出的更为丰富多样的发展层次的视角来看,答案就会变得截然不同。

生活在同一个时代,而马斯洛率先在其"需求层次"理论中指出了人类的发展具有层次性。格雷夫斯构建了一个更为统一的人类心理学理论,着手验证马斯洛的工作成果。多年来,他采访了马斯洛的一千多名学生,显而易见的是,从表层来看,马斯洛模型中的"需求"(needs)与格雷夫斯所称的"层次"有关联。格雷夫斯确信,马斯洛模型并没能充分地表现出人性的动态变化、新兴价值体系出现的过程以及成人心理发展的开放性,而这些正是他总结出的人类发展的典型特征。[22] 在他所处的那个时代,格雷夫斯是一位有远见的思想家,有些像我们今天所需要的那种人才,他不沉迷于寻找现有心理学模型和理论的各种变化形式,而是开始探索人们对人性的看法发生改变的背后原因。为什么我们的经济出现了那么多问题,导致在2008年全球经济发展到了濒临崩溃的边缘,此后仍在持续衰退?如果从格雷夫斯所提出的更为丰富多样的发展层次的视角来看,答案就会变得截然不同。以下是他针对自己如何看待人性所作出的理论框架的总结:

> 简而言之,我想说的是,成熟人类的心理是逐渐展开的、自然涌现的、振荡的螺旋过程,其标志是随着人类存在问题的变化,旧有的低阶行为系统逐渐从属于较新的高阶行为系统。每个连续的阶段、波动或存在水平都是一种状态,发展中的人们通过该状态过渡到其他存在状态。当某个人集中处于某种存在状态时,他就会存在那种状态所特有的心理。他的情感、动机、伦理和价值观、生化表现(biochemistry)、神经激活程度、学习系统、信念体系、心

> 我们看待所有这些塑造市场的力量时,无论是个体、群体还是文化,都应该从一个更为整体的角度出发,要考虑到生理学(大脑机能)、心理学(人们如何思考)以及社会学(人们在哪里生活),并在一个不断发展演变的动态文化的背景下审视这些因素。

理健康观念、关于什么是精神疾病及应该如何治疗精神疾病的想法,以及对于管理、教育、经济学、政治理论和实践的观念及偏好,也都会与这种状态相称。[23]

对于经济学领域——特别是模因经济学领域——来说,重要的是,格雷夫斯的研究创建了一个前所未有的模型,而不是仅着眼于理解消费者、生产者和经济政策制定者的行为与动机。他还提出,我们看待所有这些塑造市场的力量时,无论是个体、群体还是文化,都应该从一个更为整体的角度出发,要考虑到生理学(大脑机能)、心理学(人们如何思考)以及社会学(人们在哪里生活),并在一个不断发展演变的动态文化的背景下审视这些因素。格雷夫斯将这些方面划分为八个已知的存在层次,我们称其为价值体系,人类的群组可以划归到这些价值体系中。这形成了有关人类经历的第一个全面综合的心理地图,它被称为生理—心理—社会模型,当今的整合哲学很大程度上就是以此为基础而建立的。

唐·贝克和克里斯托弗·科万是将格雷夫斯的学术著作介绍给全世界读者的两位最重要的人物。由于多年来与格雷夫斯密切合作,他们把格雷夫斯的大量研究成果应用到现实生活中,证实了他的研究结论,并通过他们自己的研究进一步拓展了格雷夫斯的研究成果。贝克和科万将格雷夫斯的许多综合性研究成果纳入他们自己的理论——"螺旋动力学",并合著了一部具有开创性意义的著作《螺旋动力学》。在接下来的数年间,贝克与整合哲学家肯·威尔伯(Ken Wilber)合作,继续将格雷夫斯的研究工作发扬光大,创建了螺旋动力学与整合学，将整合哲学框架中的四象限主题添加到了模型中，产生了 AQAL（All Quadrants All Levels，全象限全层级）模型——它阐明了此后威尔伯所做的大部分研究工作。在理论层面，贝克和科万都在通过不同的应用领域和研究方法，继续格雷夫斯遗留下来的大量研究工作。

贝克把格雷夫斯的心理映射（psychological mapping）概念和人类基因组计划比肩而论。自从与格雷夫斯合作的初期以来，贝克已成为将这门新兴价值体系科学的原理应用于全球热点地区的公认领导者。在长达十年的时间里，他在筹划南非走出种族隔离制度的转变过程中发挥了重要的作用。1991 年，他与格雷厄姆·林斯科特（Graham Linscott）合著了一部著作，名为《熔炉：打造南非的未来》（The Crucible: Forging South Africa's Future），阐述了理解文化的宏观模因论对于设计有效的政治和经济政策的重要性。

近年来，贝克的作品影响了欧洲、南美和中东的决策者们，其中包括唐宁街 10 号（英国政府）、在金融危机后重建的冰岛政府，以及允许巴勒斯坦领导人建立一个能够独立发展、自力更生的和平国家。心理学第一次开始在大范围内取代神秘和线性的思维方式，用以研究群体和整个文化的发展动机。正是这种范式转变，即通过贝克/格雷夫斯框架所带来的价值体系的层级性视角来看待世界，阐明了模因经济学的原理。

如今，贝克已经七十多岁了，他正在研究这个理论的另一种进化形式，目前被称为"主密码"（The Master Code）。这项关于人类价值

> 螺旋动力学是一种发展模型，它提供了一种新的方式，方便我们勾勒和理解那些影响人际互动和人类行为的力量。它描述了个体、组织和文化的发展阶段以及我们在上述这些方面所开展的工作。

观本质的极具影响力的研究，将会通过许多第三代格雷夫斯追随者继续开展下去，他们训练有素，遍布世界各地。目前，从智利到中东和俄罗斯，全球范围内至少已经建成15个人类发展中心，都在使用格雷夫斯/贝克的研究方法帮助人们增进对人性的理解。

螺旋动力学：阐释存在层次的理论

螺旋动力学是一种发展模型，它提供了一种新的方式，方便我们勾勒和理解那些影响人际互动和人类行为的力量。它描述了个体、组织和文化的发展阶段以及我们在上述这些方面所开展的工作。[24]贝克和科万将格雷夫斯提出的人类存在的八个层次归纳为八种价值体系，称为元模因。正如本书引言中介绍的那样，与"基因"（gene）的英文发音相似的"模因"（meme）一词最早是由英国科学家、进化生物学家理查德·道金斯创造出来的。他将其描述为文化信息的一个单元，其以人类的大脑为宿主，并能够自我复制。它可以被比作社会、文化和心理的DNA，这些DNA中含有某些行为特征，能够代代相传。披头士是一种模因，茶党乐队是一种模因，乔恩·斯图尔特（Jon Stewart）主持的《每日秀》（The Daily Show）也是一种模因；奥普拉·温弗瑞（Oprah Winfrey）是一种模因，占领运动也是一种模因。在鲜为人知的程度上，华尔街和银行业都是一种模因。各种模因构成了更大模因范畴的一般分类，对每种文化而言都是独一无二的。这些一般模因范畴，如音乐、哲学、宗教、建筑、文学、经济学、语言、心理学等，是将社会系统连接在一起的纽带。在价值体系研究中，它们被称为元模因吸引子或一般范围模因（^{G}MEMES）。它们汇集在有聚合力的思想整体中，就会形成元模因，或用来定义个体和文化的价值体系模因。[25]

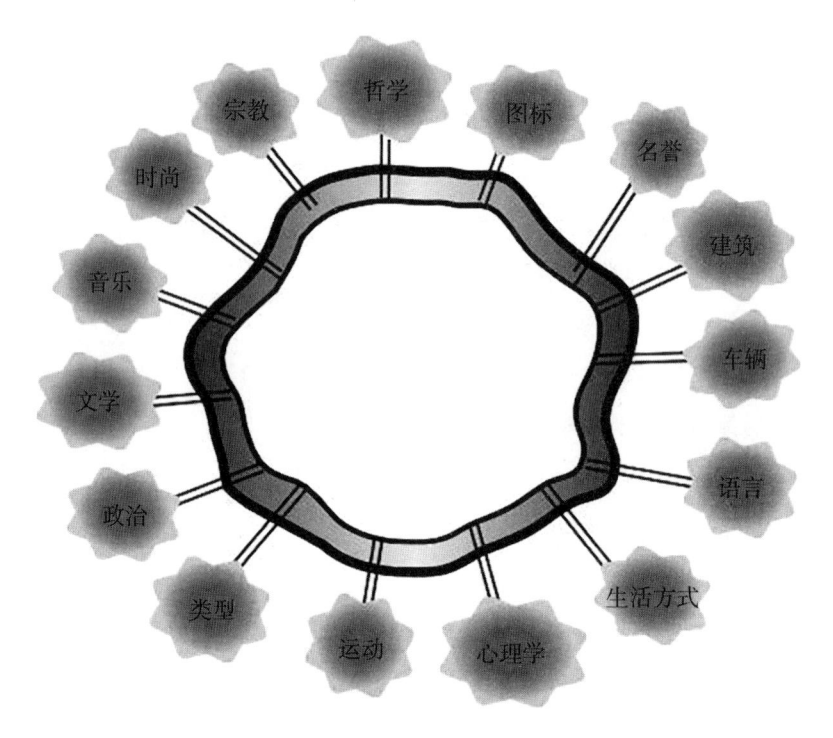

一般范围模因：元模因吸引子

注：1. 每个元模因都是一种组织原则、重力中心、几何分形、自我复制力量和吸引内容丰富的小的一般范围模因的磁场。
2. 本图改编自贝克和科万合著的《螺旋动力学》，此处为授权引用。

这种元模因或价值体系模因，会开始塑造个体、组织和文化的思维方式。螺旋动力学和格雷夫斯的研究框架都确认了价值体系中的几个不同层次。格雷夫斯称它们为存在层次，而螺旋动力学称它们为元模因。在螺旋动力学、格雷夫斯研究框架和模因经济学框架的范围内，"价值体系"一词指的是关于世界观的一套假设，显示了对人们而言哪些方面是重要的。例如，它们决定了人们怎样花时间，或者——与我们的讨论更为相关的——决定了货币、财富和富裕对不同层次的元模因意味着什么。在文化层面上，这些价值体系对社会的重要方面、资源的配置和分配方式以及决策的制定都有很大的影响。在这种情形下，价值观和价值体系几乎决定了人们生活的各个方面。

　　由于人类和人类社会具有适应性，新的模因会随着人类的生理、心理和社会条件的变化而进化，从而使新的价值体系涌现。这一理论中的进化层面在于它强调了"生存状况"的变化。就是因为这个原因，螺旋动力学和格雷夫斯研究框架中应对变革的方法在本质上是独特的，并且具有适应性和改革性。通过考虑人类需求和价值观不断变化的特性，并将其纳入应对方案的设计中，我们可以创建出一个可持续的变革模型，从而能够预测变化的发生。当前，大多数变革模型处理的都是表面的显性问题和行为，很少关注某种价值体系所需要的真实的结构性变革。在多数情况下，这些变革是对健康的价值体系的微调，它们在不破坏现状的情况下推动着价值体系缓缓进步。正如我们在当前的政治辩论中所看到的，如今的人类文明正处在一个完全不同的发展阶段，我们考虑问题时要比惯常的做法想得更深远。通过研究"生存状况"的变化，螺旋动力学和模因经济学的研究框架深入洞察了价值体系的五个层次，从而提供了让人们了解长久的、可持续的变革办法。

基于格雷夫斯的研究，并经过贝克和科万在现实生活中的强化应用，螺旋动力学中的八个已知的元模因可分为两种交替出现的类型。其中一种类型兼具个体性和表达性的特征，即个体从群体中脱离出来，创造性地开辟新天地，且个体所采取的行动会被认为是自利的、富于表现力的。另一种类型与前述个体性和表达性的价值体系交替出现，具有群体性和牺牲性，[26] 其行为是基于群体的需要而产生的，会要求个体为群体的利益而牺牲。随着时间的推移，每个价值体系内部都会出现关于存在与发展的问题，而这些问题在当前的存在层次上已经无法解决。不论是对于个体性还是群体性类型而言，情况都是如此。由于价值体系无法解决问题，产生的过剩压力和能量终将促使后续的层次涌现，以螺旋上升的态势推进发展，并在个体性和群体性两种类型之间交替振荡。人类和文化都倾向于与其中的某一种类型产生共鸣。由于我们无法略过任何阶段，因此，对其中一种类型有偏好的系统将能以更快的速度完成和与其交替的类型之间的转换。

生存状况
时代、地点、难题、情境

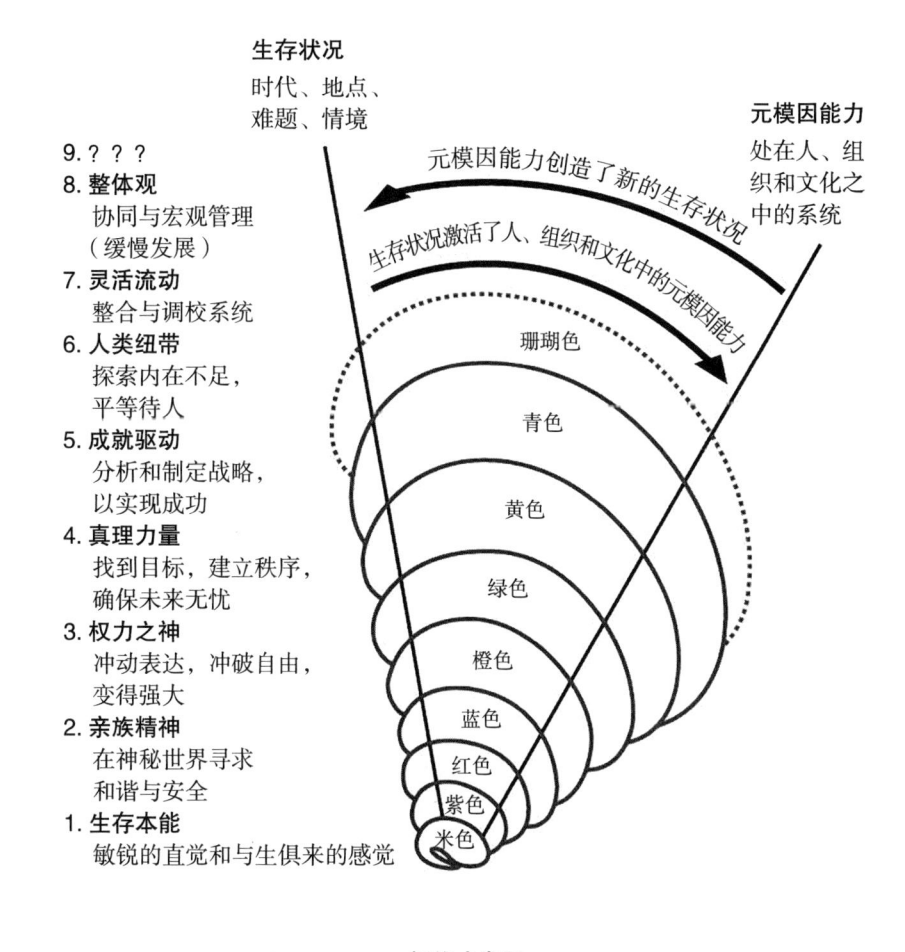

元模因能力
处在人、组织和文化之中的系统

元模因能力创造了新的生存状况

生存状况激活了人、组织和文化中的元模因能力

9. ？？？
8. **整体观**
   协同与宏观管理
   （缓慢发展）
7. **灵活流动**
   整合与调校系统
6. **人类纽带**
   探索内在不足，
   平等待人
5. **成就驱动**
   分析和制定战略，
   以实现成功
4. **真理力量**
   找到目标，建立秩序，
   确保未来无忧
3. **权力之神**
   冲动表达，冲破自由，
   变得强大
2. **亲族精神**
   在神秘世界寻求
   和谐与安全
1. **生存本能**
   敏锐的直觉和与生俱来的感觉

珊瑚色
青色
黄色
绿色
橙色
蓝色
红色
紫色
米色

螺旋式发展

注：本图改编自贝克和科万合著的《螺旋动力学》，此处为授权引用。

即便我们对目前新兴的价值体系科学仅做了如此简单的描述，人们也开始看到，政府为拯救经济而提出的大多数解决方案，对助力我们回到可持续复苏的道路几乎起不到作用。由于人类的价值观具有发展进步的特点，适用于旧有价值体系的工具在面对飞速的变革时就会变得过时，而政策制定者们却根本不知道继续使用这些工具会产生什么后果。无数的解决方案尽管在过去被证明是有效的，但如果放在现在使用，却只会造成不和谐和两极分化，就像政府在金融危机后采取的紧急财政援助措施那样。美国的许多专家认为，经济崩溃仍有可能发生；普通民众普遍认为，在未来几十年内，经济都无法恢复到危机前的繁荣水平。如今，我们在自己的文化中广泛看到的功能失调和分歧似乎都是无法消除的。在我们所处的这个阶段，我们不能再到催生问题的那套价值体系中寻求解决问题的方法。根据螺旋动力学理论，美国如今正在经历的不和谐，尽管有些痛苦，却是一个自然的进化过程，它将推动我们走出当前的价值体系，并为我们进入一个新的、更高阶的价值体系奠定基础，在那里，我们能够找到解决方案，使当前的问题成为过去。

八个存在层次

在 1996 年出版的《螺旋动力学》这部著作中，根据螺旋流中的编码层次，贝克和科万为每个价值体系确定了一种颜色。选取哪个颜色与某个体系或编码层次相对应，并不带有特定的意义或历史相关性，只是为了区分每个价值体系在人类发展层次中的位置。在讨论每个特定的价值体系时，每个元模因的颜色和编码层次可以互换使用。随着文化和人类复杂性的日趋增强，诸多元模因形成了一个螺旋结构。每六个层次可以构成一个层级。目前，该理论框架确定了八个已知的存在层次。"第一层级"中包含了前六个层次，格雷夫斯称其为"生存层级"；而在"第二层级"中，目前只有两个已得到确认的人类存在层次，他称其为"存在层级"。[27]

将他们的思想进一步展开，我们可以看到，每个层次都会给出当元模因首次出现并主导文化时那个当下所存在的经济体系的描述。由于不同的发展阶段和不同的发展层次正在不断涌现，新兴文化就会借鉴其他价值体系中的优点为己所用，帮助自己实现经济繁荣的梦想。因此，我们将会给出当今占主导地位的元模因的例子，以便更全面地描绘出构成特定国家或地区的经济模因轮廓的价值体系的当代表现。

螺旋动力学框架的双螺旋特性

尽管或许现今那些漫不经心的观察者并没能看出来，但正当西方文化在经历经济运作失灵的时候，人类也在探寻更高的价值。依据格雷夫斯的理论和螺旋动力学框架，文化发展的模式一贯如此，且未来也将一直如此。这些假设背后的驱动力是螺旋动力学框架的"双螺旋"特性,这是通过多年来研究贝克所称的内在状态与外部世界之间的相互作用才得以揭示出来的。以下描述了双螺旋模型中的两个方面。

1. 人类有能力创造出新元模因:人类本身就有能力在不同的心理发展层面上生存,这些心理发展层面反映了人们对这个世界及世界上的不同复杂问题所抱有的不同看法。[28] 这就是格雷夫斯所说的神经系统的不同发展层面。一旦它们得到激活,创造出"新的大脑系统",人们就可以处理生活中遇到的复杂问题。我曾听到贝克把这种独特的神经现象称为一个软件系统,它具有一触即发的潜在升级能力。以下三个条件决定了这些新的大脑系统的表现水平:

- 大脑用来容纳这些系统数量的空间能力;
- 可能已写入我们 DNA 的一系列指令;
- 先天基因及后天养育之间动态的净效应,会触发大脑对环境挑战的反应能力。

2. 生存状况唤醒元模因:在这个模型中,生存状况的重要性不容小觑。正是它为螺旋动力学框架带来了持续的适应性,定义了人类和文化进化的本质特性。我们需要了解自身内在状态和外部世界之间的相互作用,以便为应对当今世界所面临的问题提供有效的解决方案。生存状况涉及时代、地点、难题和情境等四个重要方面，决定着文化发展的模因模式。[29]

（1）**时代**：时代是我们在人类发展的总体路线上的定位。在如今任何一个西方社区，你都会发现，生活在一起的人们秉持着不同时代的思想。不同的人也会在生活中发展出自己的元模因组合包，以适应他们所处的时代。在西方，我们将20世纪40年代和60年代视为完全不同的时代；而传统文化中的时代背景，历经数代人竟依然保持不变。在我们对经历的不同经济周期进行历史性分析，需要界定人们的生存状况时，时代会起到至关重要的作用。经济政策与人们所处的时代越来越脱节，是造成许多经济制度失败的主要原因。

（2）**地点**：地点是指个体和群体生活所在的地理位置和物理条件。我们的居住地直接影响着大脑中可以得到激活的能力水平。外部刺激对城市居民的影响与对郊区居民的影响大不相同，对热带雨林居民的影响与对沙漠居民的影响也大不相同。地点影响着我们所呼吸的空气、我们所吃的食物以及我们为工作和生活居住而设计的住宅建筑。

（3）**难题**：难题指的是人类所面临的挑战，对于每个存在层次而言，这些挑战都普遍体现在需求、优先事项、关注点，以及特定个体、群体或文化的要求等方面。马斯洛的需求层次框架很大程度上也是在应对生存状况中的这些方面，其中涉及生存、安全、归属感等等。格雷夫斯发现，一旦难题将现有的应对机制击垮，就会触发大脑中的新系统，从而能更精准地察觉难题并恰当地处理难题。[30]

（4）**情境**：情境是权力、地位和影响力层次中的文化设置。一个人的社会经济阶层、教育程度、种族、性别和家庭血统在决定生存状况的情境因素方面起着至关重要的作用。它就像一副眼罩，妨碍了专注于既定元模因的个体，让他们看不到现实中的其他存在层次。理解了生存状况中的最后这个方面，研究价值体系的专家就可以设计工具，自然而然地帮助那些处于特定情境中的人超脱于那副眼罩所创造的价值观以外，并容许新的体系出现。

人的能力和生存状况之间的相互作用创造了上述这四个最重要的方面。这四个方面阐明了螺旋动力学框架的发展性特质。它们还描述了人类的发展机制——这些机制定义着我们从一个价值体系跃升到下一个价值体系的螺旋运动。在接下来的章节中，当我们设计未来的经济体系时，生存状况会起到重要的作用，这就使得模因经济学框架不同于任何其他经济学方法。不过，在每种价值体系中，也有许多影响文化如何、何时以及为何出现的特征，它们给每种文化赋予了其独特的元模因轮廓。

一张心理地图

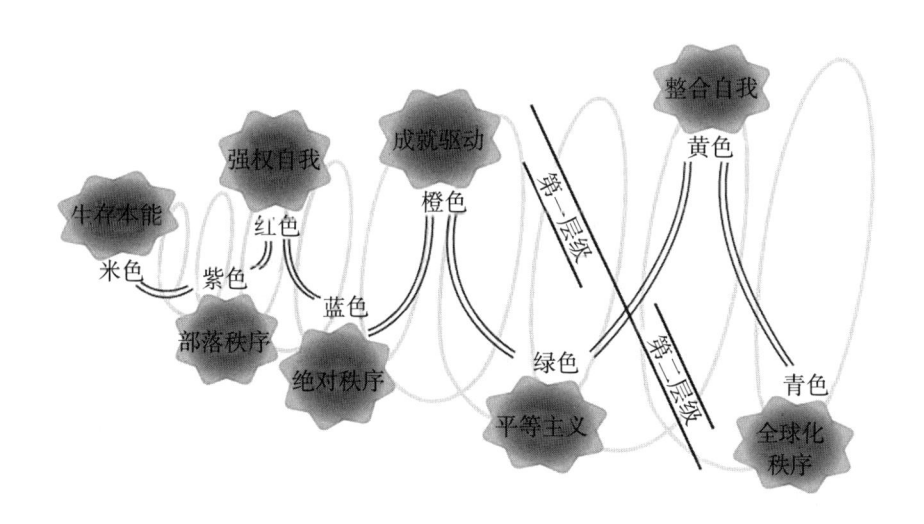

元模因"DNA"螺旋

注：本图改编自贝克和科万合著的《螺旋动力学》，此处为授权引用。

所有价值体系的共同特征

所有已知的存在层次都有许多共同特征。以下内容与我们关于经济的讨论最为相关，也与那三个最重要的存在层次最为相关——它们塑造了资本主义的动态以及消费者、生产者和政策制定者在个体、组织和社会层面的互动。

- 元模因既影响个人也影响社会。随着生存状况的变化，个体通过在自己生活中接触到的各种价值体系而发展成熟。个体所呈现的存在层次的数量取决于他在生活经历中所面对的生理、心理和社会条件。[31] 影响个体和社会层面生存状况的力量，在决定经济政策为何及如何在元模因层面获得成功、停滞不前或一败涂地方面，起着不可或缺的作用。

- 不同的价值体系可以在同一个人身上或在同一社会中并存。[32] 不过，每种价值体系都有一个重心或断层位置。例如，当某个人与家人在一起时，他可能会依从某个价值观层次而行事；在工作时，他可能会依从另一个完全不同的价值观层次而行事。同样，依从于各自不同的元模因而运转的个体、团体或整个社会也是可以共存的。没有哪种单一的价值体系是独立存在的；它们构成了价值体系的堆叠或螺旋，一起决定着对于某个人或某种文化而言什么是重要的。

- 每种价值体系都同时有着健康或不健康的表达形式。[33] 在公共体系中，不健康的表达也被称为错误表达。例如，有人可能会说，谷歌的商业行为是第五层次体系（利己主义）的健康表达，而华尔街最近的商业行为是同样这个第五层次体系的不健康表达。西方的民主似乎是秩序驱动的第四层次体系（公共体系）的健康表达形式，而某些形式的治理方式可能会被认为是同一个第四层次体系的错误表达或不健康表达。

- 在确定个体、组织或文化的变革能力时，每个层次都可以被表述为处于开放、停滞或封闭这三种状态之一。[34] 识别出这些状态在经济方面的历史呈现，将能使读者更好地理解不同元模因的表达如何联合在一起，形成我所说的"模因经济周期"，还能使他们更好地理解，一旦政策制定者通过这个新的视角理解了我们的经济变革状态，他们将如何更有效地采取行动。

- 当某个人或某种文化跃升到一个更高层次的秩序体系时，这个人或这种文化就会超越并包容所有较低层次的价值体系。[35] 这些超然卓越、兼收并蓄的价值体系往往比那些排斥较低层次价值观的体系能更为健康地存在于螺旋结构中。这就如同树上的年轮。最外侧的年轮只能表现出树木最近的生长模式，而在它内侧，之前已经形成的所有年轮对树木的健康机能依然是至关重要的。在价值体系中，最高的价值层次代表着外侧的年轮，但为了树木的健康生长，价值体系中也必须能容纳内部所有的较低层次。

- 当某个人或某种文化解决了其所在价值体系内的生存难题时，这个人或这种文化马上又会制造出新的难题，引发下一个价值体系出现。面对着更高的复杂性，人类处理的这些冲突又会给自己带来深刻的见解。这激活了人类大脑中更高阶的能力，并使人们发展出针对新发展水平的应对机制和新方法，这种新发展水平最终也会在文化中传播开来。

- 文化在发展过程中是不能跳过某个发展阶段的，在技术和知识经济时代也依旧如此。法律和秩序必须先于繁荣和科学而存在。在全球化时代，发展中国家的文化可能会比以往其他国家的文化更迅速地经历这些发展阶段——以自己特有的节奏，并对其赋予独特的本土文化内涵。当文化面临压力时，那些跳过了某个阶段的发展中国家就有可能处于崩溃的危机中。

理解所有价值体系都共有的那些最重要的特征，有助于我们更全面地描绘出模因经济学的全貌。货币在人类进化和现代经济史中所扮演的角色，就货币如今所扮演的角色而言我们处在哪个位置，以及我们如何为未来设计一个可持续的经济体系，所有这些问题，一旦通过价值体系的视角加以审视，就会变得更加容易理解和践行。作为这些论述的背景信息，下面对构成螺旋的八个价值体系逐一描述。

"第一层级"价值体系

米色：第一层价值体系

在米色价值体系中，通过先天感知力和本能反应，人类所有的能量都集中到生存层面上。在这一层次，人类形成了组织松散的小结构群居式生存团体。[36]这是人类第一次超脱于他们的动物本性而得到发展。食物、水、温暖、性和安全是他们优先关注的焦点。米色价值体系如今并不常见，但依然可见于新生儿、老年人、晚期阿尔茨海默病患者和患有精神疾病的无家可归的人当中。米色是一种利己主义的价值体系，其座右铭是"为了生存，现在就要表达自我"。在这个层次上，人们只对生存感兴趣。电影《火种》(*Quest for Fire*)就给出了米色价值体系的一个很好的示例。在这种元模因中，没有什么经济体系或什么形式的易货或贸易值得人们关注。当食物变得匮乏时，第一层价值体系的生活环境无法再支持人们的生存，米色体系就会让位于第二层价值体系。

紫色：第二层价值体系

第二层是有关亲族精神（Kin Spirits）和部落的价值体系。[37]思考是奇妙的，也是对这个神秘而又充满威胁的世界的一种回应。大自然是强大的，是需要敬畏的，我们必须团结起来才能生存。虽然人们关注的重点仍然是生存，但与米色体系不同，这一层次的生存是通过部落的团结而实现的。人们需要集整个狩猎小队之力一同捕杀野兽，为部落获取食物，使族人存活下来。紫色价值体系具有牺牲精神，并以群体为导向，在这个体系中，人们为了部落、长辈和古老的生存方式而牺牲个人需求。取悦神灵、保持部落传统、保持部落家园的温暖和安全成为人们最优先考虑的事情。在这种价值体系中，不允许个人进行思考或行动。在紫色价值体系层次中，人必须为首领、尊长和宗族作出一定牺牲，并表示效忠；部落群体会保护与神灵相关的物品、场所、事件和记忆；部落群体还会遵行传统的成人仪式、季节周期和部落习俗。

在世界上的许多地方，包括非洲、亚洲的许多地区、南美洲和中美洲，以及美国的土著部落，紫色是占主导地位的价值体系。而在中东，尽管在过去的一百年间突然拥有了石油资源带来的财富，但它仍然主要处在紫色价值体系中。紫色价值观的诸多方面在第一世界的社会中也有所体现。信仰守护天使、血誓、护身符、家庭仪式或迷信，都是紫色价值观的表现。男生联谊会和女生联谊会、互助会、职业运动队以及某些企业帮会，也都是紫色价值观的表现。很多宗教思想，不论其是何种信仰类型或教派，也都是紫色的，尤其在第三世界国家，更是如此。工会也带有浓重的紫色色彩。

在第二层价值体系中，决策是由长老委员会基于习俗和传统而做出的，通常会依赖于萨满提供的神秘信息。普通的部落成员不怎么会参与决策过程。尝试将民主思想引入部落群体是行不通的，因为个人决策的理念并不存在于紫色元模因中。财富不论实际是由谁创造的，都会以公有方式进行分配。印第安土著部落在部族成员之间分配赌场的博彩收入时就是这样做的。在石油资源丰富的国家，部落民众们相信是上帝把石油放在了他们的脚下，因此应该由大家分享。

部落/宗族

第二层紫色元模因的领导力结构

注：1. 正中间的▲表示部落的领导者或宗族首领（通常最年长、最睿智）；
   2. 其他位置的▲表示部落内的小领导者（传统上负责安全、仪式、药物等）；
   3. ●表示部落成员或宗族成员；
   4. 本图改编自贝克和科万合著的《螺旋动力学》，此处为授权引用。

在第二层价值体系中，思考的本质是可怕的、神秘的。部落成员必须以传统的方式行事，不允许个人进行思考或行动。他们必须要遵守禁忌，必须绝对服从和顺从于部落领导者，并要尊重长辈和祖先。他们的教育带有家长式作风，严重依赖仪式和惯例。学习者是被动的，个人创造力是不可能产生的。家庭是一种扩展的亲族关系，其标志是严格的角色关系。规则和传统的设计都是为了保护亲族血统。惯常的传统的成人仪式是人生每个阶段的重要方面。

土地和领土在这一价值体系中具有神圣的意义，部落会为夺回以及保护祖先流传下来的土地而浴血奋战。由于在紫色价值体系中基本不存在个体思维，价值观已经跃升到下一层价值体系的某位领导者轻易就能控制整个部落。过去和现在的许多独裁者都将他们的大部分臣民置于紫色元模因状态中。随着时间的推移和生存状况的变化，部落中更年轻、更强壮的成员开始发展出个体思维。促使这种情形出现的契机是，人们对大自然的恐惧减弱，部落间的联系得到削弱，传统的供奉和仪式无法抵御邪灵或带来预期的好处，或者由于某种原因部落秩序开始崩溃。推进部落发展的方法不再适用于人们的生存状况，这时，文化就会进入下一个发展阶段。

在工业革命之前，紫色经济体系已经在历史上存在了数千年。这个元模因是本地化、部落化的，主要具有农业化的特点，定义了所有贸易或物物交易制度中的最简易形式。维持生计是人们司空见惯的最为紧要的事，甚至在一整个世纪的时间里都是如此。人们经历了一个又一个收获季节，受制于自然和诸神的支配。几个世纪以来，部落里的人们一直在同一地理位置耕作着他们祖先流传下来的土地。祖辈和孙辈的收入差距非常小。技术进步是为了制作出更好的手工工具用来耕地，或制作出更好的套牛的挽具。不同的部落间偶尔会交换食物或谷物，这是贸易活动出现的早期迹象。尽管在世界上大部分地区，人们的生存状况已经发生了很大变化，但在世界上的许多地区，如非洲、南美洲和中美洲、中东以及许多新兴国家的偏远地区，人们只能勉强维持生计，这种第二层次的经济体系仍然存在着。

在当今的某个发达经济体中，紫色价值观的当代表现形式构成了其经济模因堆栈的基础，成了其经济模因螺旋上的第一层。这就是外国劳工，在世界各地都能看到他们——从吊在迪拜摩天大楼第95层的脚手架上的印度和巴基斯坦的建筑工人，到墨西哥或危地马拉的农场工人，他们在加利福尼亚州贝克尔斯菲市的田地里，在烈日下包装着草莓。他们与大家庭的许多成员和朋友住在一起。他们害怕权威，惧怕外部世界，因为这一切对他们来说都是陌生的。当一些成员开始信任外部世界，或当他们的孩子开始与周围的复杂世界产生交互时，这种自己强加的封闭式系统才会开始打开。

红色：第三层价值体系

红色是一种具有表现性的利己主义层次，代表着真实且富有影响力的个体行动和个体自我的初次出现。这是有着冲动行为的价值体系，通常被描述为权力之神。红色价值观关注权力和统治，并通过带有剥削性的独立行为对自我、他人和大自然施加控制。[38] 红色价值观的座右铭是"现在就要冲动性地表达自我，让别人见鬼去吧"。红色价值观通过个人权力去攫取其想要的东西，不会怀有罪恶感，也不会为他人考虑。也许当今世界所面临的最大问题，就是如何控制好从紫色价值观到红色价值观的过渡，让人们能够快速通过红色，快速迈入下一个价值体系，以避免红色价值观中的剥削性使人们付出沉重的代价。

秉持红色价值观的人，认为世界是一个充满了威胁的丛林，到处都是掠夺者。他想要摆脱统治或束缚，想要高高在上，受到别人的关注，需要得到尊重，还想能发号施令。他不会凭良心行事，只管尽情享受生活，心里不会有内疚或悔恨。秉持红色价值观的人完全活在"现在"，不会觉察到未来的后果，不想也不能延迟满足或做出个人牺牲。处于"可怕的两岁"反抗期的孩童、叛逆期的青少年、拓荒心态、封建王国、追逐名利的冒险者、说唱音乐家、监狱文化、独裁者和帮派头目，这些意识形态都带有红色价值观。美国电视剧《黑道家族》(*The Sopranos*)中所表现的黑帮文化，也很好地描绘出了现代西方文化中的红色元模因。

在红色元模因中，决定是由最有权力的人做出的，他们做决策的依据是为自己带来最大限度的尊重或令人们在当下感受良好。领导者必须为他的追随者们带来即时满足。所有信息都是从领导者那里向下流动，几乎没有信息向上流动。典型的以红色价值体系为主导的领导者，通常不希望其追随者提出自己的见解。红色元模因中是不可能存在参与性民主制度的。尽管红色元模因可能会借用平等参与过程这种表象，但它却会破坏投票结果。最有权力的人能得到战利品，并决定如何进行分配（如果战利品真的会被分配的话）。教育是建立在价值测验和严爱策略之上的。在这个群落中，掠夺者处于掌控地位，外来者处于危险之中，封地随之形成，地盘争夺战也层出不穷。红色价值体系会剥削妇女、儿童和弱者，并会遵循完全依赖权力的行为准则。

在社会结构方面，红色是具有帝国特色的价值体系层次，例如苏美尔王朝（Sumerian Dynasty）、巴比伦王朝、波斯帝国和罗马帝国。尤利乌斯·凯撒（Julius Caesar）展现了红色价值体系的健康表达形式，他在秉持紫色价值观的罗马共和国中脱颖而出，并成了推进罗马帝国向下一个更高层次的价值体系过渡的行为主体（尽管许多紫色和红色元模因的元素遗留了几个世纪之久）。

红色元模因的功能性范围很广泛，有其残暴的一面，也有英雄主义的一面，还具有其健康的方面。红色元模因的健康个体足智多谋，力量强大。这个元模因把社会从紫色元模因中解放了出来，创造了第一批利己主义者和积极进取的人。凯撒大帝和亚历山大大帝都秉持着红色价值观。他们将部落和文化联合起来，推动它们向更高的层次发展。

不健康的红色元模因是自私的、掠夺性的、暴力的，它拒绝承认利己主义表达方式的局限性。红色元模因对自己的能力和知识也抱有不切实际的看法，并有一种不切实际的无懈可击的错觉，这在独裁者身上很常见。然而，这个阶段是一个必经的发展阶段。我们在青少年时期都经历过这个阶段，也都希望能在把父母逼疯之前进入下一个体系中。中东和非洲等地的部落社会必须先经历过红色元模因阶段后才能进入下一个发展阶段，到那时，人们是有可能实现民主和典型的文明社会制度的。如何促进这种转变，是当今世界所面临的最大挑战之一。

历史上，红色元模因的经济体系存在于帝国时代，而剥削定义了经济法则。资源属于最强大的掠夺者。弱势群体的劳动很容易受到剥削，被用来满足皇帝的欲望。秉持红色价值观的法老利用了紫色价值观的奴隶劳工，才建造出了吉萨金字塔。来自殖民国家的秉持红色价值观的商人，驱船征服了新的土地，还开发利用了新土地上的自然资源。历史上，在红色价值观的帝国之间爆发的战争就是这一价值体系的体现，它们为控制和开发新的或有争议的领土资源而进行征战。也正是在这种经济体系下，红色价值观的土地领主要么拥有奴隶，要么雇佣廉价劳动力，来帮助自己耕作土地获得丰收，却无须支付报酬或只需支付极少的报酬。

在发达的西方经济体中，红色元模因的经济活动构成了经济模因堆栈中的第二层，主要以其在复杂经济中的剥削（甚至是完全非法的）活动而为人所知。至于红色元模因的经济活动如何得以发展并促成了2008年的金融危机，我们将会在接下来的章节中进行更广泛的讨论。

红色元模因处在了以紫色元模因为主导的文化氛围中，人们拥有丰富的自然资源，并能够积累大量的财富，却可能无力捍卫它们。这时，人们显然就会需要法律和秩序。当人们对个人权力产生怀疑，并需要有结构化的纪律时，红色元模因就会过渡到下一个元模因。一位秉持着健康的红色价值观的领导者通常是一个开放体系的思考者，当文化已经准备好要跃升至下一个阶段时，他会有所感知。然而，在大多数情况下，红色价值观的领导者会不顾一切地掌控着权力，人们必须动用武力才能将他们赶下台，才好让下一个阶段的价值体系出现。

蓝色：第四层价值体系

蓝色价值体系是大多数人所认为的文明的开端。蓝色元模因经常被描述为"真理力量"，因为它是围绕着对唯一正确之道的绝对信仰和对权威的服从而构建起来的。[39] 秉持蓝色"真理力量"价值观的思想和团体，像天主教会、犹太的诺亚律法（Noachide Code）、上帝、井然的秩序、海军陆战队等。儿童群益会和童子军也是这样的团体。蓝色价值观的根本主题是，人生是有意义、方向和目的的，人的命运是预先就已确定的。如果人们发现了人生的真正意义并遵从这个意义而行事，一切都会好起来的。蓝色价值体系是具有牺牲精神的，在这里，人们牺牲了个性，去追寻至高无上的事业、真理或正义之路。在蓝色价值观中，人们依靠秩序施行着一套基于永恒和绝对的原则的行为准则。各级政府内部的监管结构就属于蓝色元模因；当地警察局、当地分区规划局、证券交易委员会、联邦存款保险公司、美国储蓄监管局、美国联邦调查局和国税局，这些都是蓝色价值体系的政府部门。

蓝色元模因相信，正义的生活为人们带来了现世安稳，还能确保人们未来也会得到回报，冲动可以通过人们的内疚感得以控制，每个人都有自己的合适位置，而法律、法规和纪律可以塑造人们的性格和道德品质。蓝色元模因的社会是高度分层化的，每个人都有自己的角色，向上流动的速度很缓慢，或者人们根本就没有向上流动的通道。蓝色元模因追求法律和秩序，这也是它对于不受法律制约的红色元模因给出的回应。由于蓝色元模因以是非对错为导向力，因此其连带利益都会属于正义的人。不管真相是什么，在蓝色元模因中，世上只有唯一一条正确之道，而这条正确之道是凭借着法律、惩罚和人们的内疚感而得以维持的。换句话说，坚持真理的人能得到退休保障，并有望拥有更好的未来或更好的来生。

教育被视为权威人士流传下来的真理，它是在传统和等级的梯级上实现的。教育通常会以道德教训的形式展现，再加以对错误的惩罚来做强化。教义是严格的、惩罚性的，也是黑白分明的。有道是：孩子不打不成器。家庭是真理和价值观的大本营，向人们教导着道德价值观和行为准则。社会共同体所抱有的理想是获得和平与安宁、法律与秩序，并遵从社会规则。最好的公民是知道自己所处位置的遵纪守法的公民。

虽然蓝色价值观的主题是去追寻那唯一正确之道，但这个真理的确切本质却很可能有着很大的差异。诸如西方这样的先进文化可能会把宗教激进主义视为错误的蓝色价值观，然而，对于践行宗教激进主义的后进文化来说，这很可能是它所知的唯一的真理力量。在蓝色价值观中，没有灰色地带，凡事要么是对的，要么就是错的。因为在一个非黑即白的世界里，人们一不小心就会站到真理的反面，保有蓝色价值观的人几乎永远都要承受内疚的负担。

蓝色层次是一种带有牺牲性的价值体系，它取代了个体，获得了集体的接纳。它的座右铭是"在权威的指示下，为了将来得到收获而牺牲自我"。它是从红色价值观的当下认知和即时满足转变到了对未来后果的认知。在蓝色价值观中，奖励往往来得非常迟，以至于有时它只能在人去世后才会出现。蓝色元模因的出现是为了缓和红色元模因中的过度行为，而蓝色元模因也擅长这样去做。法律、秩序以及惩罚是蓝色元模因的主要方面。蓝色元模因的策略不是要管理红色元模因并引导它进入下一个阶段，而是通过设计出"良好的权威"机构来教化、改革和塑造红色元模因，或者在必要时使用更多的惩罚性措施。在某种意义上，这是可行的，因为它围绕着红色元模因而展开，并控制着它，但这样并没有完成红色元模因向蓝色元模因的过渡，从而也就无法彻底地解决红色元模因中所带有的问题。第三世界面临的挑战是，它们的价值体系堆栈大部分是由红色和紫色元模因构成的，同时，它们的蓝色价值体系是被削弱了的。在得以过渡到类似于第一世界的那种元模因堆栈模式之前，第三世界必须经历持续很长时间的初级却富有强劲表现力的蓝色元模因阶段，得以让火车按时运行，为社会提供安全和保障，并能够强制推行某种形式的正义和稳定。

  蓝色组织结构是一种被动的等级体系，就像在天主教会或军队中一样，对结构和等级有严格的规定，需要严格遵循组织结构图。在其位、拥有权力的人才能做决定，权力是归于职位所有的，而不是归于个人。头等重要的是制度，而不是个人；人们要去提升、维护和维持的也是制度，而不是个人。沟通交流是自上而下发生的，但平级之间也可以横向交流。蓝色元模因坚定地支持按资排辈的制度，这是一种延迟满足，每个人都能有自己的位置。这就创造了一个阶层分明的社会，几乎不存在自下而上的阶层流动，官僚主义泛滥。一般来说，在组织结构图中得到晋升的唯一途径，就是有人去世或退休了。

蓝色元模因的健康方面包括控制红色元模因中的暴力因素，以及建立一个以法治为基础的更为稳定的社会。蓝色元模因强调公平、公正和统一对待。在蓝色元模因中，法律面前人人平等，其座右铭是：依法治国，而不是以人治国。在消除人类疾苦方面，相较于紫色元模因和红色元模因的社会，蓝色元模因的社会为人们带来了巨大的进步。蓝色元模因中的一个不健康方面，表现在它的惩罚性以及不灵活性上，它将一切都视为黑白分明的。蓝色元模因给我们带来了塞勒姆审巫案（Salem Witch Trials）、西班牙宗教法庭（Spanish Inquisition）和麦卡锡主义。

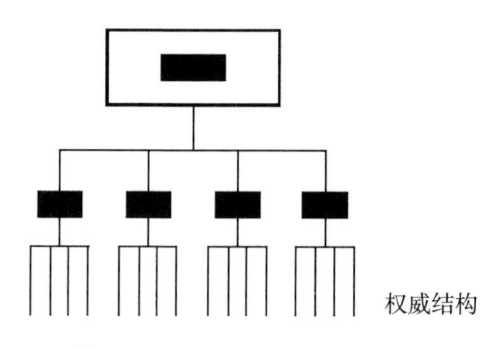

权威结构

第四层蓝色元模因的领导力结构

注：1. 最上方的■■表示在其位的权威者（刻板僵化），其他位置的■表示官僚；
　　2. 本图改编自贝克和科万合著的《螺旋动力学》，此处为授权引用。

蓝色元模因的僵固性会妨碍人们产生新的能力和革新思想，借以帮助他们察觉骗局，尤其当骗局出自更高层次的价值体系时更是如此。当下就有一个很典型的例子：即便在检举者挺身而出，提供了伯纳德·麦道夫（Bernard Madoff）的违法行为的细节后，美国证券交易协会仍无法察觉麦道夫所炮制的持续20年之久的欺诈案。"蓝色元模因的僵固性"会给人一种非常消极、吹毛求疵的印象，同时又让人无法看清大局。大多数与"真理力量"有关的观点会自动为偏见而辩护。蓝色元模因中的战争是为了促进或捍卫真正的信仰和意识形态而展开的。从许多方面看来，这就使得蓝色元模因中的战争比紫色或红色元模因中的战争更邪恶，也更具破坏性。为了争夺领土而爆发的战争是旨在保护被攻占的领地内的财富，其中通常也会包括领地内的人以及这些人为新领主干活的能力。尽管在红色元模因中，人们使用的方法是暴力的，但通常也是基于荣誉原则，保有红色价值观的勇士往往会对其对手表现出极大的尊重。然而，保有蓝色价值观的勇士却通常将他们的对手视为魔鬼，会非常想要把对手消灭掉。

蓝色经济体系是以中央计划和生产为主导的经济体系。这里不会为个性和创新留下空间。金融体系能够得到很好的发展，但它的发展目的是要服务于其领导人所确定的唯一正确之道。这种经济模式虽显得很浪漫，但如果政策制定者不了解人民的需求，这种模式很快就容易变得腐化并遭到淘汰。虽然第四层次的蓝色经济体系可谓是一种封闭的体系，但当一种文化即将进入下一个发展阶段或遭遇威胁时，这种经济体系的出现是至关重要的。在第二次世界大战期间，美国的生产性工业产出就是在服务于其唯一正确的蓝色目标，即赢得战争。如同一种文化会吸纳其他行业的特点一样，一个国家的经济政策也必须要经历蓝色元模因的阶段，以巩固其在发展崛起的道路上所取得的成果。以建设高速公路、机场、铁路、海港等基础设施为目标的经济政策，是健康的蓝色元模因经济政策的真正表现形式。

当蓝色元模因机构在各地纷纷建立，使社会稳定下来时，蓝色层级就可以过渡到下一个更高层次的价值体系了。当人们渴望自主却无法在"真理力量"中找到目标时，或者当人们对内疚感太过麻木时，当下的文化就准备好要发生转变了。如果真理再也不是良好秩序的保证，未来又是充满疑问的，那么怀疑主义以及新的选择就会出现。社会中的能力较强者，不顾他们在社会等级中所处的地位，开始对自己说："为什么我要等待物质财富的降临呢？我这么聪慧，现在就有足够的干劲去为自己创造财富了。"这就引出了第五层价值体系的出现，它也是一种利己主义的、富有表现力的价值体系。

橙色：第五层价值体系

第五层橙色价值体系，被称为"成就驱动"。当生存状况发生变化，依靠蓝色元模因去处理存在性状况的方式不再奏效，为"真理力量"而做出集体性牺牲的想法也失去其光彩时，橙色元模因就显现了。[40]这时，集体中能力较强、更有进取心的成员开始意识到，由于遵守集体的规则和程序，他们受到了牵制，不然他们本可以通过自己的行动去创造出更好的结果。橙色价值观相信科技能让生活变得更美好。它想要通过科学、技术和医学发现来揭开宇宙的奥秘。它想要创建一个以开明自利为核心的高效贸易体系。技术和创新的易变性是这个元模因的标志。橙色元模因背后的主要理念是，通过使用科学方法、定量化、试错和寻找最佳解决方案，我们能够塑造、影响和促进人类的进步，让生活变得更美好。

橙色元模因思想的传播始于启蒙运动以及工业时代的开端。橙色元模因让我们认识了亚当·斯密和资本主义，还带我们了解了古典音乐、莫扎特、居里夫人以及 X 光片。科学发现是这个价值体系的重要标志，在很短的时间内，这个价值体系将人类的生活质量提高到了前所未有的程度。通过这些科学发现，它也向人们普及了人类可以控制自己命运的观念。

在这个价值体系中，进步是事物发展的自然秩序。我们的目标是不断创新——通过了解大自然的奥秘以及寻求最佳方案，来解决更好的生活水平下人们所面临的问题，以此推动创新发展。橙色元模因还寻求以最高效、最有效的方式来操控世界上的资源，传播美好的生活。橙色元模因乐观、敢于冒险、独立自主，并相信拥有这些品质的人就应该获得成功。橙色元模因认为，社会通过科学、技术、竞争力以及推行良好的策略而繁荣富强。橙色元模因寻求为每个人创造丰富的物质财富，贡献最大的人会获得最多的奖赏。基本准则是通过游戏赢取自己的利益，以精心策划的方式表达自我，从而获得想要的结果。

橙色元模因相信，人们有工作要去做，有钱要去赚，有产品要去创造和销售，还有一个世界要去征服。唐·贝克告诫我们，尽管橙色元模因依照唯物论来记录人们取得的成绩，但唯物论并不是橙色元模因的核心准则。正是那些拥有着创新精神的橙色价值观的企业家建立了现代化的科技社会，创造了医学奇迹、贯穿全球的交通运输系统、节省劳动力的设备、即时通信方式以及其他物质方面的进步。从健康层面来看，橙色元模因是富有竞争优势的，但这仅限在公平竞争的范畴内。橙色元模因与红色元模因的不同之处在于，橙色元模因在最新科学技术的基础上，创造了巨大的物质回报和社会进步。橙色元模因不会贸然行事，而是会权衡各种选择，使用最少的资源获得最大的收益，从而尽其所能创造出最佳结果。

橙色价值体系是通过培养优秀品质来获得物质繁荣的。在蓝色价值体系中，人们更仰慕那些贵族世家，事实上，相较而言，在橙色价值体系中，人们更期待和推崇自下而上的流动。人们获得身份地位不是由于好的家庭出身，而是由于他们今生所取得的成就。蓝色元模因经常会回顾过去，而橙色元模因则是着眼于现在和未来。

橙色元模因的组织结构是一种积极主动的等级制度，其中权威者或在位者的权力可以委托给下级。沟通交流可以自下而上、自上而下或横向进行。虽然像在蓝色价值体系中那样，权力仍然与职位相关联，但通过向上晋级和向他人展现自己有能力成功创造出预期的结果，人们能较容易地得到权力。在橙色元模因中，决策是基于最重要的结果作出的。人们会对各种选项进行测试,看看其中哪个选项表现出来的效果最好。最重要的是要达到预期的结果,有时会以牺牲相关人员或环境为代价。专家是最为关键的人,特别是那些具有科学知识或创业专长的人。成功者能在橙色元模因的世界中获得奖赏。

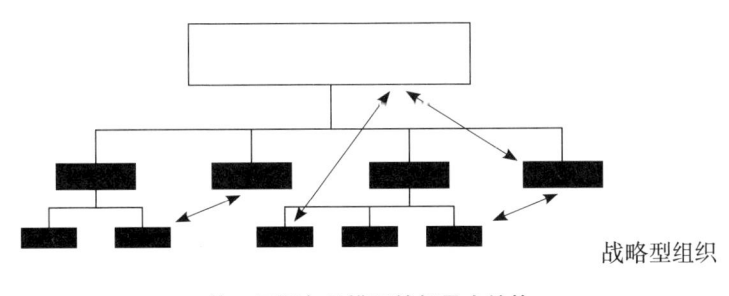

第五层橙色元模因的领导力结构

注:1. ☐ 表示在其位的权威者(灵活自如),⇄ 表示最贤能者占据领导地位;
2. 本图改编自贝克和科万合著的《螺旋动力学》,此处为授权引用。

家庭是以孩子为中心的,期望每代人都能够而且应该比上一代人做得更好。人们对未来抱有很高的期望,认为声誉形象很重要,也鼓励和期待人才向上晋级流动。社会大众会迎合和欣赏那些更为富裕的人,洋洋得意地展现自己的富足,以追求物质财富作为衡量成功的标准,同时也以竞争为荣。成功是以物质上的富足来衡量的;在有生之年拥有最多"玩具"的人才是赢家。

橙色经济体系以西方资本主义的意识形态为象征,以个人产权和资源私有制为基础。本书关于经济体系和模因经济学理论的大部分讨论，都将围绕位于第五层的这个价值体系而展开。华尔街和银行系统在其中的表现令人敬畏。安·兰德的小说《阿特拉斯耸耸肩》中那样的实业家，以及像格林斯潘博士这样的经济学家，共同塑造了20世纪最具影响力的、拥有橙色元模因的政策制定者的意识形态。在橙色经济体系中，有一个强劲的私营部门，它通过创新来寻求自我重塑，且通常是在一群合作者的助力下实现的——从投资银行家、科学家到消费者，这些合作者似乎对人们生产出来的所有一切都有着永不满足的欲望。在第五层橙色经济体系中，大多数机构都是在顺应人们于更美好的生活中所取得的进步，但它们也仅仅是为那些任人唯贤的社会中的人而设置的。那些通过策略性地操纵资源和歪曲规则（在较低层次的第四层价值体系中设立的规则）而取得进步的机构，却几乎没有能力觉察到那些所谓的白领的罪行。

橙色元模因会有某些不健康的表现：它可能会过分强调最终的结果，不惜牺牲相关人员的利益或潜在的环境成本。橙色元模因会使剥削显得正当合理，因为剥削是为实现目标而服务的。这种心态使人们产生了诸如"计划报废"（为增加销量故意制造不耐用商品）等看似聪明绝顶的想法——它们均出自熊彼特等思想家最初的意识形态。人们使用了许多危险的、不可生物降解的材料，这成为橙色元模因追求效率的明证。橙色元模因认为，挣到更多的钱或获得更多的技术，就能解决所有的问题；蓝色元模因认为，要想解决所有的问题，我们就需要使法律和秩序更加规范，还要制更多的规则；红色元模因认为，要想解决所有的问题，人们得拥有更多的权力，还要变得更有攻击性。虽然橙色元模因也会制订长远计划并实现延迟满足，但它也强烈渴望能看到眼下的结果。在后面的章节中，当探讨经济问题时，我们会看到，橙色元模因在其不健康的表现形式中或许利用了业已削弱的蓝色价值体系，而行事风格却表现得与红色元模因很像。与它不同的是，红色元模因的行为是明目张胆、咄咄逼人的；当涉及法律和秩序的问题时，对不健康的橙色元模因而言，情况会变得不便处理或很麻烦，它只能策略性地去控制和解决这些问题。

就像所有其他的价值体系一样，橙色价值体系中也是既有健康的表现形式也有不健康的表现形式，而正是橙色元模因中某个非常薄弱的分支部门的不健康表现形式，将世界金融市场推向了崩溃的边缘。在金融危机爆发期间，橙色价值体系中那些有待实现的成就，似乎在这种系统性的威胁之下已经无法实现了，但由于橙色价值体系的本质特征，这个体系中的各个部门及其子部门，在永无休止地寻求更好的创新方式和更高效率的过程中，都为自己播下了毁灭的种子。

当我们走到橙色元模因旅程中的某个阶段时，一些人开始叩问自己："难道这就是生活的全部吗？"获得可观的物质财富诚然会使生活变得轻松，但也会让我们失去某些东西。人们开始去探询那些超越了橙色元模因中可量化的物质世界的有关人类生命的存在或精神因素的问题。当人们越来越想要去了解生命存在的意义、越来越想要对社会作贡献、越来越渴望实现内在的丰盈而非仅仅达成外在成就时，个体和文化就会向下一个价值体系转变了。通过科技和竞争，我们已经

"征服"了世界，但不知为何，这种"美好生活"却并不能令我们感到满意。在寻求实现所有的橙色元模因目标的过程中，我们在人文因素层面做出了很大的牺牲。我们一度对环境漠不关心，其恶果已经开始显现，精神因素的缺席也变得愈发显而易见了。

绿色：第六层价值体系

绿色价值体系是"第一层级"价值体系中的最后一个层次，会在人们寻求内心的平静和与人相关的链接时呈现出来。人与人之间的纽带成为最重要的价值观。所有民众的福祉成了人们最优先考虑的问题，人们不再只是考虑那些愿意冒险和竞争的人了。绿色价值观的座右铭是"为了集体的需要，现在就牺牲自己"。[41]就像之前所有富有牺牲精神的层次一样，绿色元模因也想要自我牺牲，但这一次它不想延迟满足，而是即刻就想满足其牺牲欲，这是由橙色元模因转化而来的。但与橙色元模因不同的是，绿色元模因现在就想得到某些东西，既是为自己，也是为他人。绿色元模因通过寻求人们内心的平静，并通过探索人性中更具爱心、更贴近精神的那些方面，来回应橙色元模因中人们内心满足感的缺失。对绿色元模因而言，情感、体恤和关照比结果更重要，而且绿色元模因也不会为了得到好的结果而牺牲这些可贵的品质。人们的注意力从对物质财富和更高生产力的关注转移到了内在情感的维度。从外来看，理想的绿色元模因的社会组织是网状系统，人们通过达成共识来做出决策，从而去管理它。绿色元模因假定每个人的付出都具有同等重要的价值。

尽管这种想法的出发点是善意的，但事实往往并非如此，而且倾听每个人的心声也会浪费很多时间。绿色元模因的座右铭是"平等主义和人道主义"。

这一价值体系认为，人们应当平等地共享资源，还应通过达成共识来做出决策，而不是基于首领和长辈的欲望做决策（紫色价值体系）、由权力最大的人做决策（红色价值体系）、基于"真理力量"的严格规则做决策（蓝色价值体系）或者由专家和企业家来做决策（橙色价值体系）。绿色元模因的作用是重建人性中的精神性，为人们带来和谐，并专注于促进人类的发展进程。绿色元模因可见于约翰·列侬的音乐、无国界医生、绿色和平组织、塞拉俱乐部（Sierra Club）、加拿大的医疗保健系统、美国公民自由协会（ACLU）、敏感性训练、吉米·卡特以及善待动物组织（PETA）。

绿色元模因是围绕着社会和情感而组织起来的，其中重要的价值观有：内心的平静、平等和包容、所有道德立场的相对性、群体和谐、情感探索、共同的经历以及合作（而不是竞争）。绿色元模因的思维模式支持"政治上的正确"（严格避免任何歧视的态度或政策）、社会意识投资、受害者权利和社会安全网络。就其创造成果的能力而言，绿色元模因采用的方法与橙色元模因采用的方法完全相反。橙色元模因能够牺牲人文因素来得到想要的结果，而绿色元模因则会牺牲期望的结果来维护团体的共识和人文因素。这就使得人们重视情感与和谐。这当然是一种积极的进步，但往往会以牺牲生产力为代价，而且确实无法让人做成某些事情。

社交网络

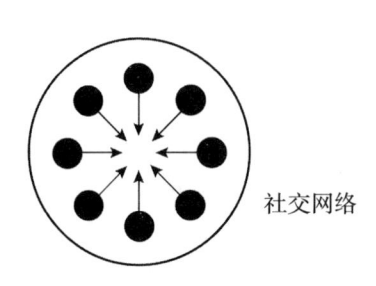

第六层绿色元模因的领导力结构

注：1. ●表示人、组织和文化都是平等的群体，它们聚集在一起，加深人与人之间的联系；
  2. 本图改编自贝克和科万合著的《螺旋动力学》，此处为授权引用。

在经典的绿色经济体系下，政策和制度的设定都是为了"使人人享有平等的经济机会"。尽管资源的所有权是私有化的，但由于要接受沉重的赋税和严格的监管，因此，企业会比在第五层橙色经济体系中表现得更加克制，能够成为优良的企业公民。对环境、地球健康以及工人健康的考量凸显在私营企业和公共部门的每项决策中。为先进的光纤研究中心划拨资金的项目，与为贫困地区的企业提供资金的项目同样重要。政府在社会项目上的支出是第六层经济体系的特征。欧盟就是支持绿色经济政策的一个很好的范例，其不胜枚举的社会福利计划就是明证。绿色元模因的企业行为有助于实现工人的薪酬平等，但同样，这套经济体系向那些公司征收了很高的赋税，以至于改革创新常常惨遭压制。这套体系会不公正地给整个文化带来负担，并将其推向金融灾难的边缘。美国许多保守派经济学家认为，正是由于国会议员巴尼·弗兰克（Barney Frank）所秉持的绿色价值体系的观点，即每个美国人都应该拥有自己的房子，次贷危机最终才会爆发。

绿色经济体系的一种更为现代化的表现形式是如今的知识经济，在人类的生存状况中，它还处于萌芽阶段。万维网未公开化地授权人们自如地获取信息，知识经济根植于这种模式之下，伴随着第六层价值体系的成熟，它正在重新定义着这个体系的价值。这些新兴的价值观正在推动未来更具功能性的经济发展，而这些新兴价值观是本书第三部分将要详细讨论的主题。

尽管绿色元模因关注的是人文因素，但它也会有很多不健康或不正确的表达。一旦达成共识，每个人都必须遵守，这样就不会留有个体表达或个体行动的余地。事实上，绿色元模因的领导者通常并不关心大多数人需要什么。绿色元模因的领导者可能会对群体进行操纵，以获取他们想法中的共识，而后就会无视群体的需求。或者，如果没能看到对方给出政治正确的观点，他们可能会认为这个群体"不够慎重"。绿色元模因有一个很大的问题，就是它靠达成共识来做出决策。这种方式的主要问题是，达成共识需要耗费太多的时间和精力。达成共识的过程往往也会让那些持不同意见的人感到精疲力竭，但不能真正改变他们的想法。结果，即便有什么重大的事情，实际上几乎也很难达成共识。众所周知，绿色元模因过于宽容，尤其是对红色元模因太过宽容，而且它还难以有效地应对生活中更为残酷的现实。绿色元模因想让红色元模因成为"圈子中的一部分"，还会透过自己的价值观滤镜来看待红色元模因。它相信，只要我们对红色元模因更为友好，红色元模因就不会再那么咄咄逼人、自私自利或残暴不堪。当然，红色元模因才不想成为这个圈子中的一员，它认为绿色元模因的这种看法是愚蠢的，且乐于对其加以利用。

从积极的方面来看，绿色元模因为世界作出了贡献，它揭露了橙色元模因对环境造成的破坏，并将人们对人文因素的全面考量以及对精神层面的思考和关注重新拉回到舞台上。重视人文目标而非物质目标，重视内心的平静和精神维度，将人类视为地球上的一个大家庭，这些都是积极层面的贡献。但是，绿色元模因将所有经验、所有意见以及所有观点都同等看待，这就会产生一种乌托邦主义的错觉，这种错觉从本质上会造成自满情绪，引发衰败。在一个复杂的全球化社会中，主张平等主义的绿色元模因无法留意到红色元模因的元素，而红色元模因却拥有着核武器，因而在绿色元模因的治理模式下，人类极有可能遭遇灭顶之灾。格雷夫斯认为，第六层价值体系将会是持续时间最短的、最危险的价值体系之一。

当绿色元模因组织内的一些成员开始意识到，尽管他们在过去几十年里做了很多工作，但事实上并未带来什么变化时，绿色元模因的发展就会过渡到下一个层次。在现实中，复杂的社会问题日益凸显，显然，绿色元模因实际解决这些问题的能力也有限，这时，绿色元模因中那些暖意融融的人性化的渴望就会开始逐渐消退。因此，许多秉持绿色价值观的人会感到挫败，开始不再采信这种群体化的方式。他们认为，依靠自身的努力去创造必要的全球性变革，是能够实现更多成就的。通过群体的努力无法解决问题，这就再次使人们有机会去发挥个体的能动性，而这段螺旋上升的奇妙之旅又会以更为复杂的局势继续向前推进，来到一个全新的"第二层级"体系。

"第二层级"价值体系

黄色：第七层价值体系

1974 年 4 月，克莱尔·格雷夫斯在《未来学家》(*The Futurist*)杂志上发表了一篇开创性的文章，将黄色价值体系描述为人类实现"重大飞跃"的转折点。这是人类发展进程中"第二层级"上的第一个发展层次，也是第一个存在意义上的发展层次。从此，我们开始了解人类以往经历过的阶段，也想知道人类将来可能会发展成什么样的存在。黄色元模因被称为"灵活流动"；它对功能性很感兴趣。[42] 它是一种富有个性和表现力的元模因，采纳了绿色、橙色、蓝色、红色和紫色等元模因的许多健康的表现形式，并将它们整合到一个更为有效的体系中。黄色元模因有着一种大局观，创造了系统性的方式来解决问题，并有能力处理诸多不同的可变因素。由于人类无法凭借"第一层级"价值体系中的那些元模因解决问题，所以黄色元模因将世界视为一个面临着崩溃危险的复杂系统，探索了人类以负责任的方式行事的各种不同方式。它能识别出人类社会的不同发展阶段，了解到混沌与变革是发展过程中的自然阶段，因而会努力扫清障碍，使所有人类都能够进行健康的系统性流动。

黄色元模因能够直观地看到"第一层级"的所有元模因是如何协同工作的，不像蓝色元模因，只会从是非对错的角度看待一切；

格雷夫斯将黄色价值体系描述为人类实现"重大飞跃"的转折点。这是人类发展进程中"第二层级"上的第一个发展层次，也是第一个存在意义上的发展层次。

也不像绿色元模因，即便看到世界局势变得更加错综复杂，却束手无策。在这个元模因中，人们看重信息、能力和知识。拥有最多知识的人会占据领导地位并做出决策，而随着形势的变化，领导地位也会发生变化。良好的领导能力是建立在处理复杂问题的能力的基础之上的。在寻求真正的解决方案的过程中，知识和能力比等级、权力和地位更为重要。与此同时，人们不再需要听取所有人的意见，实际上，他们只想听取那些有专业知识和技能的人士的意见。黄色元模因的决策过程是具有高度原则性的，并围绕着知识和数据展开，这些知识和数据源自这样一种范式，即处理人类发展进程中的混沌无序状态是事关人类存在的最为紧要的事情。黄色元模因的智慧中有着自带的能力，可以过滤掉那些受到较低层次元模因的沾染或严重影响的数据。

整合性 / 功能性 / 自然性 / 以知识为中心 / 高度原则性

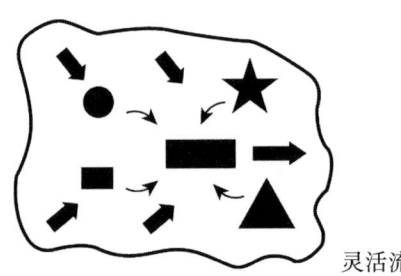

灵活流动

第七层黄色元模因的领导力结构

注：本图改编自贝克和科万合著的《螺旋动力学》，此处为授权引用。

黄色是一种富有表现力的价值体系，其座右铭是"表达自我，但不以牺牲他人或世界为代价"。在黄色元模因中，有能力的人会获得奖赏，这些人能够理解复杂性，会进行自我引导，而且能灵活地将自己的方法建立在人类存在条件的基础之上。他们能够就事论事，还能认识到这些条件是不断更替和变化的。黄色用更少的资源做更多的事，并使用合适的技术手段完成工作，以降低浪费并避免产生生态问题。由于在各种情况下权力都会流向最有能力的人，因此权力就不那么集中了。不同的人负责处理不同的情况，让最有能力的人负责做自己最在行的事。

黄色元模因具有许多橙色元模因的健康表现形式：它愿意并能够塑造、影响和促进社会进步，从而使社会变得更好，愿意并能够运用科学方法中的理性思维，还愿意并能够寻求问题的最佳解决方案。黄色元模因也具有绿色元模因的许多健康表现形式：注重人文因素，关注人类活动对环境造成的影响，不那么注重地位和物质，而是更强调精神因素。然而，如果没有健康而行之有效的蓝色元模因体系，黄色元模因也无法构建其大部分功能流程——该体系能够遏止所有较低层次元模因的不健康表现行为，防患于未然，避免造成系统性崩溃。蓝色元模因体系的重要性显然在 2008 年的金融危机中展露无遗，当时负责监管银行业的蓝色元模因几乎不复存在，任由橙色元模因的银行业分支部门将世界带入崩溃的边缘。至于这些因素如何影响着整个元模因堆栈，我们将在后续章节中就这个主题展开详细的讨论。

黄色经济体系有着直观智能和功能性。这个价值体系中的工作方法将被应用于创建功能型资本主义平台。第七层黄色价值体系制定的经济政策不会偏向于人们在"第一层级"（生存层级）的所有价值体系中所制定的任何其他政策或行为。由于黄色元模因对功能性和自然方式感兴趣，它会从所有较低层次的元模因中汲取最佳实践经验，并创造出解决世界经济问题的分层式方法。不健康的橙色元模因行为使发达经济体面临着系统性风险。无论是金融部门的风险还是工业时代带来的环境恶化问题，黄色元模因都能设计出应对策略，形成一套体系，没等橙色元模因创新变得不健康就会自然地重新生成新的创新模式。黄色元模因还能防止橙色元模因受到受较低层次元模因的剥削性因素的控制。根据唐·贝克的说法，"第一层级"的各种不健康行为已将世界撕裂开来，而黄色元模因将这个撕裂的世界缝合在了一起。从经济政策的角度来看，黄色元模因必须要为文化设计出自然适宜的东西，使它在经济上取得进步。

当今复杂的全球经济不能再以橙色元模因中现有分支部门的观点为模型，也不能再以某种思想学派的原则和意识形态为模型。凯恩斯的经济政策似乎能够解答过去三十年间自由放任的里根经济政策导致的问题，但从黄色元模因的角度来看，这只不过是在蓝色元模因的意识形态与橙色元模因的另一种意识形态之间进行了精明的讨价还价。然而，这两种经济政策的最终目标都并非着眼于地球长期健康发展的可持续性。不同于西方不健康的橙色元模因会去开发第三世界国家的资源，黄色元模因会着眼于这些国家所呈现出的每种较低层次元模因中的文化内容，并设计出相应的经济政策，使它以本土生态系统的形式呈现，反映该文化中的元模因价值。

黄色元模因对"第一层级"的意识形态进行了校准，在这样的世界中寻求功能性，它会由于无能为力或思维狭隘而变得失去耐心，因而变得不健康。互联网让世界变得扁平化，这也让黄色元模因无法接受，因为它认为网络只是让不了解情况的人们聚在一起分享他们的无知，不会成为促成改变发生的有效催化剂。黄色元模因不喜欢大量交流或开展以绿色元模因为导向的小组会议，而是希望在群体背景之外开展工作。一旦问题明确下来，它更喜欢独自去解决问题。

随着黄色元模因思维模式的传播以及人类生存环境的改变，人们明显能看到，依靠个体去解决全球性问题的方法不那么奏效。这个时候，黄色元模因开始过渡到第八层，也是最后一层已知的价值体系，它承认了协同行动的必要性，以有效地处理全球性问题。

青色：第八层价值体系

现今很少有黄色元模因，因而青色元模因也几乎不存在，因此，关于这个元模因的信息很大程度上是推测而来的。青色元模因是一种具有牺牲精神的价值体系，其座右铭是"为了全世界人民的生存而牺牲自己和他人"。青色元模因具有与黄色元模因相同的全球视野和系统思考能力。一旦黄色元模因中的某些个体脱颖而出成为全球领导者，不再继续独自工作，青色元模因就出现了。这个元模因同时用到了物理学和形而上学，通过将物理学与形而上学相结合、将客观与主观相结合来探索生命和存在的问题。对青色元模因而言，世界是一个统一的动态有机体，有自己的集体思想，同时，自我也是更大的富有同理心的整体中一个独特的整合部分。[43] 万事万物都是相互联系的，整体而直观的思维模式和合作行为也有望实现。

青色元模因能够轻松自如地处理复杂性问题，它能够看出某些模式和结果，但对于"第一层级"生存层面的元模因而言，这些模式和结果却很难看得出。这样一来，青色元模因找到了为整个生命过程奠定基础的那些关联性和准则。绿色元模因通常认为自己是遵从于青色元模因而运行的，但二者之间却有着关键的区别。青色元模因能意识到我们可能会面临艰难的选择，为了确保全世界人民的生存，我们可能不得不去牺牲一些东西。绿色元模因的包容性和"人人平等"的信念无法使它做出如此艰难的选择，它不愿牺牲任何人，因为每个人都同等重要。然而，必要时青色元模因却愿意做这样的选择。与黄色元模因和橙色元模因一样，青色元模因也喜欢关注结果。不过，与橙色元模因不同的是，青色元模因能够记住所有生命的协同作用，并能够通过创造安全而有序的世界来审视其行为的后果。

我们很难推测青色经济体系会是什么样子，因为它看起来将会和我们以前见过的经济体系完全不同。系统化的黄色元模因思维方式才刚刚开始在世界范围内出现，还需要有几十年乃至几个世纪的时间才能使黄色经济体系充分表现出来，并产生足够多的问题，以推动全球文化进入青色元模因层次。根据格雷夫斯和螺旋动力学理论对第八层价值体系的描述，我们能够推测那时的经济状况可能会是这样的：在青色价值体系中，根本不会存在对地球宝贵资源征税的群体，华尔街、贫困群体、石油输出国组织（OPEC）、俄罗斯的寡头集团都将不复存在。通过一种更接近于自然选择的过程，浪费和低效率行为将会消除，并会由高度进化的世界领导者所组成的委员会进行确认。马克思主义的要素将会出现，将资源进行平等分配。与此同时，资本主义的最佳要素也将促进创新、研究和发展，总体目标是保护我们宝贵的全球资源并使大自然焕发新生。

协同 / 审慎 / 互联 / 全球意识

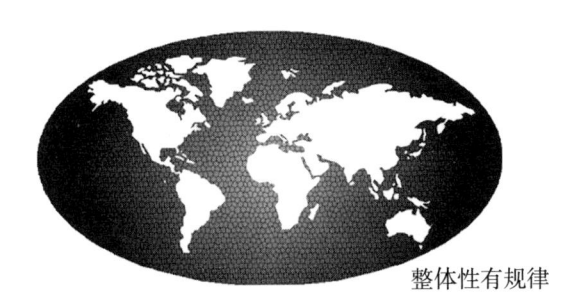

整体性有规律

第八层青色元模因的领导力结构

注：本图改编自贝克和科万合著的《螺旋动力学》，此处为授权引用。

一个充分发展的价值评估交换体系，能认识到生物圈的整体性和效率性，它将会取代所有的货币交换形式。每位具有生产力的社会成员，从园林设计师、治疗师再到非货币化银行家，都将各自履行自己的职责。他们也都知道，自己是高度专业化、高效而不可或缺的成员，自己所在的生态系统也会理所当然地满足自己所有的需求以作回报。新兴的生物模拟科学及其经济生态系统的构建，让我们初步看到在青色元模因影响下，未来会是什么样子。毫无疑问，这是一种直观而审慎的分布式智能。如果在青色元模因出现时，国家或文化的边界仍然存在，那么拥有自然资源的国家将会优先考虑有效分配资源，以保持生态系统的功能，而不会优先考虑其创造国家财富的需求。所有类型的智能都将得到最大限度的分配。地球村将会成为常态，它将使用最新、最好的高科技形式，同时对环境的影响也最小。大宗商品和期货市场将会消失。在所有类型的市场中，效率都将会自然而然地整合进来，反映价值体系中的生存状况，而这种价值体系也承认生活有其严肃性。

  我们已知的最后这个元模因也可能会存在不健康的表现形式。它有可能会迷失在形而上学的问题中，变得脱离现实。愿景和理念难以转化为行动，为亟待处理的全球性挑战提供切实可行的解决方案。它可能会轻视那些思维较为简单、无法掌握青色元模因方法的人。像所有具有牺牲精神的、以群体为导向的元模因一样，当他人跟不上青色元模因的规划时，它可能会表现得冷酷而傲慢。目前，这个元模因的明确特征超出了我们的认知范围。任何关于其出现的具体时间范围及其内容的具体性质都纯粹是空想，因此，我们在这方面有着高度的推测性。如今，来自科学界的证据指出，"第一层级"的生存层面的元模因引起环境恶化加剧，这向我们展现了一种可怕的设想，那就是人类可能无法存活那么久，久到足以使黄色元模因充分发挥其功能，推动人类发展到青色元模因层次。

在《螺旋动力学》出版时，书中推测可能会存在一个第九层珊瑚色价值体系，并在最初的螺旋图上表现了出来。人们围绕这个层次是否存在而展开的争论，使整合哲学界与格雷夫斯学派之间产生了哲学上的分歧。整合哲学的追随者们认为这一体系在自我显现，而格雷夫斯学派的学者则认为，为了使新的价值体系出现，必须先解决前一体系中人们所面临的存在问题。这就是指格雷夫斯框架中的"生存状况"。这里关于第七层黄色价值体系和第八层青色价值体系出现的讨论，基于贝克几十年的体验观察和实践。整合哲学界有时会提到珊瑚色价值体系。我请贝克就此谈谈他的看法，他认为世界上很少有人具有"珊瑚色思维方式"。当文化准备撤出青色价值体系时，珊瑚色元模因的生存状况才会显现出来，而这种现象仍然是我们的推测，而且在遥远的未来才会出现。

掌控经济政策的生存层面元模因

通过八个存在层次的视角来看待经济政策，能够让读者很好地认识到，个人主义元模因在追求经济繁荣的过程中多么具有掠夺性，而集体主义元模因在促成人类行为的长期变化方面是彻底无效的。当今世界上大多数经济体都有自己的文化元模因堆栈，其中最为明显的表现状态体现在第三、第四和第五层次。在中东盛产石油的国家，人们的主要生存状态都集中在"紫色—红色"元模因文化中，借鉴了西方橙色价值体系的模因和表现方式，以进一步巩固自己在"紫色—红色"元模因中所占据的难得优势，却很少制定暂行计划来保持橙色元模因的存在。美国紧随日本，其金融分支部门深陷于当前的橙色元模因的表现中苦苦挣扎，但这两个国家都还在维持其过时的银行系统的资产流动性，却又不明白为什么它们的经济没能获得有意义的增长。

投资和货币对不同的价值体系而言意味着什么

元模因类型	投资理念/货币观	投资流向
第二层价值体系：紫色元模因	认为投资的世界既可怕又麻烦；投资所得勉强够维持家庭用度；人们还总要援助家族大家庭；整个家族都要为举办重要的仪式而凑钱出力；宗族的生存高于一切；货币是维系家庭团圆的关键所在	要是有余钱，会藏在床垫下面；整个宗族大家庭会为了购置汽车、拖车或能够容纳几代人的主要居所而储蓄多年
第三层价值体系：红色元模因	喜欢短期、高风险的投资；自己没钱或只有很少的钱可用于投资；捏造本不存在的价值来制造大量干扰信息，以便尽快将商品转售出去，获得最高的价格和最丰厚的利润；现金为王；收集尽可能多的身份象征物	地下活动；100%+融资交易；鲜为人知的给予极高回报承诺的计划；要买最大的房子、最大的车；没有储蓄
第四层价值体系：蓝色元模因	喜欢长期、安全、保守的投资；永远会存钱以备不时之需；养家糊口是第一位的；雇佣者、社会保障和储蓄为我们的良好退休生活做好了准备；人们信任这个体系，认为自己会在退休后得到照顾	储蓄、定期存款、401K（退休金）账户、蓝筹股、保守的共同基金，这些投资方式回报低，但收益稳定；能在退休前还清主要住房的贷款

续表

元模因类型	投资理念/货币观	投资流向
第五层价值体系：橙色元模因	健康的层面：不断创造和投资新的创新；总是通过努力研究来寻找被低估的资产；通过将创意产品推向市场来创造价值，并长期投资同样的风险项目	战略平衡的投资组合（短期、中期和长期）；股票、债券、房地产、初创企业；谷歌、雅虎、绿筹公司
	不健康层面：利用和操纵现有的创新来实现利润最大化，直到系统崩溃、被蓝色元模因所禁止或在健康的橙色元模因影响下生产出更好、更适销的产品	高杠杆的金融工具；商品和期货合约；复杂但难以理解的商业票据（金融衍生品）
第六层价值体系：绿色元模因	投资给那些具有社会意识的企业；获得较少的投资回报（ROI）和较多的意识回报（ROC）；通过资源民主化来共享富饶	绿色可再生技术、小额贷款、谷歌与社交网络、社会责任基金
第七层价值体系：黄色元模因	投资用以鼓励穷人做得更好；拒绝高风险和无股权的交易；重视长期而稳定的投资；限制对非创新技术/产品的投资；投资创新型企业；鼓励有社会意识的企业和可持续的企业行为	谷歌、通用电气、401K退休金计划、小额贷款、初创企业；绿色和可再生技术；信任分层、分布式的经济体系；颠覆式创新

欧盟已欣然接受了绿色元模因，在其慷慨的社会福利计划中，经费支出来源于对经济活动征收赋税，这样的经费来源是不可持续的。这种在后殖民主义的战后罪恶感的影响下所形成的独特的绿色元模因印记，使得几乎没有多余的经费可投入新技术探索中。然而，欧盟领导人仍在继续救助那些无力偿还债务的成员国。遍布世界各地的这些模因堆栈虽然有着不同的文化内涵，但都是着眼于"第一

层级"生存层面的价值体系而采取的方法。只有当现有的这些价值体系崩塌后,或者当有远见的领导者的思想跃升至"第一层级"价值观之外时,他们才会意识到,根据"第一层级"价值观而制定的经济政策在应对人类发展的复杂性时是根本无效的。或许我们还无法完全了解制定"第二层级"经济政策所需的方法,但我们知道的是,"第一层级"的各种政策已将地球置于危险的境地,在这个历史性的关键时刻,我们对于更为系统化的方法的需求吸引了世界领导者们的关注。

第三章　模因经济学理论框架

　　模因经济学被定义为，透过价值体系的棱镜，就经济政策对文化的长期影响进行的研究。在第一次着手为这个概念中的各种元素下定义时，我希望找到一种简单的方法，让读者能够通过元模因的独特视角来重新解读现代经济史。这项任务一开始似乎是宏大的，特别是人们很少采用这种独特的方法开展研究工作，使任务看起来很艰巨。通过将经济学纳入价值体系的进化框架，我们得出的研究成果必须首先能反映历史正确性，而后才能用作预测未来经济发展的模型。经济和文化进步之间的密不可分的关系，必须通过以这种独特的视角对事实进行历史性重构来得以证实。在工作过程中，我首先研究了进化经济学领域，希望能找到引领文化价值观发展到较高层次表达形式的模式。然而，恰恰相反，我发现这个方面的研究几乎没有推动该领域向前发展。进化经济学采用了基于进化博弈论和进化心理学的概念，这些概念声称经济变化是自然发生的，而不是旨在改善人类生存状况的技术变革所带来的结果。[44]

　　进化经济学领域拥有丰富的关于人类行为和复杂系统的数据，尽管它在朝着正确的方向发生改变，但依然是主流经济学中的一部分，受制于由最初造成问题的系统所提供和设计的方法。经济学只有扩大其研究范围，同时研究个体进化心理学和大范围心理学，它才会成为一种模型，能够提供可持续的经济解决方案，与每种文化的独特元模因轮廓相契合。如果没有统一的理论能够解答人和文化如何及为何产生某种方式的表现，那么经济学领域的发展将会局限在第五层价值体系的更为复杂的表现形式上。然而，事实上，这个领域敢于从冰冷的经验指标这种传统层面跳出来，意味着它正在成为一个开放的体系，能够接纳诸如自然设计之类的概念——它解释了促成系统进化的诸多自然因素，也是适用于大规模变革的螺旋动力学框架的一部分。人们透过价值体系的棱镜对经济学中的"自然进化"加以运用，定义了模因经济学史中的基本要素。这是一种开阔的视野，能让人们看到，从地方层面到政策制定层面，不同的价值体系之间是如何相互作用的。它将使人们更清楚地了解经济活动的诠释方式，并能判断出这种活动究竟是具有掠夺性的暂时性行为，还是具有可持续性的进化行为。

模因经济周期

除了每天在报纸上读到的无数关于经济表现的经验指标，如失业率、CPI、GDP、消费者信心指数等以外，现代经济学也关注周期。从全球宏观经济周期到特定行业的周期，人们研究了数百个周

> 模因经济学同时关注经济和文化的发展，试图通过独特的视角来提前预知经济和文化的长期发展模式以及即将到来的变革。

期。周期的持续时间从两年到十年不等，它们都是为了告知消费者、生产者和政策制定者应如何调整战略，以在下一季度、下一财政年度或某人后续政治任期内促进经济增长。模因经济周期几乎不会受到每天或每季度的市场波动或政治演讲效应的影响。由于模因经济学研究的是经济对文化及其发展的长期影响，它不会将自己局限在第五层橙色价值体系内那些狭隘、有效率的指标上，这些指标很少考虑其周期焦点以外的因素。模因经济学同时关注经济和文化的发展，试图通过独特的视角来提前预知经济和文化的长期发展模式以及即将到来的变革。我的研究揭示的周期模式在持续时间上更接近于某种社会学意义上的时代或某种意识形态。一个模因经济周期的持续时间，取决于某种信仰体系会对其生存状况的主导叙事产生多久的影响。这个周期从开始到结束会持续数十年，随着周期的衰退，在下一个经济体系中，其残存部分则会成为较低层次的表现。

为了在这一领域设立外部研究参数，我以格雷夫斯和螺旋动力学理论所描述的元模因"生命周期"作为研究起点。它假定每个价值体系都承载着引发其诞生与消亡的因素，也遗留有前一个价值体系的残余信息，并会在其生命周期中经历三个不同的阶段：进入、波峰和退出。[45] 理论上，这三个阶段可用来衡量新兴的元模因与生存状况之间的关系：元模因的发展是超前的、同步的，还是滞后的？如果它超前于生存状况，则新体系仍处于形成过程中。如果二者同步，则该元模因是平衡发展的，其价值观将得到发展并会定义当下的文化。如果它滞后了，则该元模因将被认为是错位的、分裂的，在最坏的情况下，还将被视为是有害的、崩坏的。我在研究过程中所遇到的挑战是，除了格雷夫斯的生理—心理—社会学术研究以及贝克在全球特定热点地区对其加以应用之外，没有其他人曾尝试通过价值体系的因素来重新定义宏观经济学理论。

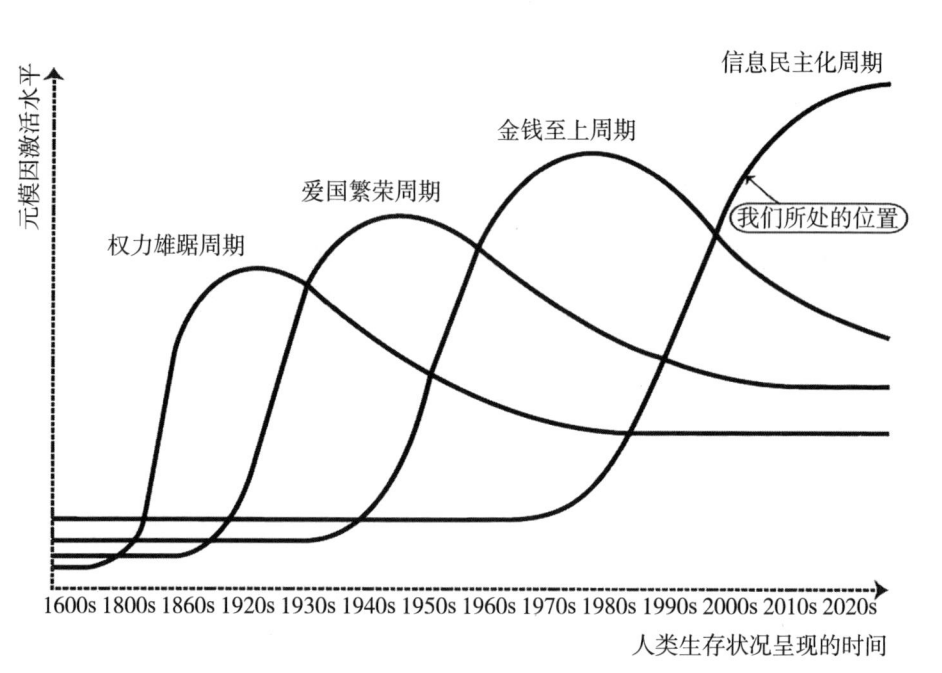

四个模因经济周期

在长达数月的研究过程中，我观察到一些模式不断出现，许多历史学家和经济学家可能都没有留意到。对于我和那些熟悉价值体系演化次序的人而言，这些模式的存在都是不可否认的，我们在前文已做过概括，并会就此进行更详细的讨论。我所面临的主要挑战之一是，事实上，每个元模因本身并不存在于真空之中。它们在具有不同的模因内容的复杂价值体系层级中相互作用，可能会影响我的研究结果。在继续进行研究之前，我会辨识出要去找到哪些元素，以便进一步查明整个层级结构中的变革模式。

在继续完善自己的方法论时，我开始发现，元模因有着健康和不健康的表达形式。例如，其中出现的一种模式是，如果第四层价值体系变得虚弱，来自第三层和第五层价值体系的不健康表达形式会主导经济格局，导致经济衰退，或者更严重时会造成系统的衰退。我创造了另一个研究工具，即通过确认某个经济体系是开放的、封闭的还是停滞的，来了解其变革潜力。目前，它还不是计量经济学观念体系中的一部分。我还发现，如果一个价值体系变得有害，但其价值观却继续得到传播，这时元模因交互作用会出现独特模式。随着我的研究扩展开来，我发现其他一些价值体系模式往往会终结一个系统。这些模式代表着经济学家和政治家们对于货币在文化发展中所起作用的严重误解。我还发现，技术在定义每个时代的特征方面都发挥着重要作用，它影响着时代何时发展、以何种方式发展，并且它对特定经济周期内的不同阶段也会产生影响。许多其他的模式也在不断涌现，这使我开始重新审视这个元模因生命周期模型，我发现有必要再去扩展这个模型，以适应经济和文化的复杂性。结果，它成了一个更高密度的循环，有着几个更为清晰的发展阶段，而这几个发展阶段都是通过真实的历史经历贯穿起来的。

模因经济周期的基本结构中有七个发展阶段。通过一种演进式的模因经济学叙事，这几个阶段将共同重塑美国经济的历史。通过使用这种独特的研究方法，我能分辨出内战以来美国经济所经历的三个不同的发展周期，也能知道如今我们是怎样站到了第四个模因经济周期的交会点前沿。尽管其中的每个周期都代表了当时的主要价值体系，但我们还是有必要去分析当时存在的其他价值体系，并了解它们是如何受到每个周期不同发展阶段的影响的。以下描绘了每个周期的发展阶段，对其进行了介绍，还描述了通过这种独特的方法，我们是如何借助于这些发展阶段来重新解读经济学的过去和未来的。

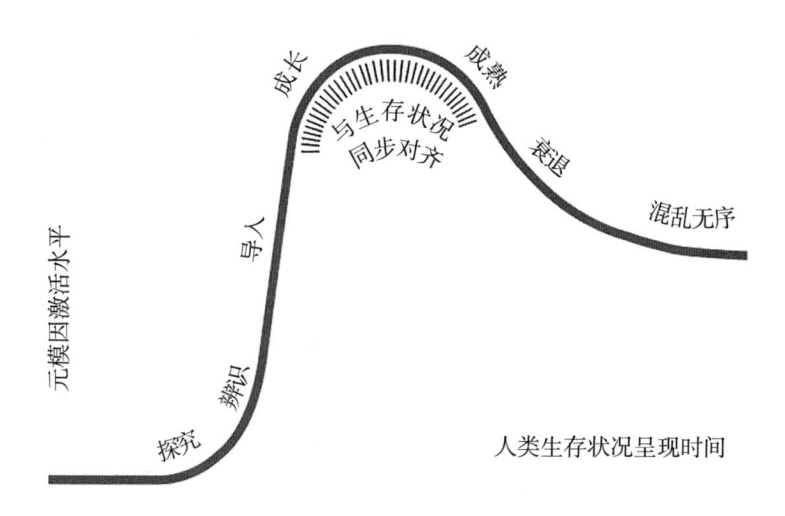

元模因激活水平

阶段1：探究　模因周期的探究阶段类似于动植物生命周期中的孕育期或妊娠期。这是事物形成之前必须要经历的时间段。这个时候，新的模因经济周期的初始元素开始出现在未来学家和神谕者的脑海中。它在很大程度上仍隐藏在人们的视野之外，就像冬季积雪下的一颗休眠的种子。如果它所处的是一个开放系统，其中必然会存在进步，能使它得到滋养。它携带着过去周期的DNA，但必须要进化到一种新的、更先进的表达形式，以便在所有与其竞争的思想中脱颖而出。这个阶段中的进化很像达尔文所说的自然选择，只不过这里为生存而奋战的是思想而不是生物，胜出者便有机会成为能够定义下一个体系的组成部分。占主导地位的模因周期与生存状况相互同步的时间持续得越久，新周期在休眠探究阶段停留的时间也就越久。当前占主导地位的价值体系开始衰退时，新周期会继续产生抗体，抵御来自当前价值体系的攻击。

从历史上看，在模因周期探究阶段，那些富有远见卓识的人抱有一系列尚处于萌芽阶段的想法，在其成为人们共同接受的主流价值观之前，这些想法在他们脑海中孕育了数年甚至数十年之久。正是在这一阶段，亚当·斯密展开了对资本主义美德的思考，后来资本主义美德才与《道德情操论》和《国富论》结合在一起。约翰·梅纳德·凯恩斯多年来也一直在增加这方面的思考，后来他的思想定义了政府在资本主义体系中所能发挥的关键作用，并成为一种模型，重建了第二次世界大战后的世界。

距离我们最近的一个例子是艾伦·格林斯潘的咨询实践活

动。多年来，他一直在为制造业研发具有开创性的计量经济学模型，后来他才被其教授导师——美联储前任主席伯恩斯——注意到。在过去的几十年里，学术界发挥着更为重要的作用，成了昭示下一个模因周期的思想孵化器。芝加哥经济学派（Chicago School of Economics）等研究型大学中的健康的橙色元模因和绿色元模因环境让我们得以了解米尔顿·弗里德曼（Milton Freidman）的思想和货币主义意识形态。思想塑造了知识经济。如今，斯坦福大学是孕育思想的温床，也是这些思想的发源地。随着社交网络和知识经济的助推，文化得到了发展。在孕育期，有更多的思想在塑造它，同时它也迅速地接受审查，其速度比人类历史上其他任何时期都快得多。

阶段2：辨识 在生物生命周期中，这一阶段被认为是诞生期和幼年早期。这时，历经孕育期而被保留下来的思想开始为将要到来的下一周期下定义：与下一价值体系的表型初相识。这个辨识阶段，就像人们第一次看到一个新生儿，会看出其头发和眼睛的颜色，并辨认新生儿身上的其他特征，通过这些特征能成功地了解这个新生儿的生命印记。在模因经济周期中，独特的辨识点不仅来自富有远见的经济观念，还来自各个文化领域中富有远见卓识的一群人。这是基于经济学、社会学、技术和科学的未来主义思维的融合，有助于人们认出整个新的价值体系——它在塑造新身份的探究阶段已通过了审查。尽管如此，辨识阶段仍然不为主流群体所知。权力掮客们认为，当前占主导地位的价值体系将永远存在，因此他们仍旧将这个阶段的研究方法视为边缘思维。辨识阶段的显著特征是，能够确认这种边缘思维或许不只出现在某个文化方面，而是代表着新的思维方式系统化地、全面一致地在所有最聪明的人类成员的脑海中涌现。

阶段 3：导入 在这个阶段，新体系从最初的设想过渡到测试阶段，并在经过更多的改善和表达后成了具有开创性的革新。起初，创造出新理想的精英环境会对这些理想的前提要素进行保护。这也是新体系的价值能够得到机构认可的原因。这个阶段类似于一家基于万维网而设立的公司，在技术正式投入使用之前，会请人对它进行 β 测试，以发现和解决漏洞。这个测试阶段不是在公司内部员工中进行的，而是在早期接受了这个新兴体系的所有文化部门中进行。随着新体系的理论和概念得到验证，并因而在大学教室和其他学习环境中得到传播，这些理论和概念将变得更加重要。在新体系的早期接纳者所推行的商业模式和进行的科学实验通过试用阶段后，人们对这个新体系的认可也会得到扩展。当占主导地位的价值体系开始衰退，较广阔的文化领域也开始将其与其他前沿价值观联系在一起时，这个阶段的发展就到达了顶峰。

阶段 4：成长 在这个阶段，新体系的价值观得到广泛传播，并与生存状况相适应。此时，价值体系也进入了开放状态。它不再是空想阶段，因为广大民众此时选出的政治家能够使这个阶段的价值观得到全面实现。在过去最为杰出的两个经济周期中，代表着美国经济进入成长阶段的政治人物是富兰克林·罗斯福和罗纳德·里根。随着前一体系衰落阶段的混乱无序状态被充满希望和乐观主义的新兴秩序所取代，人们再次感到欢欣鼓舞。罗纳德·里根的电视广告"美国的清晨再次来临"（morning in America again）深刻地捕捉到了这一时期的公众想法。这是一种范式转变，新的方向及未来比以往的任何体系都具有更强的解释力。虽然以往体系的残留仍然存在，但关于这个阶段的一切是人们的初次体验。在商业、技术、学术、建筑、媒体和其他领域，由新体系的价值观所带来的新模因产生了，随着它们引起人们的更多关注，产生更大的市场份额，并为人们带来更多的收入，这些新模因就成了社会上的标准化存在。

在这个阶段，大多数文化认同新价值体系的重要性，并对它的未来发展有信心。随着乐观心态为人们带来经济繁荣，新体系进入了一个持久的稳定时期。它成为新工作岗位的主要创造者。这是第五层价值体系最为健康的表现。创新的步伐迈进得非常快，因为它试图与新的生存状况下人们日益增长的需求保持同步。新的经济发展机会展现在了之前未曾存在或被人忽视的地方。在多个选举周期中，这一体系均运转良好，只需进行微小的调整，因为所有机构都与公民的需求保持一致，体系中所产生的所有需求也都与人民的技能和智慧相匹配。所有人的生活似乎都处于平衡状态。这一阶段被认为是最伟大的经济扩张时期，就如同在20世纪50年代，美国中产阶级成了世界上最强大的消费群体。

阶段 5：成熟　在这个阶段，新体系的创新驱动力达到了半衰期。也是在这个时候，价值体系从开放状态转变到了停滞状态。随着该价值体系的发展接近饱和点，创造新的技术和文化模因变得愈发艰难。当文化已经发展到了顶峰，没有更高的顶点可供继续攀升

> 在模因经济周期的成熟阶段，领导者和管理者仍认为原体系内部给出的解决方案依然具有前沿优势，并会继续沿用这些方案，这就给人们提供了不太有效的解决办法。

时，攀登价值体系高峰所带来的兴奋感就会减退。经济陷入一种僵化的状态，它运用现有的技术、政策和业务战略，仅是为了确保自己能够在价值体系中长期存在，并防范未来遭受损失。社会陷入单调的常规程序中，其主要动机是维护当前体系的秩序。在这个阶段，对体系进行微小的调整不会引发技术突破。其设计目的是不搅乱现状，并维持长期稳定的经济发展。

到了模因经济周期的成熟阶段，人们在成长阶段所取得的成就制造出一系列全新的问题，为尚处于探究和辨识阶段的新价值体系中那些富有远见卓识的人提供了信息。在成熟阶段，领导者和管理者仍认为原体系内部给出的解决方案依然具有前沿优势，并会继续沿用这些方案，这就给人们提供了不太有效的解决办法。我们在这个阶段探索得越是深入，这些解决办法的边际效用就会变得越低。这在第二个模因经济周期中得到了明确的证实，当时的价值观与爱国繁荣的经济周期相一致，直到 20 世纪 60 年代，美国政府持续实施增税，期望人们的生存状况能够与"无所不知的老大哥"（big brother knows best）的应有水平保持同步。在第三个模因经济周期，我们将看到克林顿政府在这个阶段的某些政策是如何坚定地认为人们的生存状况仍然与支持解除管制的经济环境相同步的，并继续解除对银行业的管制，这加速了该价值体系迈入下一阶段的步伐。

阶段 6：衰退 到了这个阶段，价值体系中的权力掮客开始对未来感到恐慌，并开始攫取该体系中的价值，以防止其发生崩溃。在模因经济周期中的这个阶段，价值体系开始变得封闭。微调不再能够得到前两个阶段所取得的成果。新的管理培训和教育项目只能以最小的边际方式推动系统向前发展。采取增效措施和降低成本能够导致价格下降，却几乎无法推动消费水平向前发展。当走过自成熟阶段以来的志得意满的发展轨迹之后，适用于该体系的创新发展达到了其最低水平。这时，该体系内的权力掮客将关注的焦点从创新转向了大规模生产，使该体系进一步迁就现状，并开始将大规模消费作为主要推动目标。人们将产品进行重新包装，稍加改进就将其重新推向市场，期望消费者会对它们产生像之前那样兴奋的反应。汽车行业则认为，同样的汽车，换上不同的颜色和座椅皮套，就能在新年份打造出完全不同的新款车型。

到目前为止，这个体系由大规模消费所定义，其所有资源都用于实现大规模消费的目标。由于正常的消费节奏在放缓，这个体系发明了新的另类方法来维持自身的平衡。美国经济经历的这三个模因经济周期有着相似的发展模式，每个体系中的权力掮客都会致力于增强消费者的购买力，却不增加多少实际产出。在第一个模因经济周期中，衰退阶段被称为"兴旺的20年代"，当时满大街都是现金，无论谁需要用钱，银行工作人员都会把钱借给他们，不管他们是否有偿还能力。在那个时代，掌管资金的机构设定的新贷款目标远远超出了符合资质的个体和企业客户的正常范围。在这个阶段，贷款人错误地推测认为，每个人，不论其从属于何种价值体系，好像都会按照银行家的价值体系那样，出于自己的最佳利益而行事。正是在这个阶段，赤裸裸的消费主义掏空了个人财富，因为它遍及社会的每个角落，触及所有收入水平的人们；也正是在这个阶段，货币开始脱离其以往与生产性产出之间的关系。在第二个模因经济周期中，衰退阶段导致了布雷顿森林金融框架体系的崩溃，因为这时美国的支出和消费水平不再受到陈旧价值观的约束——这些价值观与和平时期以消费为基础的经济形势不再合拍。通过了解如何透过模因经济学的棱镜来重新解读货币的意义，第一、第三两个模因经济周期与第二个模因经济周期在衰退阶段所表现出的比较差异将会显得更加清晰。

在第三个模因经济周期中，衰退阶段体现在千禧年后的数年间，人们从普通房屋中获得的资产净值是工资的几倍。在这个阶段，当问题出现时，主要的解决方案是向消费者提供更多的货币，向银行和金融市场提供更多的资本，同时抱有乐观的希望。尽管在前两个阶段对这个体系进行微调是有效的，但如今人们需要的是一种完全不同的调整类型。不劳而获（money for nothing）的货币政策不会推动金融体系朝着已知的终点前进，而是会创造一种基于投机性借贷而建立起来的虚假经济安全感。人们对金融部门和超出正常水平的高消费的依赖将整个体系置于发展的转折点上，并开启了衰退阶段的终末期。要不是技术创新在推动文化进步方面发挥了主导作用，金融创新很快就会使整个体系脱轨。正如我们将会看到的，货币一直代表着生产性产出，是第四层价值体系发展的助推剂，在历史上，它为社会带来的秩序感比其他任何激励都要大得多。一旦货币不再是生产力的代表，它必将扭曲价值交换的本质，并产生泡沫经济，泡沫经济破灭会产生系统毒性，迫使最复杂的体系进入最后的衰退阶段。

阶段 7：混乱无序　这是模因经济周期中的最后阶段，此时，占主导地位的体系的意识形态开始破产并经历有序的解体。在这个阶段，该体系的价值观已经不再与生存状况同步了。股市遭遇严重调整，就业率也突然下降并延续数年，这些现象通常宣告着经济发展进入了混乱无序的阶段。它也被称为经济收缩时期，在这个时期，我们必须为多年以来的支出错位和资本资源配置不当而付出代价。当来自体系内部的解决方案，无论其规模大小，都无法推动这个体系向前发展时，我们就能知道，经济发展已经进入了这个阶段。这时，权力掮客们的主要目标是将资产价值尽可能地维持在衰退阶段结束、泡沫破裂之前的水平，以避免发生系统性崩溃。然而，在缺乏能够促进经济增长的其他可行部门的情况下，这些行为只会扩散其有害反应，使整个体系加速走向终结。

一旦该体系中的方法工具变得陈旧过时，经济增长就会停滞不前，长期的高失业率和贫困成了常态。数十亿甚至数万亿元的激励资金并没能起到增加就业的作用。民众的绝望和愤怒在蔓延，反对体系内的无能政客和权力掮客的示威活动与日俱增。在日益加剧的绝望面前，体系内最聪明绝顶的想法也变得毫无价值。当该体系在这种压力下徘徊数年后，其价值观轰然倒塌并转化成了信息单位，与以往元模因经济周期中的类似单位相交汇。它们成了下一体系中那些富有远见者的工具箱中的一部分，会让这个体系跃升至新兴体系的导入阶段及后续阶段。

在第一个模因经济周期结束时，混乱无序阶段代表着大萧条及旷日持久的劫后余波，这与我们今天所经历的情形有许多模因经济学上的相似之处。很重要的是，我们需要指出，这个阶段很少会导致经济的整体崩溃——至少，美国、西欧和日本等发达经济体均是如此。随着历史的发展，经济层次和价值体系变得更加复杂，情况便更会如此。一个体系越是对研发和科学探究的好处深信不疑，发生崩溃的可能性就越小。我的研究表明，几乎在这个阶段开始时，新系统也在其导入阶段迅速从外围汇入主流。新体系经历导入阶段的速度越快，旧有体系在经历混乱无序阶段时造成的影响就越小。本书的最后部分会探讨如何缩短体系发展过程中的最后这个阶段，同时又能使其与新系统的出现相适应，我们将对此给出应对策略和观察评论。

技术与生存状况之间的鸿沟

在这套研究方法中，经济发展最关键的一个催化剂是技术在模因经济周期的不同阶段所扮演的角色。在探究和导入阶段，技术以其最原始的形态呈现。这时，人们把关注的重点完全放在了研发和科学技术上，而不是放在了市场上。穿着白大褂的科学家们痴迷于研究那些我们永远无法理解的东西，这恰恰象征着这个阶段的特点。随着模因经济周期进入探究阶段，技术从研发转向了由有远见的技术创新者实现早期技术的前沿应用。技术在模因经济周期的成长阶段发挥了最大的作用，因为它为大多数的经济进步而赋能，并能够做出各种调整，以保持价值体系与生存状况之间的同步。当模因经济周期进入成熟阶段，我们由创新转向大规模生产和消费，迫使技术与生存状况相分离。在这个阶段，让现有技术的优势得到最大化展现，成了业务模型成功的必要条件。随着社会的发展，生存状况和技术之间的鸿沟也在持续扩大。当我们进入衰退和混乱无序阶段时，技术发展已经远远领先于生存状况，因此有必要对劳动力进行再培训。当我们到达最后的混乱无序阶段时，技术和生存状况之间的鸿沟达到最大，经济不得不经历多年的改造和重整，因为更为复杂的技术形式出现在了新的模因经济周期中。这种模式在大萧条时期非常显而易见，在衰退和混乱无序阶段，自动化农业设备取代了成千上万的农场工人，因为体系内无力对这些工人进行再培训。在接下来的章节中，我们还将会进一步阐述出现在随后两个模因经济周期中的类似模式。

艺术性变革与系统性变革

在对模因经济周期的几个发展阶段的简要描述中，人们可以看出变革有可能会发生在哪些阶段。当价值体系从开放状态发展到停滞状态，而后再到封闭状态，变革的发生会变得越来越困难。当价值体系进入衰退和混乱无序阶段后,变革几乎不可能发生。在谈论不同程度的变革时,我经常听贝克提到这样一个问题:这是从什么样变成什么样?换而言之,我们所寻求的变革,究竟是在同一体系内的转化性质,使其与生存状况保持一致,还是一种转变性质,需要具备系统化的思维,将其演变推进到更高的发展层次之上?在现代经济史上,很少有思想家能够在让人们免遭严苛的矫正并避开漫长衰退期的状态下,帮助某种体系进化到下一个模因经济周期。

同时,也有许多转化型领导者声称实现了经济繁荣,但他们却几乎并未将经济置于长期繁荣发展的轨道上。在模因经济周期中的成长阶段,只要经济的基本面是健康的,对体系进行微调几乎总能带来好的结果。在模因经济学中,这被称为艺术性变革。举个例子,经济体原本处于充分就业状态,失业率却突然从4.2%上升到了4.9%,这时,美联储将利率降低了0.25%,6个月后,失业率回落到原来的水平,这就属于艺术性变革的类别。小小的艺术性变革达成了最终结果,推动了原有体系向前发展。在成长阶段,这些变革可能来自技术、经济或政治方面的转变,但它们总是以较低程度的变革实现高水平的最终结果。在成熟阶段,这种微调变得不那么有效果,因为结构性问题开始出现,但这些问题尚不紧要。而微调的动作幅度必然要更大,才能达到与成长阶段相同的效果。

当我们进入衰退阶段后,每次微调的动作幅度又会变得更大。不再是失业率在5%的范围内,需要将利率降低0.25%;可能是失业率接近7%,而美联储将利率降低0.75%,却没能实现失业率的相应回落。当进入混乱无序阶段后，我们还在基于同样的基本原理，愈发加大力度采用艺术性变革的方法，并继续采取相同的补救措施，直到这些措施完全失效，甚至变得有害。这时，系统性变革就成了我们唯一的选择，必须将当前体系中的价值观淘汰掉，由新体系的价值观取而代之——新体系承载了所有过往体系的DNA印记。在我的整个研究过程中，显而易见的是，体系越是封闭，艺术性变革的方法就会越无效；而该体系崩溃时，也会更加需要有系统性变革发生。

由于体系的彻底崩溃现象并不是经济现实的一部分，因而当新体系出现时，我们必须及时应对结构性变化。这时，必须要对整个模因堆栈进行检查；必须对第四层价值体系在该周期中的失灵做出评估，并对其进行重新设计，以抵御未来类似的潜在风险。可能需要建立新的机构，同时必须解散其他已经失效的机构。可能需要禁止或严格限制第五层价值体系中的某些做法，以避免在未来构成系统性风险的威胁。这些变革需要在制度层面进行，而且它们必须在新体系经历过前两个阶段后、进入成长阶段前处理好结构性的潜在风险问题。此时，人们最为迫切地需要来自"第二层级"的价值观工具，需要有第七层价值体系的视角：能够兼顾新兴体系中的价值观，将其与从当前体系和过往所有体系中吸取的教训结合起来，并将其置于功能性轨道上，以服务于新的共同目标。在接下来的章节中，我们将更为详细地研究这三个模因经济周期，通过价值体系的语言重新解读其中更多具有历史意义的细微差别，并基于模因经济学，将这些细微差别置于进化经济学的真实模型中进行分析。总体来说，这三个周期代表了美国的经济转型，从以红色价值体系为中心的文化一直发展至今，目前处于绿色价值体系的交汇点上。

在此之前，我们必须运用这种独特的价值体系方法来审视和重新定义货币在人类发展过程中的作用，这种方法为大多数人提供了一种全新的金钱观。重要的是，我们首先要了解这一重要因素在经济发展中所发挥的历史作用，并给出建议，在不导致全球经济崩溃的情况下使货币的作用得到进一步发挥，同时还要为金融创新赋予某种功能形式。

第四章　货币在人类发展过程中的作用

摧毁资本主义制度的最好办法是使货币贬值。[46]

——列宁

自内战和战后重建时期开始以来，美国经济经历了三个模因经济周期，对这些周期进行详述是非常重要的。本书将特别侧重于描述造成那场祸不单行的"完美风暴"的诸多因素——这场风暴在2008年金融危机中到达顶峰，并使美国进入了第三个周期的混乱无序时期。尽管美国似乎正在缓慢复苏，但几十年来形成的结构性缺陷给它带来的冲击，已经永久地暴露了资本主义当代表现中的投机性和风险性特点。在第一章，我通过政策制定者的视角简要地记录了资本主义的演变过程，这个过程主要是通过金融创新才得以确立的。直到1971年美元脱离金本位制之前，经济体系中的金融功能，不论是借贷活动还是资本筹集，都是我们当前和未来经济中生产性产出的衡量指标。

> 经济活动背离了这些经过历史验证的标准,而高层政策制定者又抱有错误的信念,认为金融创新可以改变货币的功能性角色,并直接将其置于橙色元模因的股掌之中,这些是造成金融崩溃的主要原因。

在过去的40年里,货币的功用发生了巨大的改变,背离了它在历史上扮演的角色;它本身已成为生产性产出的一部分。金融角色的这一戏剧性转变,是经济运行过程中"摇尾巴狗"①困局的一个经典案例,必须从价值体系的角度去领会,才能使资本主义纠正航向,朝着更高水平的健康表达形式发展。为了更清楚地理解以金融为基础的经济持续给我们造成的损害,我将按时间顺序简要地说明货币在人类发展的历史过程中所扮演的角色。通过价值体系的视角对经济发展史进行观察,与传统经济史学家的观察有所不同。这样去观察的目的是表明,货币的功能历来自然而然地与第四层蓝色价值体系相一致,而它在第五层橙色价值体系中所扮演的角色则既有限又受到高度严格的管制。这意味着橙色元模因的金融创新必须要保留蓝色元模因的生产性产出的功能,才能使这个体系保持健康。经济活动背离了这些经过历史验证的标准,而高层政策制定者又抱有错误的信念,认为金融创新可以改变货币的功能性角色,并直接将其置于橙色元模因的股掌之中,这些是造成金融崩溃的主要原因。模因经济周期一直在证明着,当货币不再扮演它过去的蓝色元模因角色时,经济就会陷入衰退和混乱无序阶段。这就是我们如今的处境,我们既忽视了几千年来货币所起的作用,又没能吸取历史教训。

---

① "摇尾巴狗",出自英国的一个古老谚语,指的是某个不起眼的小人物掌握了主导权,也有主客易位的意思。——审校者注

货币与部族秩序

纵观人类历史，货币在帮助人类社会发展到更复杂的表现形式方面发挥了至关重要的作用。人类参与各种各样的商品交换模式已经有好几个世纪了。在亚当·斯密定义现代经济学之前，简单的物物交换或物品赠送就是一种交换形式，自人类为了生存而联合起来组成部落开始，这种交换形式就一直在使用。从价值体系的视角来看，以一种消费物品来交换另一种消费物品作为回报，代表了"真理力量"元模因或第四层蓝色价值体系的最初显现。虽然在其最初出现时，人类的生存状况还是以部族形式为主，而许多世纪以后，定义了当下第四层价值体系的具有规章法制或现代宗教的国家才出现，但在当时，部族中就已经在进行频繁的物品交换了。人们认为这种活动具有更高层面的意义，因为它为人们提供了自己原本无法获得的物质享受。在部族时代，最突出的两种社会契约形式是婚姻和交换（或物物交换），代表着尚显薄弱的秩序系统。

已知最早的古代物物交换体系出现在美索不达米亚。如今，以色列的官方货币谢克尔就是以八千多年前的标准交换单位——蒲式耳（谷物和水果的容量单位）命名的。[47] 谷物不像其他可交换的食物那样容易腐烂，它们被存放在公共贮藏处，人们记下有多少谷物是属于哪些人的，这时谷物就成为第一种正式的交换形式。随着生存状况的发展，部族里的人们学会了储存他们生产的更多物品，交换形式开始迅速增多。物物交换的对象逐步扩展到各种各样的物品，包括手工艺品、珠宝和贵金属等，最终使货币成为一种为人们广泛接受的价值交换形式。

古代的物物交换在本质上是一股看不见的力量，与部族首领和神职人员们一道，在为部族秩序的早期发展做准备。但与早期第二层紫色体系中的其他秩序象征不同的是，物物交换或物品赠送提供了与其他部族和平共处的准备条件。这还是第一次，人们去往其他部族，不为掠夺、偷窃或杀戮，而是为了进行和平的贸易交换。随着部族成员开始对他们的贸易伙伴产生信任，贸易发展到了更复杂的水平，贸易伙伴的数量也在增加。在这个过程中，几个世纪以来保护着部族生活方式的壁垒开始慢慢消失，在较大的村庄和古城中，较大规模的部族开始形成。在部族进化的过程中，货币以商品的交换形式存在，成了人们最广泛认可的社会契约，并被认为是勤劳、繁盛和社会地位的象征，得到了最广泛的认同。

君权创造的钱币

随着人类继续进化，进入以帝国为驱动的第三层价值体系，货币起到了更重要的作用。君主需要对臣民施加权力，同时还需要有一套交换体系，用以支付报酬和支持基本的贸易运作。为了使这些愿望易于实现，统治者们创造了自己的钱币，并制定了法律，用来惩处那些拒不认可钱币为法定货币形式的人。随着钱币的使用越来越普遍，在第三层封建价值体系中，它取代了以往的物物交换形式，但仍被认为是一种媒介，只不过基于其功能特性表现了第四层秩序体系的模样而已。随着货币在这个体系中的角色发生演化，巴比伦人和他们邻近城邦里的居民使其发展成了另一种表达形式。他们创造了我们今天所认为的最早的经济体系，确立了债务规则、法律契约以及与商业行为和私有财产相关的法律准则。[48]在过去的几个世纪中，许多其他朝代先后更换了商品类型，这也意味着货币在使工人获取劳动报酬以及维持贸易往来和公众和平方面起到了其他表达形式无法替代的作用。从苏美尔王朝早期到奥斯曼帝国和大英帝国时期，人们使用某种货币体系的方式越是复杂、使用范围越是广泛，就会有越多的法律制定出来，以引导人们恰当使用货币，并惩罚滥用货币的行为。

随着第三层封建价值体系不断发展，交换方式也在不断地发生演变。到了工业时代以及单一民族独立国家开始形成的时代，黄金和白银等贵金属成了大英帝国的首选货币。17世纪晚期，英国殖民地遍布全球，英国人仅凭一己之力就使黄金成了全世界的强制交易手段。[49]由于黄金的影响力相当广泛，殖民时期的大英帝国较为容易地建立起了一个以帝国经济实力为后盾的银行体系，也形成了以金本位制为依托的货币概念。

国家的黄金

在帝国时代，商业银行在推动商业发展、决定货币体系和交换模式方面发挥着最大的作用，不受任何人的干扰。随着帝国开始瓦解，当时的生存状况使单一民族独立国家有机会形成，国家银行的出现则进一步界定了货币在日常生活中的关键作用。通过各国政府的行为，以黄金为依托的纸币得到了广泛的使用，在经历了反复试错及银行挤兑之后，它获得了公众的充分信任和信心。从价值体系的视角看来，这是第四层蓝色体系中起决定作用的一个阶段，金融在现代人类的发展过程中发挥了某些最为关键的作用。国家的繁荣程度与其货币体系的发达程度密切相关。基础设施和制度的建设本来不会吸引商人阶层的兴趣，但这些建设是在蓝色元模因的政府体系下进行的，通过货币担保来确保其实施。

随着人们的注意力转向国家建设，银行业将注意力转向了现代银行体系的发展，正是这个体系创造了我们如今所看到的大部分分布式财富。一旦人们的生存状况与银行业的安全和法治相一致，为扩大贸易而进行的债务融资和股票市场的创建便应运而生，成了这个繁荣新时代的象征。现代银行业建立在一个更为明确的蓝色元模因结构之上，而这种结构最初是由几个世纪前的古代王朝确定并遵循的。迫使人类努力工作、用劳动报酬换取商品和服务、把钱存下来储蓄以及必要时借贷和偿还债务的心理动机，成了推动西方进入开明自利时代的基础,并标志着工业革命的开始。

在工业革命初期,西方的生存状况还处于第四层蓝色价值体系中的国家形成阶段。然而,通过启蒙运动的视角,贸易得到了重新定义,并将取得重大飞跃,成为我们今天所知的资本主义的基础。

通过对大英帝国全新的蓝色元模因准则的贡献,以及对其所处时代的道德思想的审视,苏格兰道德哲学家亚当·斯密开始为人们改变对商品交换和贸易的看法奠定新的基础。亚当·斯密首先推出了《道德情操论》(*Theory of Sympathy*),指明良心产生于社会关系的概念,认为同情是人类形成道德判断能力的来源。在观察他人的过程中,人们会觉察自己的想法,并意识到自身行为的道德性,尽管他们有利己的自然倾向。[50] 开明自利时代的这种新的蓝色元模因准则将人性与道德约束捆绑在一起。几年之后,斯密撰写了他的开创性著作《国富论》(*The Wealth of Nations*)。在这部著作中,他论证了自我利益的扩散,使这种论点成了定义财富的系统性扩散的新模因。斯密提到了看不见的手,它在无形中发挥着自己的作用,推动人类以扩散自我利益的方式向前发展:

> 因此,每个人都尽其所能地运用其资本,一方面支持国内产业,另一方面也引导该产业,使其产品具有最高的价值;每个人都必须努力工作,尽其所能地使社会年度收入达到最高水平。而实际上,人们通常既不打算提高公众利益,也不知道自己能在多大程度上提高公众利益。他们更愿意得到国内工人的支持,不愿得到外国产业的支持,

因为他们只关心自己的安全；人们生产出的产品或许具有最高价值，以此引领了产业的发展，但他们原本只想获取自己的利益。在这个方面，就像在其他许多事情上一样，人们受到了一只看不见的手的引导，促成了自己原本并没打算做成的事情。对社会而言，这并不总是坏事。人们在追逐自己利益的同时，往往对社会利益也起到了促进作用，其结果比他们真正想要促进社会利益时更为有效。我倒从没听过那些刻意为公众谋求利益的人做过多少好事。[51]

亚当·斯密时代的生存状况为人类发展的范式转变做好了准备。个体赋权以最自然的方式产生，国家建设的新定义也正在确立。只不过这次的努力并不是由政府行为引发的。人类通过行使其最擅长的技艺，就创造了一只看不见的手，传播善行，为集体文化积累了财富。第五层橙色体系的这些早期阶段确立了战略企业元模因的自我赋权，并将亚当·斯密以经济学和资本主义之父的身份永远载入了史册。

随着这种开明自利的资本主义哲学在欧洲和美国传播开来，各国需要进一步控制货币，以调节财富的分配，并防止掠夺行为和垄断行为的滥用。英国的央行英格兰银行将其关注的焦点从战争融资转向了工业基础设施的建设。支持资本主义发展的现代机构，如股票市场和中央银行，开始在整个西方世界遍地开花。在18世纪和19世纪的大部分时间里，经济理论百家争鸣，都在争夺产业工人的民心和思想。直到第一次世界大战结束，这些在工业时代早期助力于传播资本主义的机构都得到了金本位制的支持。货币在人类发展第一次世界大战结束后,一个时代开始了,见证了货币在人类发展过程中所起的第四层蓝色价值体系的作用逐渐被削弱。纸币和金融工具的持续稳定使用,使我们自然地背离了金本位制。

过程中的作用得到了进一步的承认,因为它张扬了人性,还通过不断追求更高层次的价值观表现形式来推进目标的实现,发挥了关键的第四层蓝色元模因的功能。

美元的崛起

第一次世界大战结束后,一个时代开始了,见证了货币在人类发展过程中所起的第四层蓝色价值体系的作用逐渐被削弱。纸币和金融工具的持续稳定使用,使我们自然地背离了金本位制。黄金这种珍贵的商品只有在战争和经济不稳定时期才会出现需求,这时,占主导地位的第四层蓝色体系正面临着生死存亡的威胁。贸易国家长期以来都建立了这样的认识,即尽管它们认同金本位制,但并不会要求100%赎回黄金货币。19世纪中期,纸币一直得到人们的普遍接受并受到法治保护,它开始凭借自身的优点成了一种交换媒介。在社会稳定、经济繁荣的时期,很少有人会质疑纸币的有效性,人们也不会关注它是否得到了金本位制的支持。几个世纪以来,纸币都在承担着价值交换的功能,而这种功能的实现一直在以这样或那样的商品形式为依托。到第一次世界大战开始时,金融的复杂性已经无法再通过专横武断的体系来定义了——这个体系以国家获得黄金的难易程度为依据,将经济活动和全球贸易的无限潜力局限在国家的黄金储备量上。就像几百年前率先采用金本位制一样,英国这时又率先不再使用金本位制,很快,其他国家也纷纷效仿。

直到20世纪初,货币在演变过程中一直体现着它作为生产性产出的直接代表的功能。无论是作为完成工作后取得的报酬,还是作为战略规划和投资所得的经济奖励,这些回报都是与人类付出的生产性投入的质量和数量相匹配的。在西方,随着生存状况继续发展到战略开创性元模因阶段,世界大国开始重新定义货币在担保方面的特性。从本质上看,各国都在寻求以货币发行国政府的权力和信誉这种无形的市场价值,来替代黄金和其他商品的有形市场价值。从价值体系的角度来看,将货币由历史上虚妄的与黄金挂钩的第四层蓝色价值体系,推进为一种全新但未定义的"蓝色—橙色"元模因表现形式,是一个必要的步骤。如果黄金是一个国家财富的真实体现,那么只有那些拥有丰富黄金储备的国家才具有经济优势。这种假设一度支撑着世界的运转,直到20世纪工业时代的到来。

由于科学发现层出不穷,进一步将经济力量转移到工业国家,黄金变得越来越不重要,纸币只能靠发行政府对它的信心来支撑的观念开始凸显出来。这一阶段被称为法定货币阶段。法定货币这个词衍生于拉丁语"被赋予价值"(let it be done),意为通过法令、命令或授权而被指定的货币。这是一个值得赞扬的体系,能够衡量一个经济体的真正价值。工业的生产性产出与货币的假定价值直接相关。从价值体系的角度来看,这种新的蓝色元模因的货币表达,在扩大经济实力和增进贸易交流方面有着无限的潜力,是第五层橙色价值体系的最真实体现——只要蓝色元模因结构能够保持得当,使货币价值与经济总量直接相关，并能够考虑到国际收支和贸易平衡方面的调整。不同于几百年前货币只具有简单的用途，在20世纪的现代工业时代，法定货币的使用代表着一种与几百年前完全不同的有利于经济扩张的平台。

第二次世界大战结束后，西方国家加入了一个经济联盟，加速了金本位制的终结，并使美元作为最稳定的世界货币得到了全球的认可。布雷顿森林体系的建立，定义了货币的新角色，通过它，美元成了世界储备货币。战利品由胜利者拥有，美国拥有了前所未有的机会，使自己成为战略开创性元模因的无可争议的捍卫者。随着美国重建了战后的欧洲和日本，关贸总协定的颁布进一步巩固了美元作为世界新秩序所认可的第四层蓝色元模因体系的功能。美国将本国货币设定为世界储备货币，尽管几十年来美国一直以黄金的形式担保其赎回，但没有西方国家寻求这种赎回。这种纸币的新角色使美国成了超级经济大国，同时还方便它同贸易伙伴在系统层面上进行财富分配。

20世纪70年代，人们在世界范围内尝试使用这种新的准法币形态的第四层蓝色元模因体系的做法首次遇到了考验。发达的工业经济在现代动态中面临的挑战与复杂的贸易协定交织在一起，开始检验布雷顿森林体系约束下的美元新势力的承受极限。第二次世界大战后的重建工作造成的赤字开支，美元资本的海外出逃，冷战和后来的越南战争造成的损失，这些都给美元作为世界储备货币的长期生存能力带来了难以解决的挑战。[52]因为布雷顿森林体系下的成员国是不能通过增印货币来为财政支出提供资金的。在短短30年之后，美国就不再遵守这一体系中的准则，也完全不再依赖金本位制。尽管自1971年以来，美元一直只是美国的法定货币，但事实上，美国仍是世界上最大的经济体，因此，时至今日，美元仍是全球经济的非官方储备货币。

通货膨胀：货币秩序元模因的第一个历史性威胁

20世纪70年代及其后，生存状况日益复杂，金融需求再也无法产生于严格而守旧、带有功能性局限的体系。人们不再依赖布雷顿森林体系框架所定义的美元，这种转变象征着拒绝金本位制的第四层蓝色价值体系在向上跃升，朝着更高层次的表现形式发展。政府对货币供应及其成本的密切关注是一种控制，最初被视为新的第四层价值体系机制，将控制货币的功能，使其尽可能地接近金本位制下的功用，但又能有更高程度的灵活性。这个新的价值体系仅以相应经济活动的感知价值为支撑，象征着具有空前的全球影响力的首个现代法定货币的诞生。

这种新体系的基本面，以及当时的生存状况，都值得进一步研究，因为它们终将为西方资本主义呈现当代表现形式而铺平道路。正如旧有体系出现功能障碍而导致新体系产生后常常会出现的情况一样，以美元作为法定货币在初始阶段也是相当动荡不安的。由于几十年来政府支出都处于失控状态，放弃金本位制立刻就使市场力量发挥起作用来。使用尚未经过结果测试的杠杆和参数，令美国经济的方方面面都产生了震动。这一举措对债务人而言至关重要，他们一致宣布自己不再希望按照债务延期时所依据的那套规则行事。这便是美国政府，第四层蓝色价值体系的最大代表，它向其公民宣布，自己不再希望履行几百年前的古老规则中规定的债务义务。没有了黄金所象征的蓝色元模因作用，美元价值猛跌，通货膨胀成了资本主义制度面临的最大威胁。

在过去的几年里，人们认为长期的通货膨胀是由黄金供应量相对于生产性总产出的增长率所决定的，这就使价格上涨的压力得到了调和。[53]金本位制下的那一套明确规则中要求人们恪守的权力和控制结构，现在大多由自由市场经济学家阐释，这些人大部分都是政策制定者和总统的高级顾问。从价值体系的角度来看，这是一种转变，将货币政策从停滞不前、受到传统和局限性阻碍的第四层蓝色体系中解放出来，使它成为一种新的、开放式的表达。它依旧属于第四层价值体系，但由于如今受到市场力量的影响，它改变了其表达动态。

由于美国面临着来自外国制造商的商业竞争，也体验了石油危机对消费者的影响，通货膨胀也没能得到遏制，其罪责直接归咎于政策制定者，他们被指责不负责任，过早地使经济脱离了金本位。在整个20世纪70年代以及80年代初，美国政府支持法定美元货币的信心持续地经受了艰难的考验，也遇到了越来越多的挑战。尽管这一阶段的货币演化引发了很大的社会动荡，但如果回到金本位制，货币功能受限会使情况变得更糟，因为生存状况变得越来越复杂，人们需要有更先进的方法来应对迅速变得多元化的经济体系。货币持续进化,寻求成为一个新的、稳定的第四层蓝色元模因角色,它将定义未来的道路以及资本主义的全新表达方式。

自从凯恩斯主义经济学为世界布下布雷顿森林体系框架,已经几十年过去了,现在是时候取代它了。罗斯福新政造就了美国的许多中产阶级人士,并改善了许多人的生活,但对于这些中产阶级人士而言,新政已经过时,令他们不堪重负。政策制定者关注的是微观经济动态,围绕价格控制而运行,美联储的政策就是基于这一观点,但却在遏制通货膨胀和让美国重回经济增长道路方面一败涂地。失败的原因直接与政府角色日益增多、愈发无能和脱离群众有关。政府的强力干预妨碍了个人自由,给纳税人增加了负担,就像安·兰德的《阿特拉斯耸耸肩》中预设的那样。人们对政府计划失败的认识蔓延到了新的高度,政府计划的无效性则在美国选民的观念中根深蒂固。人们要求结束越南战争的呼声越来越高,与此同时,要求政府别再从美国人和美国企业的口袋里掏钱的呼声也越来越高,要求长期持续放松管制的呼声也越来越高。尽管在尼克松、福特和卡特执政期间,历届政府早前已尝试过许多放松管制的措施,但生存状况并没有发展到转折点,直到里根执政的首届任期期间,更好的局面出现了,人们才看到了新的放松管制的美国经济是什么样子。

从价值体系的角度来看,通货膨胀与货币的作用有关,这是向消费者提出的第一个警示,告诫他们纸币不再是生产性产出的准确表现形式。人们对其"第四层蓝色元模因"角色的信心开始减弱。1980年发生的事情最能证明这一点,那年的CPI为14%,工人的实际薪资水平下降了0.3%。[54]在不到10年的时间里,人类历史上最古老的一项社会契约遇上了现代经济环境下最为复杂的生存状况,而经济却未能发挥作用,以使货币价值保持稳定,准确体现人们努力工作的价值。到了1980年,政策制定者、经济学家和美联储在关注价格控制的微观经济方面能起到的作用有限,而且显然也不合时宜。在短短几年时间里,法定货币给政策制定者们以启示:由于金本位制的安全港不复存在,在经济层面人们需要有不同的思维方式来适应其日益增长的复杂性。这时亟须具有更为开阔的视野,对经济政策实施中央指挥,于是里根政府将注意力转向实施经济改革,通过使货币政策发挥全新作用来定义资本主义。

新美联储为货币赋予全新角色

到目前为止,本章还没有对美联储的作用进行过多的模因分析。自1913年美国国会通过《联邦储备法》(Federal Reserve Act)以来,美联储的主要作用就一直与第四层蓝色价值体系相一致。自美联储成立以来,直到20世纪70年代,美国央行一直负责控制货币供应,以确保不断增长的经济有充足的资本可用。《联邦储备法》在序言中提出了一个最重要的监管目标,那就是在美国建立对银行业务的有效监督。[55]随着美元成为法定货币,以及来自20世纪70年代普遍存在的生存状况的压力,这项目标的实现变得相当困难。由于一届又一届的政府均未能稳定货币和抑制通货膨胀，立法者们开始寻求各种不同的方式去授权美联储在稳定经济方面发挥更大的作用。1977年，国会通过了《美联储改革法》（Federal Reserve Reform Act），要求中央银行及其监督委员会承担许多新的责任，如确保实现最高生产率、推进实现最高就业目标以及确保维持稳定的物价和适度的长期利率水平。[56] 这是一个新近获得授权的机构，它把宏观经济中需要讨论的不同方面放在了一起，有权根据美国国会的授权来指导经济政策。

在20世纪70年代和80年代初的通货膨胀时代背后，一种新的经济思想流派正在兴起。以经济学家米尔顿·弗里德曼为掌舵人的芝加哥经济学派宣扬了一种新的教义，诠释货币所具有的全新角色。通货膨胀的破坏效应推动人们对造成通货膨胀的原因展开全面思考，新一代的经济学家们准备使用新的方法来驯服通货膨胀猛虎，新方法远胜于过去10年推出的价格管制方法。这个新的宏观经济学派被称为货币学派（monetarism），该学派的学者认为，生产性的经济产出在很大程度上受到货币供应的影响。弗里德曼的思想很有影响力，他主张制定中央银行政策，以生产率和需求的增长作为衡量标准，旨在使货币的供应和需求处于均衡状态。[57]

政府对货币作用的定义扩展，与复杂资本主义社会的崛起是相符的。中央银行的职能是根据经济产出的目标水平来供应货币，这更符合文化水平不断向前发展的社会发展趋势。谁有权有势，谁的思想影响力能改变未来十年的社会发展进程，谁就会成为英雄，就能在未来的许多年里被铭记在美国人民的心中。对国会而言，这个在当时看来颇具革命性的想法将会成为一种标准的思维方式，开始改变数千年来人们对金钱角色的看法。

20世纪80年代早期到中期，人们的生存状况就是如此，以至于人们会充分接纳那些主张政府作用有限的创新性思想。里根政府把所有经济问题的产生都归咎于膨胀的政府职能设置，于是他们引入了全面的改革，推出了新的平台，不仅重新定义了货币的角色，还重新定义了资本主义不断演变的新本质。里根的经济政策被称为"里根经济学"，它要求全面减少政府监管，缩减开支和赋税，放松对货币供应的管控，以抑制通货膨胀。[58] 直到1977年，卡特政府开展了全面改革，美联储被赋予的新权力才开始产生较大影响。1982年，时任美联储主席保罗·沃尔克（Paul Volker）首次采取了意义深远但不受欢迎的措施，收紧了货币供应，使通货膨胀率从1980年的13.5%下降到1983年的3.2%。[59] 通货膨胀猛虎终于被驯服了。这是倡导赋予美联储新权力的人们所期盼的胜利，他们需要据此创建一个新的平台，让货币政策在这个平台上成为美国经济的核心。这个机构的职责已经从最初仅对银行进行常规监管，转变为在资本主义的最大棋局上拥有强大的影响力。如今，这个机构已成为事关世界最大经济体的整体经济讨论的重要组成部分。

这种权力的转变不容小觑。自由市场经济中的传统创新领导力掌握在各种公司和行业领袖手中，而宽松的货币政策如今正在助力其发展。宽松的货币政策旨在确保经济全速运行，尽其所能达到最高生产率。只要通货膨胀得到控制,美联储完全有能力提供它认为适宜的流动资金支持。如果过去管理资本市场的法律阻碍了资金的流动,那么新一届美联储就能够代表行业和消费者采用创新方法解决这一问题。如果美联储主席对于应该如何使用货币或流动资金,或对于它们应该扮演什么样的角色持有某种看法或保有某种意识形态,那么整个经济体要么会因此受益,要么会因贯彻这些观念而承受沉重的负担。这种将权力集中在少数人手中的新模式有可能会造成精英主义和被误导,因为这样会排斥许多有价值的、传统上来自不同经济部门的见解。但是,由于货币能为所有经济部门平等地提供动能,美联储从来不认为自己是精英主义者,特别是它刚刚才利用新获得的权力驯服了失控的通货膨胀猛虎。

从价值体系的角度来看,这是一个转折点,中央银行从一个负责执行具体政策的第四层蓝色价值体系的监管角色,转变为介于第四层与第五层价值体系之间,有可能会与第五层橙色体系中的不健康元素相关联。货币是经济崛起的催化剂,它向人类传递的信号是,人们也许不必再像以前那样,靠辛勤工作才能获得相应的劳动回报。他们不必受多少限制就能借用货币,即刻就可以收获回报了。随着里根经济政策的全面展开,货币学派和新美联储取得了最大的胜利,成了经济辩论的前沿和中心。从这一点上看,从国会赋予美联储抑制通货膨胀的权力开始,货币就成了一种创新工具,可以创造和使用各种不限类型的产品,就好像它是另一个经济部门,也有自己的生产性产出一样。1977年,孤注一掷的国会出台了这一具有第四层价值体系元模因的法案，由此开启了模因之舞。如今，它在建立一种新的模因基础结构，其在特征上更像是华尔街的金融创新，而不像是对普通银行的监管。

随着这个举措大获成功，从财政部到总统的经济顾问委员会，所有政府机构都抛弃了它们的第四层价值体系的陈旧信念，不再控制商业行为，完全接受了美联储权力的扩大。多数监管机构如今都配备了类似的价值体系决策者，他们渴望在与日俱增的金融创新表现中有效利用人们对新经济的展望。美联储将会利用这些新的权力，将美国经济扩展到前所未有的高度，与此同时，也使美国文化发生转变，人们变得高度依赖借债，以此为其梦想和抱负提供资金。

在此之前，货币在第四层蓝色体系中所扮演的历史角色一直是由一种看不见的社会契约所确定的，这种契约规定人们可以直接通过努力工作和明智而有策略的规划来获得回报。美国在整个20世纪实施了一系列经济计划和政策，催生了美国的中产阶级，将债务融资的模因引入美国文化中。在美联储成为美国经济的核心之前，消费债能为购买部分商品和服务提供资金，尚能使借债者处于负责任的立场。贷款机构会要求借债者保留自己辛苦赚来的一些钱用以购买住房和消费品。而那些负债过多或不负责任乱花钱的借债者无法享受债务融资的好处。

在这几十年的财富积累过程中，负债已经剥离了几百年前承载的负面含义，演化为帮助人们重新定义货币及其历史角色的模因拍档。只要负债和资产净值的这种新的组合方式仍然能受到高度监管，货币就会继续演化，成为人类发展进程中新的现代化表现方式，但它仍将稳稳地坚守其第四层蓝色元模因角色。不过，它的这种角色并没能坚持多久。一旦一个新模因的潜在效用被完全量化，当这个模因出现时，文化中的掠夺性元素往往就会去破坏它。围绕着美联储新扩大的权力，消费者和企业金融领域立即开始建设新的基础设施，加之互联网的诞生和技术进步，一起开创了现代经济学历史上最为迅速也最为深刻的一场范式转变。

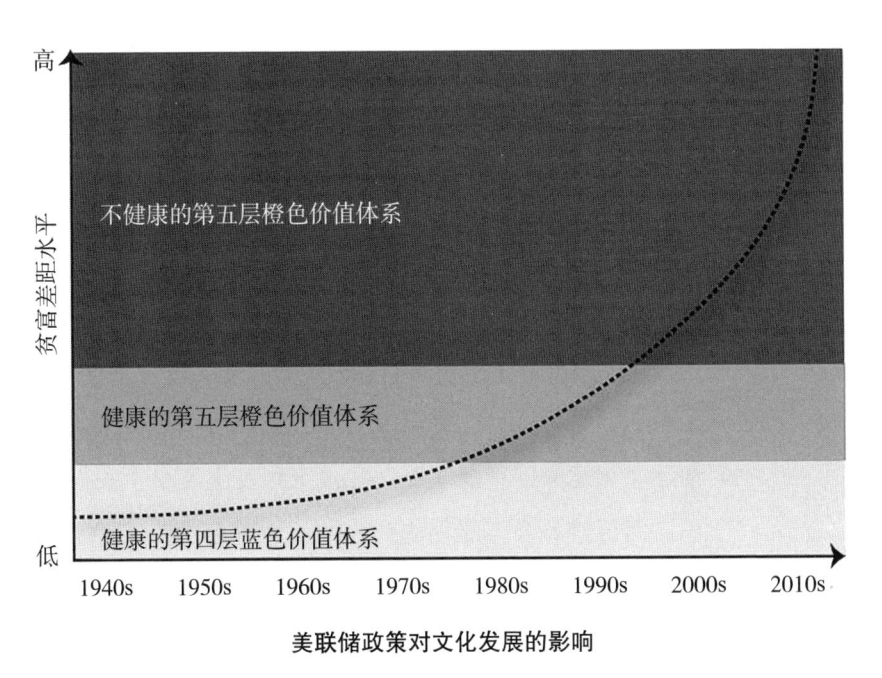

美联储政策对文化发展的影响

注：本图揭露了具有第五层价值体系元模因的美联储在金融创新中的谬误，即金融创新逐渐不再与生存状况相适应，还将财富从工人阶级和中产阶级手中转移了出来。

我们所知的货币的终局

正如我们目前在简短的模因经济学历史中看到的那样，货币不仅成了部族和国民之间发展和平关系的最大共性，数万年来，它还一直是推动变革和人类进步的催化剂，甚至在亚伯拉罕诸教向人类抛出"牺牲现在，以期在未来获得回报"的概念之前就是如此。人类必须控制想要得到即时满足的冲动，为将来获得回报而"储蓄"，在这样做的时候，人类会进化出更高水平的生理—心理—社会复杂性。这种延迟满足感使得以物易物的贸易体系成为可能，从而催生出货币，并最终形成我们今天所拥有的复杂的全球金融体系。根据格雷夫斯的说法，人类面临的最大挑战是如何从这种以自我为中心的强制性阶段过渡到法律和秩序约束下的更高水平的存在层次。[60]

几个世纪以来，人们积攒商品和资本的需求成了一种催化剂，使文化摆脱了早期的野蛮本性。货币成为体现第四层蓝色体系的象征，也成为构建文化意象的重要基石，在一定程度上定义了我们是谁。人们在积攒储蓄时需要有简单的纪律性，这种纪律性成了一种将追求短期利益的强迫性行为模式与追求长期利益、引领人类走向进步的行为模式区分开来的方式。人们会为他人的辛勤付出而支付工资，诸如此类的简单方式成了定义人际交往的模式，也是促使人们追求更美好、更开明的生活的驱动力。

透过价值体系的棱镜，我们会看到，货币在历史上扮演着双重角色：首先，它是第四层价值体系的行为规范；其次，它还是推动文化进入更高层次价值体系的催化剂。虽然是帝国和国家之间爆发的毁灭性战争进一步决定了人类的发展，但最终还是这些长期不和的国家就资源分配和货币惩罚达成协议，这才带来了和平。在工业时代初期，战略进取元模因得到传播，货币在国家及其基础建设的发展过程中发挥了至关重要的作用。随着货币体系和资本市场的发展，货币继续扮演着自己的角色，世界各地的人们都认为它是生产性产出的代表。它将人类从早期的部族生活方式推进到如今复杂巧妙而又相互依存的现代化生活方式。货币的这一角色比它所承载的其他任何角色都更能激励人类追求生活中的更高级意义，因此，货币还将会继续承担这一角色，直到比它更能得到系统化接受的交换形式传播开来为止。

货币与模因经济学的基本主张更为相关的角色最为大众所接受，以看不见的调控模因的形式展现。在第四层蓝色体系中，货币的功能在本质上与人性交织在一起，为我们当前的价值观以及人类的发展赋予了意义。在未腐化的现代资本主义制度中，货币在推动文化向下一阶段发展的过程中扮演了主要角色。但是，如果这个角色败坏了，会发生什么？如果剥削性元模因中的一小部分接管了这个数千年形成的体系，并将其彻底腐化，会发生什么？几十年来，消费债一直是货币的模因拍档，如果它脱离了原有的功能，而听命于另一个主人的支配，又会发生什么？政府本应负责掌管经济政策，可它却选择忽视那些令人头痛的结构性问题，转而增印货币来试图延缓必然会发生的危机，这样会产生什么影响？通过回答这些问题，我们将能够解释是哪些现代力量败坏了货币的功用，加速了模因经济体系的仓促终结。

货币在人类发展过程中的历史作用

1. 在任何历史生存状况下都能体现第四层蓝色体系的秩序感。
2. 作为催化剂（开放体系），推动文化向下一元模因阶段发展。

紫色生存状况：公元前 6000 年至公元前 2000 年	
形式：	物物交换、谷物、食物、物品赠送
蓝色层次功能：	利于部族间和平共处
催化剂/开放体系：	部族变得越来越大 形成了早期的城市
红色生存状况：公元前 2000 年至公元 1700 年	
形式：	君主创造的钱币
蓝色层次功能：	通过购买奴隶的劳动和商贩的物品、支付战争赔款的方式，得到了人们的普遍接受
催化剂/开放体系：	帝国纷争结束，贸易往来建立
蓝色/橙色生存状况：公元 1700 年至 20 世纪 70 年代	
形式：	以黄金为支撑的国家货币
蓝色层次功能：	通过付费享有基本的社会功能、支付工资、经营贸易
催化剂/开放体系：	使全球化和统一货币成了可能，放弃了金本位制，认为它是过时/错误的蓝色体系
橙色/绿色生存状况：20 世纪 70 年代至现在	
形式：	以国家经济实力为支撑的法定货币/纸币
蓝色层次功能：	成了不健康橙色元模因的剥削对象；依旧具有蓝色生存状况下的功用
催化剂/开放系统：	引发了"黄色/绿色"货币的争论

第二部分

生存层面的经济价值观发展史

第五章 前两个模因经济周期：权力雄踞模因和爱国繁荣模因

> 检验我们进步的标准，不在于我们是否能使富人更富有，而在于我们是否能为穷人提供足够的保障。
>
> ——富兰克林·罗斯福

为了更好地了解金融部门如何成了"摇尾巴狗"困局中的"尾巴"，并在美国如今所处经济周期的最后阶段明确掌管生产性产出，我们必须首先透过价值体系的棱镜从历史的视角看一看，在这种变化发生之前，那些构建了美国的经济并代表着生产性产出的多样性的制度是什么样子的。毋庸置疑，美国最大的经济扩张发生在美国卷入第二次世界大战直到20世纪70年代初这段时间。在那个时期，美国确立了自己作为世界超级经济大国的地位。调控产业和促进经济增长对创造繁荣经济至关重要，在这两个领域，政府的介入程度到达了顶点。但是，在那个时期之前的几十年时间里发生了什么，对于我们理解富有远见的第四层蓝色价值体系在定义国家及其经济的未来发展方面所起的重要作用也是非常必要的。

权力雄踞模因

书中的理论框架确定了第一个模因经济周期。在代表着这个周期的几十年间，美国经历了内战后的重建，也经历了可怕的经济大萧条。经济史中对于如何界定这个时期仍然存在着分歧。在镀金时代，根据不同的价值体系，富有影响力的行业领导者要么被认为是"强盗大亨"，要么被认为是伟大的"行业领袖"。后者是对这些实业家的崇高称谓，他们定义了美国现代工业从19世纪末开始产生的巨大发展和进步中所蕴含的优秀品质。

从模因经济学的角度来看，这两种评价都是正确的，因为在这个时间段，红色价值体系的健康与不健康的表现形式都得到了充分体现。我把这个经济周期称为权力雄踞周期。在那期间，美国的实业家们重新定义了这个尚未定型的国家的经济价值。当领导人寻求通过铁路来联通全美时，新的思想必须要走在最前面，而且必然要超越乡村特色的紫色价值观，即以小农场和分散的去中心化的生产设施为体现的价值观，这些是前一个时代的特征。经济制度首次在全美范围内得到了确定，但是却没有法律基础能够预防剥削行为的发生。大规模的铁路项目引发了房地产和金融领域的投机交易，还开发了许多其他与服务相关的产业。

由于这个模因的价值观与成长阶段的生存状况更加一致,这些实业家占据了国家的石油、钢铁和建筑等其他领域。价值体系开始与大批量生产相一致,纯粹是为了让少数实业家赚钱。虽然工人的工资比农场雇员的工资高,但随着这个体系进入成熟阶段,大范围的剥削、欺诈和腐败就开始成为这个时代价值观的标志。这时,在下一周期的萌芽阶段,人们开始萌生出要有蓝色体系的应对措施和更高层次工业理想的需求。格雷夫斯确认,在第三层和第四层价值体系之间进行过渡是最困难的;在美国的前三个经济周期中,这个经济周期的混乱无序阶段持续时间最久,因为屡屡受制于这些实业家的红色价值观的严厉阻挠,下一个周期迟迟无法出现。在历史上,这个体系的衰退阶段和混乱无序阶段与蓝色价值体系的漫长诞生过程相重叠,这一时期被称为进步时代。这场运动从19世纪90年代持续到了20世纪20年代,其主要目标是净化政府、消除腐败,以及将政治机器和政坛领袖暴露在台前。[61] 只有当这个体系在大萧条期间轰然倒塌,第一个经济周期中的行为准则也能为下一个经济周期的设计布局提供依据时,这些目标才能实现。

在大萧条开始前,20世纪20年代看起来和21世纪的前10年很像。在共和党的领导下,美国采取自由放任的经济政策,对实业家有利。这个国家见证了许多革新的诞生,但对金融市场的监管却很少。有了钱,无论那些创新性想法是否可行,都会吸引投资者的巨大兴趣。发财致富的梦想很快就战胜了最理性客观的思想,而易于获得的低息借款也散播着这个模因中的投机性和剥削性特质。到了 20 世纪 20 年代末，投资者对股市和初创企业的过度自信引发了资产泡沫，最终泡沫破裂，许多银行纷纷倒闭。这摧毁了个人的大部分存量财富，最终造成了经济大萧条。[62] 与 2008 年金融危机的灾后模式相类似，在那个充斥着反垄断行为的时代，没有具体的、万无一失的解决方案，也没有什么简单清晰的办法，能让美国走出这个由于不受监管的资本流动而造成的毁灭性陷阱。

当时的道德观念能限制美联储为暂时解决问题而在地下室印钞的行为。自 1913 年美联储成立以来，这个机构的能力还没得到检验，它还未曾为尚未定型的国家经济提出有效的政策。有限的货币供应和人口结构的整体变化是造成经济大萧条的最重要原因。与如今美国经济的多样性相比，在大萧条时期，受到当时颇具掠夺性的红色价值观而驱动的多数经济部门都已轰然倒塌。没有哪个部门能促进经济的增长，使政府可以授权或推动它来帮助这个国家其余的部门脱离经济困境。

这个时代也见证了农村农业部门在就业基础方面的巨大转变，这个部门在过去是一个非常重要的模因，帮助美国走向了安定。到了 20 世纪 20 年代，家庭农场与劳动力的关联性越来越弱。19 世纪末，农业技术开始取得进步，继续给小型家庭农场带来经济可行性方面的压力。这种技术与生存状况之间的鸿沟在几十年间持续扩大，最终导致了经济大萧条。随着美国通过铁路形成了高效的配送体系，并且有了高产的种子储备，一批新的实业家看到了大规模农业的潜在盈利能力。农作物和牲畜开始变得商品化，数千英亩的农场仅靠美国迪尔公司生产的几台犁具和自动收割机就能经营起来，它们取代了数以百计的动辄雇用数千名工人的家庭农场。银行和华尔街在这种新的农业模式中看到了巨大的商机，向大型农业公司注入大量资金，让它们有能力购买更多的土地，最终导致小型家庭农场走向消亡。

技术创新与生存状况相悖的情况时有发生，政府从未为那些被取代的农民制定过能为他们提供住所或就业的计划。由农场的技术进步而引起的模因变化成了一个最突出的例证，说明了当生存状况尚未准备好去应对其复杂性及其产生的后果时，创造性破坏是如何推动文化进步的。在20世纪30年代，这种技术影响力使相当一部分劳动力变得毫无用武之地。随着中部地区大量农场工人惨遭淘汰，高度投机的股票市场也在暴跌，美国面临着现代历史上最为深刻的经济和社会挑战。在权力雄踞、爱国繁荣以及金钱至上时代这三个模因经济周期中，第一个周期的混乱无序阶段持续时间最久，也最痛苦，而此时美国也在寻求方法，准备把混乱的价值体系抛在身后，去迎接下一个符合第四层法律和秩序体系价值观的周期。

罗斯福富有远见的新政

失业保险或社会福利等政府推动的社会项目可以为有经济压力的个人提供安全网，但在大萧条时期，根本就没有这样的社会项目。美国以前从未遇到过如此不祥的经济灾难，国会和白宫也都知道，作为具有远见卓识并愿意付出巨大努力的卓越领导集团，它们必须要重新塑造一个权力扩大的联邦政府。过往体制的失灵，第一次为美国人提供了政治、经济和社会动力，助力美国人为了重塑美国而建立起健全的体系。一种新的范式正在形成。所有的新政府机构都必须创造公平的竞争环境，以防止那些造成大萧条的掠夺性行为和机会主义行为在未来重现。立法者认为，如果就业机会赶不上技术进步带来的快速变迁，有必要为美国工人提供安全感。制定出能够预测技术发展方向及商业部门的应对策略的新法律成了施政纲领，塑造着美国的未来。罗斯福必须担起责任，创造出所有国家都未曾见过的新经济典范。缺乏监管的资本主义已然呈现出它极具破坏性的道德标准，毫无疑问，它未能让自己成为一种可行的治理形式。支撑美国人价值观的核心支柱正面临着崩溃的危险。要想拯救它，拥有杰出的领导力是至关重要的。

大萧条爆发前，生存状况发生了巨大的变化，但在第四层蓝色秩序体系中却没有发生相应的变化，蓝色价值体系也未能在各机构间传播，用以支撑这样的变化。政府的领导力以及它创建新的机构和基础设施的做法，必须确保不受过去领导层的失利与缺陷的影响，更重要的是，还要预测到美国经济未来将会面临的挑战。高速公路工程师会先预测未来的经济增长，而后再根据预期的经济增长情况继续设计和建造高速公路。同样，立法者也致力于制定新的法律，使资本主义的价值观发展到新的公正合理的水平之上，而这也将会决定其未来的发展。

这样做的结果就是带来了罗斯福轰轰烈烈的新政。最为引人注目的是这些政策催生了美国的中产阶级，他们至今仍然是最庞大的商品和服务消费群体，也是全球经济中最大的经济引擎。如果政府未在新政计划的影响下扮演富有创见的第四层价值体系的角色，建立新的机构，我们几乎无法看到如今的财富分布情况。从模因经济学的角度来看，这代表着在美国历史上，人们第一次认真尝试通过传播第四层蓝色秩序体系的价值观，来制定保护消费者权益的方法。这是第二个模因经济周期的导入阶段，为促进美国方方面面的繁荣发展打下了坚实的基础。我们第一次看到，美国证券交易委员会、联邦存款保险公司及联邦住房管理局等监管机构，在如今的经济发展中，仍然扮演着必不可少的第四层元模因的角色。

在罗斯福新政实施早期，尽管经济依旧疲软，但GDP绝大部分都是由工厂的产出所决定的。第五层橙色体系的早期表现还很不成熟，经济生活就是在管理层和工人之间爆发的斗争。富有的实业家和贫穷的工人之间是明显分离开来的，双方互不信任。工厂的运作受到两种截然不同的心态的影响。当时的管理一般属于第五层橙色战略进取体系早期的一种封闭表达方式。这近乎是一种不健康的第三层红色封建体系的表现，它把工人视为一个生产单元，也没意识到自己是在剥削工人。同样，没有第四层价值体系的法律约束，工人和工会生活在对管理者的恐惧当中，他们属于第二层紫色体系，恪守兄弟情义。劳资纠纷围绕着工作条件和工资而展开，迟迟无法

> 最为引人注目的是这些政策催生了美国的中产阶级,他们至今仍然是最庞大的商品和服务消费群体,也是全球经济中最大的经济引擎。

得到解决,因为政府无法做到有效地鼓励双方主动解决问题。[63]

美国卷入第二次世界大战后,美国工业时代的这些普遍生存状况发生了巨大的变化。战时生产委员会成立了,劳资双方不得不搁置分歧,去响应更重要的号召,那就是赢得战争的胜利。这个特别设立的政府机构负责协调国家的生产能力,优先满足军事需要。生产消费品的工厂承接了许许多多的军事订单。汽车制造商也改造了它们的工厂,开始制造坦克和飞机。[64]爱国主义在第四层蓝色体系中始终起着重要作用,它成为一种催化剂,帮助美国制造业巩固了其不畏艰难的英勇角色,成功应对了世界上最大的生存威胁。在这个过程中,人们在战时的活动加速了劳资关系的出现,以此为契机,美国确立了自己的经济优越性。

在模因经济学中,第二次世界大战作为一个最高目标,使元模因呈现出了更高层次、更健康的表现水平。这个目标呼吁所有美国人搁置分歧,一经实现,美国的模因格局就永远改变了,几乎不会再有机会回到大萧条时期的样子。美国人呼吁设定最高目标,并非都出于爱国因素,而是因为在美国人基于新政而创建的机构中,那些富有创见的方面发挥了突出的作用。如果没有联邦政府的担保,银行不会考虑贷款给退伍军人。正如我们所看到的,整个20世纪40年代和50年代,随着美国文化的发展,罗斯福新政下创建的政府机关充当了催化剂的作用,促使这些机构具有了更为兼收并蓄的社会价值观。这种设定最高目标的模式自然而然地发展成为一种服务于更大目标的解决方案。传统的输赢模式在其有限范围内主导着一切：从政治争论、经济政策制定到公司谈判（只能为赢家提供暂时的解决方案）。相较而言，设定最高目标的模式是一种更为健康的选择。

"第一层级"生存层面的价值体系目前主导着政治和商业行为，而设定理想的最高目标的过程，并不是在这个层级的价值体系中规划出来的。它出自贝克和格雷夫斯称为"存在"层面的"第二层级"价值体系。或者更准确地说，它来自"第二层级"可靠智能中的第一层黄色元模因，看到了较低层次元模因的限制，设计了功能型解决方案，实现了"三赢"。这里，前面的"双赢"是超越了谈判双方的争论，而"第三赢"是赢得了地球的健康长远发展。本书的第二部分将更为详细地讨论如何确定当今经济中的最高目标，并通过实现这些目标为所有利益相关者赢得好处。

值得注意的是，在对经济史进行模因经济学分析的早期阶段，我们会发现，正是加入新政意识形态所建立的富有创见的第四层价值体系的那批银行家，最终在2008年将这个体系开发利用到几近崩溃的地步。尽管"第二层级"的功能型元模因在创建时富有远见卓识，认为整个系统的健康运行比其他一切都更为重要，但它一定影响了"第一层级"的秩序元模因。因为历史分析将会证明，除非第四层秩序体系的监管结构能够随着生存状况的不断变化而变化，否则大起大落的经济周期将会继续危及所有人，使我们无法实现繁荣，并越来越多地使我们处于不合时宜的周期支配之下。

20世纪50年代：构建中产阶级模因

第二次世界大战结束后，美国继续保持强劲的经济增长，因为新政建立的机构促进了20世纪50年代和60年代的经济扩张。在那些年间，基础建设已经落实到位，开始定义美国的新价值观。这是模因经济周期中的一个阶段，在很长一段时间内，它与生存状况保持一致，以至于在核心上重新定义了美国的资本主义价值观。归国的美国大兵可以申请政府资助的特殊项目，以获得贷款来支付大学教育的学费或购置新房。高校入学人数增加了一倍多。郊区成了20世纪50年代定义美国中产阶级扩张的新模因。房利美（Fannie Mae）和房地美（Freddie Mac）的创立鼓励银行为抵押贷款提供担保，这促进了美国中产阶级远离拥挤的城市，向郊区扩张。尽管20世纪50年代被认为是一个盲目乐观的时代，但在这段时间里，美国的第四层蓝色体系正在以新的形式出现。电视节目《反斗小宝贝》（Leave it to Beaver）也是一个模因，象征着定义新美国家庭的那些核心优势。这个电视节目展现了四个明确的主题——教育、婚姻、职业和家庭，它们是构成幸福而富足的生活的必要前提。[65] 这些成了新的第四层蓝色体系的根本要素，推动了美国经济的和平扩张。

在这10年间，美国的建筑和工业投资激增，消费信贷达到了前所未有的水平，各行各业的经济都在蓬勃发展。这要归功于20年前建立的富有创见的监管结构，它慢慢为这个复杂得多的新兴经济体预测和定义了参数范围。罗斯福新政不仅满怀信心地预测了经济将会重归繁荣，而且成了一种催化剂，为消费者和企业定义了公平竞争的环境。到 20 世纪 50 年代末，美国经济已经得到了重新定义。人们通常认为，这个时代的 10 年使大多数美国人消除了贫困，因为当时人均收入翻了一番，通货膨胀率保持在 1%，失业率下降到了 4.1%。[66]

经济繁荣并不是塑造新的美国模因的唯一因素。在战后的"婴儿潮"时期，美国人口数量平均每年会增加 300 万人。随着收入的增加，美国人的消费主义形成了一种新的价值范式，人们开始花钱去购买那些以前被认为是奢侈品但当时已成为必需品的物品。各种模因激增，掌控了美国人的文化。那些定义着现代美国梦的模因，如时尚服饰、电视、洗衣机、郊区住宅、雷鸟和美国高速公路等，都产生于 20 世纪 50 年代。

在最初创造中产阶级的过程中，美国在深刻的模因层面上得到了重新定义，因为它与资本主义表达方式的变化有关。其中最为深刻的，就是美国商人阶层看待工人阶级的方式发生了变化。在此之前的几十年里，商人或工厂主认为工人生活在脏乱的或者不太好的环境中，他们不能从所谓的美国梦中分得一杯羹。到了 20 世纪 50 年代，文化价值观发生了非常大的变化，这时的工人被视为商人的商品和服务的潜在消费者，并将能够参与创造和消费那块不断变大的蛋糕。美国企业开始沉迷于中产阶级的崛起，整个经济体重新聚焦于创造创新方式，重新定义经济的向上流动。随着经济以消费主义为中心，来自传统制造业的生产性产出越来越少。到20世纪50年代末，从事白领工作的人的数量超过了从事蓝领工作的人。[67]在这个被称为"美国梦"的模因保护伞下，美国被重新定义，直到今天，这个模因仍在定义着美国人生活中的诸多元素。

新边疆与伟大社会

美国最大的经济扩张在20世纪60年代继续进行，势头依然强劲。在这10年间，美国的第四层蓝色法律和制度体系发展得更加深入，也更具多样性。在和平时期扩大繁荣的坚实基础上，时任总统肯尼迪敦促美国人改变思维方式，由被动地从现有资源和制度中受益，转变成主动发挥更积极的作用，为增强国家的创新能力作出贡献，以迎接新边疆政策的挑战。在模因经济学中，在肯尼迪的领导下，人们对创新和技术的热情被释放到科学和太空探索领域。肯尼迪的新边疆政策的挑战，通过他的哲学思想来概括就是："我们之所以做这些事情，不是因为它们轻而易举就能实现，而是因为这些任务实现起来困难重重。"他的这句宣言，意味着美国人民坐享其成的20世纪50年代宣告终结，美国人民开始寻求创新和科学发现，使美国经济与生存状况同步，成为一个新的发展阵地。

然而，另一个使爱国繁荣时代的成长阶段与20世纪60年代的生活条件相一致的最高目标就是获得冷战的胜利。在冷战期间，政府对美国制造业资源进行了整合，尽管这时的政府参与并不像第二次世界大战期间战时生产委员会的控制那样无处不在，但对政府和美国工业而言，它们的最高目标是战胜共产主义，这是非常明确的。冷战中占主导地位的模因是通过技术创新方面的进步表现出来的。在模因经济周期中，在20世纪60年代中期，经济背后的推动力开始与生存状况及新政意识形态下美国人民产生的爱国主义使命脱节。虽然在战时生产委员会的影响下，政府强制实施了价格控制，但在当时那个军备竞赛时代，政府却不能对战争机械制造商采取同样的措施。在这个周期伊始，军工行业因履行其爱国职责而备受尊敬，后来却与不断发展的生存状况脱节了。如今它被称为军工复合体，利用其垄断特权追求利润。

肯尼迪授权通过推动技术创新来引领美国进入新的科学前沿，与此同时，他还寻求在财政政策方面开辟新的前沿阵地，试图通过挑战当时传统智慧的范式来加速经济增长。自第二次世界大战结束以来，凯恩斯主义经济思想一直主导着政府的经济政策，并被认为是引起战后经济繁荣的主要原因。与战后的前几任美国总统一样，肯尼迪也开始了雄心勃勃的耗资计划，大力推动建立社会项目，为老年人提供医疗援助，为内陆城市提供救助，还增加了教育经费。[68]不过，与以往政策不同的是，肯尼迪的政策设法削减税负。他相信，如果企业和家庭能有更多的钱用于消费，这本身就会产生额外的税收收入，为政府项目提供资金。

以此为背景，涓滴经济学诞生了，在以后的岁月中，它阐释了罗纳德·里根遗留下来的经济学理论。从模因经济学的角度来看，由于税收负担降低，再加上美国人民敢于挑战做困难的事情，美国实现了艺术性变革，这不仅能防止经济体系进入成熟阶段，还能使经济体系的发展与生存状况表现出的不同内容保持一致。美国通过继续增强科学发明能力，在世界上确立了其科研优势，使这10年的时间极具标志性——他们先是制定了人类登月的目标，后来还创建了Apranet（互联网的前身）。

随着税负的降低、经济的强劲增长以及冷战成本的不断飙升，通货膨胀开始出现。几十年来，物价上涨首次对美国人民向高层社会的上升流动构成了巨大的威胁。肯尼迪政府接受挑战，直面应对，试图控制通货膨胀压力的根源。钢铁行业普遍存在着垄断行为，肯尼迪政府认为其垄断行为最明目张胆，公然违反了反托拉斯规则，想要惩戒这个行业以儆效尤。在冷战进行得最激烈的时期，大型国防承包商是钢铁行业的最大客户，它们在为国防部建造军舰。由于军费开支的增加会加重纳税人的负担，考虑到保护纳税人的利益，肯尼迪政府公开指责钢铁行业的价格垄断行为。肯尼迪向钢铁行业宣战，这成为肯尼迪政府任期内的决定性事件。他指控这个行业辜负了公众的信任，背弃了不涨价的承诺。肯尼迪没有放弃自己的立场，这次事件被称为钢铁危机。他公开宣布，打算将政府的全部资源用于揭露该行业受指控的非法行为。鉴于这可能会损害自己的形象，最主要的几家钢铁公司作出了让步，危机很快就平息了。

这种罕见的英勇无畏的政府权力展示，确立了肯尼迪政府强大的第四层秩序体系，使它能够卓有成效地抵御第五层价值体系中不健康的腐败和剥削行为。尽管关于肯尼迪在自由资本主义经济中使用国家原始权力的争论仍在继续，但由于美国如今所处的这种被高度削弱的第四层价值体系给消费者带来了伤害，肯尼迪的行为显得勇敢而富有远见。模因经济学相信，为了使欣欣向荣的文化能够实现自由市场经济所承诺的繁荣前景，警醒的第四层价值体系必须让第五层价值体系了解自己的存在，但却不能过快地扩散，从而来维持其价值观的健康表达。

不论带有橙色元模因的其他经济部门是否留意到了肯尼迪的警觉性，很显然，在他去世后的10年间，美国继续执行了他在位时的政策，经济表现很好。在肯尼迪的短暂任期内，美国经济平均每年增长5.5%。[69]同期的通货膨胀率成功地控制在1%左右。[70]肯尼迪对政府灌注了极大的信心，让政府保护消费者的权益，加上美国工业有能力激发和释放文化创新潜力，美国经济达到了和平时期未曾有过的工业生产水平。到了20世纪60年代末，制造业的增长速率达到15%，汽车销量的增长高达40%。[71]从那以后，在很长一段时间内，没有哪届政府能够再次取得这样的成就。

肯尼迪入主的白宫为我们提供了很好的例证，展现了一个充满活力的第四层价值体系的模样。在那10年伊始，罗斯福新政带来的战后繁荣景象开始逐渐消失。在罗斯福、第二次世界大战以及大萧条的共同作用下形成的那个最高目标，不再像新诞生的模因那样具备强大的力量。美国人民向郊区扩张，追求中产阶级的经济繁荣，这些改弦易辙的做法使美国人民开始寻求一种新的范式。肯尼迪的新边疆思维和治理方式给人们带来了灵感，这被证明是一种有效的价值体系模式，能够在经济层面平衡企业、消费者和纳税人的利益。这种价值体系模式挑战了传统经济政策的智慧，并将货币政策解放出来，不再坚持严格受制于货币供应量与利率和通货膨胀的关系。在此过程中，一种潜在可持续的经济政策模式被创造了出来，但这种模式的全部影响我们将永远无从得知了。

可以说，塑造警醒的第四层价值体系成本高昂，让肯尼迪付出了生命的代价。他的遇刺使那个尚处于萌芽阶段的新范式走向终结——这个范式具有变革型潜质，能够确定一个进步的政府应该具备什么样的新特征。这个范式还很有可能会改变美国企业的价值观，并改变它们对于自己作为负责任的企业公民这一角色的看法。林登·约翰逊（Lyndon B. Johnson）接任总统后，美国进入了爱国繁荣时期的成熟阶段。美国曾经经历了那么多艰苦卓绝的奋斗，让企业元模因保持了警觉，也让肯尼迪的领导才能深深感染着美国人民；而此时，美国人民却不再奋斗，而是恣意沉迷于享受这个价值体系内的劳动成果。

约翰逊适应了自己的总统工作，在其任期内巩固了肯尼迪作为民权捍卫者所留下的政治遗产。"伟大社会"计划成了肯尼迪新边疆政策的赞助者，但新边疆政策却没能做到展现肯尼迪的全部才能和远见，使经济体系与生存状况保持同步。为了实现肯尼迪的梦想，把民权运动的要求写进美国法律，约翰逊政府作出了许多艰苦的抗争。在这10年剩余的时间里，社会福利计划呈现出爆炸式增长，旨在让所有美国人都能平等地实现美国梦。医疗保险和医疗补助制度开始落地实施。在约翰逊"向贫困宣战"计划的框架下，许多社会福利计划纷纷创建起来，如1964年通过的《食品券法案》（Food Stamps Act）、旨在帮助穷人实现自给自足的社区行动计划（Community Action Program）、帮助弱势青年群体培养市场技能的就业团计划（Jobs Corps）、为贫困儿童提供学前教育的启智计划，这些都成了约翰逊留下的政治遗产的印记。自1961年肯尼迪开始实施减税政策以来，整整10年间，这项政策都在持续促进中产阶级的繁荣发展，美国居民的个人收入一直持续增长，直到20世纪60年代末都是如此。仅1966年一年，居民可支配收入就增长了15%，[72]而税收收入则从1961年的940亿美元急剧增加到1967年的1500亿美元。[73]

这10年结束时，美国已经建成了自罗斯福新政以来最大规模的社会福利计划，将大萧条时期这个国家糟糕透顶的社会和经济状况几近彻底地扭转了过来。40年前，罗斯福曾在他对美国的愿景展望中谈到建立这些社会福利机构的长期目标和机遇，而今，罗斯福的建议都已被历届继任政府所采纳。第四层秩序体系的规划和实施也在尽可能地实现着他预期的愿景。

到了20世纪60年代末，在文化和经济发展方面，美国已经达到了模因经济周期中爱国繁荣时期的成熟阶段。在过去的40年中，从价值体系的视角看来，值得注意的是美国人民沉迷于赢得战争的胜利，无论是第二次世界大战、朝鲜战争、越南战争，还是对抗共产主义的冷战，他们都想要赢得胜利。战争取胜已经成了美国文化中所有利益相关者在爱国主义基础上一致设定的终极最高目标。战争和社会福利计划耗费的财政成本并不是产生影响的重要因素，因为富裕的中产阶级群体在继续扩张，构成了一股强大的经济力量。

20世纪60年代末，战后的繁荣发展范式以及美国人民相信明天一直会更好的乐观主义态度都在慢慢变弱。当美国进入第二个模因经济周期的衰退阶段时，战后成长于郊区中产阶级家庭的孩子们已经使这个体系的元模因产生了裂痕。"反战"模因和其他形式的对政府权力的反抗，成为美国步入20世纪70年代面临的新生存状况的部分体现。在一种意识形态的生命周期中，当事物发展到成熟点时，美国必须直面社会阻力，才能将过去50年的文化传统中那些鼓舞人心的价值观投射到未来。在这个时期，美国检视了其昙花一现的社会变革，并开始了寻求新范式的漫长旅程，以期定义未来的发展模式。

富有创见的权力付出了沉重代价，一个时代落幕

就如2008年金融危机之后的数年一样，20世纪70年代美国人民也经历了长达10年的信心危机，这成为那个时代最为显著的特征。国际国内在经济和社会方面的诸多因素交汇在一起，在这10年

间，美国开始了漫长而艰难的探索，寻求新的社会模式和经济模式。这是下一个模因经济周期的探究阶段的开始，同时也是一套独特的价值体系组合开始瓦解的前奏，这套价值体系组合曾使美国达到了经济繁荣和社会复兴的新发展水平，同时还帮助它重建了战后的工业化世界。经济盟国的经济发展也开始出现微妙的变化。在马歇尔计划的影响下，德国和其他欧洲国家都得到了重建。这些国家的经济获得了重组，目标是实现和平时期的繁荣发展。欧洲的工业基础在欧洲人民追求和平的愿景下焕发了新生，使他们减少了对战后社会福利机构的依赖，这些机构是由美国人主导的第四层全球秩序体系的一部分。

美国全权设计了布雷顿森林体系的金融框架，因此美元成了事实上的世界储备货币。这意味着，如果美国的物价面临通货膨胀的压力，而政府选择不让美元贬值，那么，布雷顿森林体系的其他成员国不论是否面临同样的通货膨胀压力，都必须相应地提高本国货币的通货膨胀率，以维持本国货币对美元的固定汇率。[74] 这种强制行为使美国有责任在这个体系下寻求所有成员国的集体利益，因为美国货币和财政政策的失衡很可能会损害成员国的利益，导致这个联盟出现裂痕。自罗斯福政府起，历届政府都了解第四层价值体系行为准则的重要性，所以一旦出现通货膨胀的迹象，它们就会调高利率，收紧货币供应，以减缓经济扩张，转移通货膨胀压力。在20世纪60年代，美国人民极大地忽视了通货膨胀、利率、货币供应和汇率之间的这些敏感关系，转而去支持肯尼迪的涓滴经济学初期试验，但在他死后，这种试验很快就中断了。约翰逊无法实现肯尼迪所寻求的变革，默认又回到已推行的货币政策上来，但此时货币政策与生存状况和膨胀的联邦预算脱节，而联邦预算的收入来源难以持续，无法为各种政府计划提供稳定的资金支持。尼克松认为肯尼迪—约翰逊时代是一个不负责任的经济政策试验期。由于越南战争的经费开支加剧了联邦赤字的不断膨胀，他担心这会削弱美国的经济优势。德国看到美元价值将会发生变化，于是在1970年决定退出布雷顿森林体系。与此同时，许多成员国对美国的经济领导地位都失去了信心，开始将美元储备兑换成黄金。此后不久，许多其他欧洲国家也追随德国的脚步，退出了布雷顿森林体系。人们广泛认为这时美国经济霸权的衰落初露端倪，罗斯福富有远见的意识形态也开始终结。

到20世纪70年代初，美国持续数年都处于爱国繁荣时期的衰落阶段，因为这时在价值体系内部设计出的临时修补措施已无法再推动这个体系继续向前发展。罗斯福时期规划出的富有创见的第四层至第五层蓝色—橙色价值体系完成了自己的使命，因为这时的生存状况与当初创建这个体系时截然不同，如果再继续使用它，只会弊大于利。封闭或受到抑制的第四层蓝色体系，如果将战争设定为最高目标，以实现经济繁荣并维持盟国的团结，那么这将会是一剂毒药，反而会将盟国赶跑。那个富有创见的重要时代将在这10年间继续走向衰退，因为基于该体系价值观形成的解决方案只会加速那个时代的消亡。美国政府增加了货币供应以刺激增长，还为战争和联邦计划提供资金，这些行为促使欧洲盟国加快步伐，纷纷退出了布雷顿森林体系。美联储只是通过设定特定利率来抑制通货膨胀，而没能解决造成通货膨胀的结构性问题，这加速了金本位制的终结。美国主持设计的货币体系，在过去的 40 年间是重建世界的政治和经济意识形态的主要支柱，然而在 1971 年，美国发生了著名的"尼克松冲击"（Nixon Shock）事件。在实施相关经济措施期间，美国向世界宣布，自己不会再遵从这套货币体系了。金本位制到此宣告终结。

1971 年，美国放弃了金本位制这种错误的第四层全球货币监管准则，随之产生了通货膨胀的毁灭性影响。但是，与以往的经验不同，这时美国无法依靠战后的经济秩序来减轻其影响。虽然美元已经贬值，而且实际上人们不再用它来兑换黄金了，但通货膨胀的压力还在持续增加，尼克松政府推行的一系列价格管制措施只是给出了暂时性的解决办法。[75] 在原有体系中，即便是知识最渊博的人士所掌握的方法，都无法给出美国需要的解决方案。美国人民努力寻求持久的解决办法，却依旧只是徒劳。20 世纪 70 年代，尼克松、福特和卡特三届政府除了要在国内应对价格管制的挑战，还不得不应对新加入通货膨胀之舞的石油输出国组织欧佩克（OPEC）。1973 年和 1979 年，这种新的（黑色）黄金的垄断联盟两次展示了其经济实力，使关于美国价格管制的争论显得不再合乎时宜。

在与经济学相关的价值体系研究中，美元脱离金本位制是美国人民沿着正确方向迈出的自然而然的一步，推动美国经济发展到更高层次的复杂程度。几个世纪以来，人们武断地将货币与贵金属挂钩，这最终意味着，相较于其他国家，黄金储量最高的国家默认拥有绝佳的经济优势，且不论该国的生产性产出是多少。设想一下，如果人们突然在世界上最贫穷的国家发现了黄金，而这个国家却几乎没有其他经济体系能助力提高生产性产出，那么在金本位制下，这样的国家会被视为一个经济大国。然而，在模因经济学中，这种现象会被认为是第四层秩序系统的错误行为规范，因为它虽然看似提高了这个国家的经济水平，却无法解决这个国家需要去解决的系统性发展问题，从而也就无法建立实现可持续的经济繁荣所依赖的制度。

如今，最接近这种错误行为规范的做法就是在那些欧佩克成员国，它们几乎从未采取什么措施来实现经济多元化以摆脱对石油的依赖，也没能建立起其他经济体系以在油井枯竭后继续维持国家的经济发展。通过分析货币在人类发展过程中所扮演的角色，我们可以看到，美国在摆脱黄金带来的虚假经济安全方面发挥了主导作用，它还冒险进入了浮动货币市场的未知领域——人们需要运用不同的衡量标准来证实这种做法具有可行性。陈旧过时的第四层价值体系正处于退出阶段，以寻求可能出现的新元素，为全新的第五层货币体系的发展筑就基础，而这个新的货币体系是以群体文化及其创新天赋所带来的生产性产出价值为支撑的，不以世界大宗商品交易商每天乃至每小时都在操纵的变幻不定的贵金属价值为转移。在这些新的现实情境下，确立稳定的美元地位有可能会让美国掌控这个全新的全球货币体系，将创新价值和人力资本的重要性进一步提升，使其高于一切。

当元模因朝着下一发展层次跃升时，当前体系内的各种不和谐势力往往会垂死挣扎，试图阻碍价值体系的发展。由于经济的发展越来越与人们的生存状况相背离，在近现代历史上，美国人民首次开始质疑臃肿不堪的政府官僚体制。在近50年里，美国努力建立了很多第四层蓝色机构，很少有人对此有所怀疑。美国建立这些机构的主要目的是防范美国人民滥用第五层价值体系的行为。在20世纪70年代，随着美国人民面临的挑战不断增加，这种能够促进公平合理的财富分配的元模因开始成为他们的负担。严苛的规章制度严重阻碍了工业的发展，使它不再具有竞争力。由于工会集体劳动合同中有加薪和福利保障，在抗击通货膨胀的战役中，工会成了敌对方。新的环境法规的实施使得企业很难扩张并保持竞争力。由于美元价值起伏不定，变得很容易受到自由市场力量的影响，外国投资急速从美国撤出，其迅猛程度是史无前例的。[76] 美国日益迫切地想要努力找出造成系统性经济衰退的原因，于是很快就愿意再去寻找一种全新的、截然不同的经济范式。

催生意识形态变革的沃土

在第二个模因经济周期中，随着经济发展进入混乱无序阶段，政治家和政策制定者们都束手无策，无法缓解这种经济颓势。这是丰饶的时代，各种思想竞相争鸣，为即将出现的新兴价值体系下定义。也是在这个时期，不同思想观念的声音开始逐渐变得响亮。在20世纪70年代中期，和平时期的各种不同模因开始出现，并将文化推向新的发展方向。美国建立了以第四层和第五层蓝色—橙色价值体系为重心的社会，将新的关注点变成了维持社会的繁荣昌盛。美国开始感受到前进的动力，不再局限于20世纪60年代民权运动取得的成就，设法从深层结构性问题着手，打破社会和经济层面的僵局。大学毕业生的人数持续增加，科技进步不断推陈出新，形成了尚未得到明确界定的新范式。在社会发展不和谐的时期，历史上会反复出现这种发展模式。20世纪70年代是催生新意识形态的沃土。这时恰逢处于第二个模因经济周期最后的混乱无序阶段，新体系带来的压力迫使旧体系转变为信息单位，从而使美国能够在新的模因经济周期中寻求一种范式，得以在当前旧有体系的混乱之外看出新的秩序。贝克认为，价值体系范式转变的基础是一系列模因的集合，这些模因具有相当强大的解释力，它们先会吸引民心关注，而后再去获得当权者在政治和意识形态方面的支持。许多社会模因都是在20世纪70年代诞生的，反映了有创见者的文化变革，也号召当时头脑最聪明的人士绘制出新的社会和经济发展的未来蓝图。

在这些人士当中，模因经济学方面最著名的专家是哈佛大学的社会学家丹尼尔·贝尔（Daniel Bell）。1973年，贝尔在自己的开创性著作《后工业社会的来临》（*The Coming of Post-Industrial Society*）中，详细而全面地阐述了美国和其他工业化国家在生存状况方面发生的主要变革。他以未来西方国家的劳动力构成方式为背景，来表述这些变化。贝尔提出的论点是，在后工业社会中，生产性产出的最高标准将会出自服务业、科学和技术。[77]在未来的社会劳动力结构中，半熟练工人和蓝领工人的数量将会减少，而白领工人的数量会增加。科学发现、知识和信息是引领未来的发展方向，而实际产品的生产制造却渐渐变成了明日黄花。

贝尔的思想有人批判，也有人推崇；在接下来的10年里，持不同观点的人们将这场智力辩论推到了某种高度，探讨在一个社会中，人们是否必须要经历工业化阶段，并将其视为推动文化发展的必要阶段。亚当·斯密当初预见了资本主义的理想结构将会对社会产生什么样的影响；同样，贝尔和20世纪70年代的其他社会评论家也共同描绘了一个乌托邦式的理想愿景，预见了由科学发现、知识和信息所驱动的服务型经济将会是什么样的。

在短短几年的时间里，赞颂新时代到来的模因正在传播开来，人们开始期盼新的经济范式出现。人们认为制造业经济已成为过去，转而去拥抱更清洁、更智能、更有学术倾向的信息经济和知识经济——发生在第五层价值体系的这些微妙变化如今引发了一场争议重重的讨论。凭借30年的后见之明，我们可以总结评估从后工业经济中汲取的教训。我们可以选取其中那些最佳实践案例来设计出"第二层级"的经济体，强调其功能性优点，同时也要强调制造业作为经济支柱，在任何文化发展过程中都必须继续发挥重要作用。在爱国繁荣时期中的混乱无序阶段，卡特政府采取措施解除了对工业部门的管制，以此来救助它们。经过长时间的探讨后，政府将其中一些措施确立成了法律，但要推翻新兴文化模因已经为时过晚了，因为它的发展已经势不可挡。在卡特任期的最后时间里，过去40年来支撑美国发展的那套价值体系轰然倒塌，几乎已经无法挽救了。失控的货币体系未能驯服高通货膨胀这头猛兽。高额的利率使大多数企业望而却步，无法扩大发展。庞大笨重、过度管控、陈旧过时的制造业，其基础设施和相关体系曾一度定义了美国长达半个世纪的经济腾飞，而渐渐地，随着这10年结束，制造业的发展已穷途末路。

在新出现的模因经济周期中，探究和导入阶段也受到了源于宏观经济学领域的极富创见的强大模因的影响。如今，在美国文化整体发生演变的历史背景下，货币主义哲学也对这个新出现的范式产生着影响。1976年10月，因其在消费分析、货币史和货币理论领域所取得的成就，以及他针对稳定化政策的复杂性所做出的论证，经济学家米尔顿·弗里德曼获得了诺贝尔奖。[78] 在模因经济学方面，弗里德曼的研究倡导人们让货币在决定经济产出方面发挥更大的作用，因而得到了普遍的认可。他经常说"只有货币才是最重要的"，这使他的意识形态被称为"货币主义"。

以弗里德曼为代表人物的芝加哥经济学派在西方文化中重新定义了货币，并因此闻名于世；但在模因经济学的历史背景中看来，货币主义意识形态的出现是一系列新兴价值观的自然显现，与旧有体系中的价值观相比，这些价值观具有新的解释力。"解释力"一词是价值体系中用于确认文化变革的一个术语，即通过价值体系及其与生存状况的重新对齐来实现对文化变革的确认。就货币主义意识形态而言，弗里德曼的一系列价值观以及里根时代的价值观，比当时任何其他意识形态都更能反映当时新兴的生存状况。货币主义的模因在有影响力的圈子里广为传播，除此之外，货币政策设置中的另一种模因也得到了人们的承认。由于美元成为法定货币后引发了经济动荡，事实证明，在1977年之前，美联储所掌控的权力在对抗通货膨胀时，会显得既落后又无力。生存状况不断变化，使美联储的有限权力与现实脱节，美国早就应该对美联储的职责进行全面的改革了。

美国国会作为新兴经济范式的一部分，极大地扩大了美联储的权力，以适应后工业社会的经济发展，而这个新兴经济范式将政府的第四层秩序体系视为一个封闭的系统，对不断变化的经济需求毫无反应。这又是人们对存在层面的生存状况的自然反应，美国需要彻底地改变以往的信仰体系了。很少有国会议员明白，他们采取的这些扩大美联储权力的举措会使美联储永久地偏离第四层价值体系的角色。有人可能会认为，一旦国会让美联储来负责保证国民的充分就业，美国社会就会发生两个重大转变：第一个转变是，国会承认自己无力影响货币政策，同时向美联储发出明确信号，要求它放弃履行在第四层秩序体系中担负的责任，转而去接纳第五层价值体系中某些不太健康的价值观——然而，国会的职责却正是要杜绝这些不健康的价值观。

第二个转变发生在美国企业内部，企业无须再去雇用诸多经济学家来承担预测经济发展前景的艰巨工作，也无须再去辨别其所处的特定行业和特定经济部门所面临的独特融资挑战。第五层战略进取体系应担负的责任如今落到美联储主席的掌控之中。除了偶尔要求听取主席的证言外，政府已经不会再在货币政策方面承担更多责任了。这种将第四层秩序体系的权力削弱，同时将权力集中到第五层战略进取体系内的少数群体以及精英群体手中的趋势，将成为界定未来三十年的经济和政治意识形态的标志。新政意识形态的价值观很快就不复存在了。在旧有体系的模因经济周期中，旧有体系已经无法再行使原先富有创见的权力，成了承载其以往存在方式的一个庞大而笨重的空壳。在未来的三十年里，美国机构的权力将会逐渐消亡，它们所承担的大部分职责要么会消失，要么会被移交给一个几乎不考虑工业时代价值观的新体系，由它来继续定义资本主义新的表现形式。

第六章　第三个模因经济周期：金钱至上模因

> 在这场危机中，政府不是解决问题的灵丹妙药，政府恰恰是问题所在……我无意废除政府，而是要让它发挥作用——同我们一起合作，而不是凌驾于我们之上；同我们并肩而立，而不是骑在我们身上。政府能够而且必须为我们提供机会，而不能扼杀机会；要促进生产力发展，而不能抑制生产力。
>
> ——罗纳德·里根，1981 年总统就职演说

1980 年 11 月，美国人推选罗纳德·里根为总统。他是一位最杰出的改革者。在 1980 年以前，他曾担任加州州长，把加州从金融灾难的边缘救了回来。美国人焦急地期待着，希望在他的领导下国家能展现新的发展前景。人们开始对新的可能性充满强烈的兴趣，把希望和抱负寄托在这位新领导人身上。他能够激发美国人对未来的憧憬，这使美国社会发生了巨大的变化。人们谈论后工业社会时言谈间所披露的优秀品质，与卡特政府时期开始实施的放松管制改

革所传播的诸多模因相互交融。

在经历通货膨胀和高利率的破坏性影响后，美国无论采取什么样的新政策，都得需要很多年才能如愿实现预期目标，恢复经济繁荣。毕竟，美国需要依靠意识形态和政策上的这些变革，来改变美国近半个世纪以来的现状。美国需要耗费时间，付出耐心，而后才能通过生存状况的相应变化看出经济繁荣的表现。就像新政的设计、实施和变革力量的充分实现，其过程中都会存在时间差，新的施政纲领也需要历经数年时间才能形成足以定义资本主义全新表达形式的意识形态。这些社会变革将会与新授权的中央银行一道，形成新的施政纲领，即里根经济政策。

威廉·尼斯坎南（William A. Niskanen）是罗纳德·里根经济政策的设计师，他认为，这种意识形态的主要核心是全面删减规章条例，缩减政府支出，降低所得税，并对货币供应进行有效控制。[79] 里根很快便开启了其雄心勃勃的改革进程，并于1981年提出了《经济复苏税收法案》（Economic Recovery Tax Act）。在美国历史上，这项新的税改法规对个人和公司的减税力度都最大，其中最高个人税率从70.1%降低到了28.4%。[80] 里根上任不到一年，他为恢复美国国力而采取的首个引人注目的举措就彻底证实了，将美国的价值观与第四层秩序元模因凝聚在一起的自由主义政策，在新出现的美国模因堆栈中几乎没有任何存在感。在他上任后的七个月时间里，里根不仅终结了新政的支配地位，还巩固了自身意识形态的基础，使它继续将其模因传播到未来。尽管事实将会证明，其他改革开展起来会更加困难，也会花费更长的时间来实施，但有一件事是确定的：自由放任式资本主义的模因正在席卷美国，而且在未来的许多年里，它仍将会是美国价值体系背后的驱动力。

在里根总统任期的头一年，美国模因堆栈的构成得到了重塑，由爱国主义群体价值观所赋权的模因堆栈，变成了拥护个体成功的模因堆栈。这种更为智能也更为精简的第四层秩序元模因，寻求将政府的作用降到最低限度，取代了陈旧过时的蓝色秩序结构——它总能掌控领导者让公众追随的路线。逐渐地，为个体赋权、追求个人成功的价值观取代了曾在强大的第四层秩序体系中为美国做注解的富有创见的旧有价值观主板。1981年，根深蒂固的旧有制度面临着考验，事实证明，美国的劳资关系也未能幸免，受到了这种新意识形态的影响。1981年8月5日，里根做出的举措超出了第二次世界大战后历任领导者的想象。它成了一个标志性事件，永久性地打压了劳工组织——里根解雇了11000多名航管员工会成员，认为他们非法罢工，且无视自己的复工命令。[81]这一事件产生的后果不容小觑，永久地重新定义了美国的第五层橙色元模因行为规范。

里根以严肃认真且系统化的视角处理这个问题。里根政府的行政人员利用所有可用的资源来明确证明他们是在以认真的态度应对改革进程。许多法院都对工会提起了诉讼，要求工会成员重返工作岗位。19个不同的法院都对工会领导者提起了刑事指控，查封了工会的银行账户，并提交了请愿书，要求永久取消工会。[82]随着这一戏剧性事件展现在全世界人民面前，美国带有第五层元模因特征的制造行业也清楚地了解到，在改革和放松管制的新环境下，自己能在多大程度上与美国的劳动力群体展开较量。不可否认，未来的政府领导力愿景就是以系统化的行动来支持其言论。通过信任自由市场的力量，这些行动致力于使政府更加精简、更加智能化，使它成为远远优于臃肿的政府官僚机构的监管者。

这个寻求对所有行业放松管制的全新时代，开始于卡特政府时期第二轮经济周期的导入阶段，持续到里根早期成长阶段的快车道，承担起改革的重任。美国制造商努力争取从工会那里获得新的让步，以使它们的产品与进口产品相比更具竞争力，并提高利润。很快，工人的日常工作就由高效的机器来完成。工厂的自动化程度提高了，曾一度为建设美国发挥了重要作用的工会工人显得越来越边缘化。原本法律是不允许公司随意关停或将工作机会转移到海外的，但这样的法律后来被修改了——或者更恰当地说被废除了。美国的制造商们厚颜无耻地接受了后工业哲学的精神，并一路把这种精神带到了银行业，同时还宣称白领工作优于艰辛的劳作。

这个新赋权的企业元模因使政府成了自己的合作伙伴，政府完全理解它有权将赚取利润置于其他所有考虑因素之上。美国企业主决定把工厂迁到中国，仅仅是一个会计学问题，他们不必纠结自己是否在道义上要为美国人民提供就业机会，也无须考虑承担爱国责任，参与到美国整体的共同繁荣中去。那样的日子一去不复返了。为了寻求更高的利润，不计其数的高薪制造业岗位撤出了美国，其数量突破了历史纪录，这时，制造业新的座右铭变成了以富裕程度论英雄：白领工人的富裕程度高于蓝领工人，股东的富裕程度高于利益相关者。在里根执政的前三年里，美国永远地失去了250多万个制造业工作岗位。[83]

这是美国去工业化的开始。同后工业经济中的其他要素一样，服务业这时仍处于初级阶段。生存状况层面发生的改变不够迅猛，不足以让美国对日益增长的劳动力大军进行再教育和再培训。美国对工人进行重新整合，将他们纳入由科学、知识和白领服务业所定义的经济环境中，然而，美国却未能将拥有完全不同技能的工厂工人囊括其中。在新经济环境中，高薪工作是为受过教育的大学毕业生设计的，而旧有经济环境中几乎没有高薪工作。因此，多数不精通后工业经济技能的工人最终只能从事低收入的服务业工作。这种现象本应是暂时性问题，仅会出现在旧有经济形式向新经济形式过渡的过程中，然而，对工人们而言，这却成了一记永久的烙印。这种现象仍然是造成财富不断从工人阶级手中转移出来、在2008年金融危机后引发大部分社会动荡的一个主要原因。

驯服通货膨胀猛虎

里根改革进程的拼图大部分在他首个任期的第三年就已经部署到位。只有通货膨胀仍然是一头持续失控的猛虎。尼克松和卡特试图通过控制工资和物价以及采取其他措施来驯服它，但事实证明这样做是徒劳的。他们过分简单化地呼吁人们收紧开支，而这并没能让民众得到安慰，因为美国民众已经不相信政府有能力利用其掌握的工具做成任何事情。对于经济体而言，要想有效地处理失控的通货膨胀，必须使利率远高于通货膨胀率，以减缓支出。但加息无异于政治自杀，20世纪70年代没有一位总统愿意这样去做。在整个20世纪70年代，美联储面临的挑战反映了经济体系的衰退给人们带来的巨大变化。根据贝克的螺旋动力学理论，在模因意识形态的生命周期中，一个体系在衰退阶段很容易受到外在未知因素的影响。如果我们在衰退阶段处理这些未知事件，其效果可能会适得其反，会推迟新体系出现的时间，同时还会暴露旧体系中的功能障碍。新政意识形态的范式正在消亡、布雷顿森林体系的废弃以及石油禁运事件，都对美国经济造成了冲击。政策制定者们却在一个根本无法提供可持续解决方案、行将消亡的体系中寻求解决办法。

20世纪70年代的大部分时间里，通货膨胀使美联储主席的工作变得不受欢迎。在这10年即将结束时，美国民众越来越能接受货币主义意识形态的优点，但这尚且不足以影响政策的制定。1977年，国会赋予了美联储更大的职责，而后，一些微妙的变化开始发生，最终要求美联储通过使用不同的工具来负责确保国家实现充分就业。政府支出和税收作为过去第四层价值体系的标志，开始让位于第四层秩序元模因新的表达形式，只不过这是通过实施有效调控货币供应的政策来实现的。

时任美联储主席保罗·沃尔克曾经担任过美国财政部部长，当时他在使美元脱离金本位制的过程中发挥了主导作用。从 1979 年开始，保罗·沃尔克采取了前任美联储主席未能采取的一些措施，这些措施虽然在政治上不受欢迎，但在经济上恰恰是美国民众所需要的。他开始收紧货币供应，同时将联邦基金利率的平均值从 1979 年的 11.2% 逐步提高到 1981 年 6 月的 20%，达到了峰值。在他施行这些举措的过程中，美国遏制了经济繁荣的最大威胁——通货膨胀，通货膨胀率从 1981 年的最高值 13.5% 降低到了 1983 年的 3.2%。[84]

这是一个具有里程碑意义的进展，最终结束了美国在现代经济史上经历的长达 10 年的转型期。美国在这 10 年的经济混乱中驯服了通货膨胀猛虎，在价值体系层面，这会对人类发展进程中货币所起的历史作用产生重大的影响。这是人们首次看到作为法定货币的美元的新价值度量标准是什么样的，或是人们首次尝试去定义能够代表真正的生产性产出的第五层货币体系。沃尔克成了"驯兽师"，他在 20 世纪 70 年代初发起了一场斗争，试图将货币从传统的错误的第四层金本位制表现形式推进到尚处于萌芽阶段的第五层金本位制表现形式，这是人类本性中所具备的功能。强硬的货币主义者掌控着美联储，以迅雷不及掩耳之势驯服了通货膨胀猛虎，帮助美国将货币政策的原则推进到新经济意识形态的前沿。

当所有拼图均已部署到位，里根发起了他的"美国重新复兴"运动，倡导建设更为强大、更为精简、经济更灵活的美国，使它迈向更加美好的未来。这使里根轻松获得了连任。经济学家约瑟夫·斯蒂格利茨（Joseph Stiglitz）认为，对里根政府而言，沃尔克是安插在美联储的一个过渡性人物,因为政策制定者们不相信沃尔克是一个足够令他们满意的放松管制者。[85] 人们认为,如果完全转向里根的经济政策,需要具备更复杂的衡量标准,这些标准必须来自一个不断发展的、充满活力的市场;需要有敏锐的监控者,能够密切关注经济效率,这个监控者不能来自盘根错节的旧式官僚机构。从价值体系的角度来看,这意味着为了完成意识形态的转变,负责控制货币供给的这个人只能来自第五层橙色体系,而不能来自旧时狭隘的、经常受到抑制的第四层秩序体系。这个角色更像是经济繁荣的促进者和伙伴,而不是经济政策的监控者。最能胜任这个角色的,非商业大师艾伦·格林斯潘莫属。

最后几片拼图

早在艾伦·格林斯潘成为美联储主席之前,他的偶像阿瑟·伯恩斯就曾敦促他,将他在私人实践中开发的开拓性经济指标应用于经济政策中。在 20 世纪 70 年代,伯恩斯本人是一位不够称职的美联储主席,但他看出了自己的学生格林斯潘历经数年建立的现代预测模型背后所展现的数学才能。反过来,格林斯潘也钦佩伯恩斯关于商业周期的研究,但这些研究只能反映 20 世纪 40 年代工业经济鼎盛时期的状况。伯恩斯的研究涵盖了工业经济中影响商业周期的所有因素,从制鞋行业的技术变革到金本位制下限制货币供应所产生的影响，不一而足。[86]到伯恩斯建议格林斯潘担任福特的经济顾问时，美国民众的生存状况已经发生了很大的变化。那个时代不适合自由主义观点生根发芽，因为美国民众需要一位更为激进的改革家来掌控经济体系。在保罗·沃尔克成功地控制住通货膨胀之后，里根政府是时候要放下最后一片拼图了，它将会为美国资本主义的意识形态转型奠定基础。

1987年，当艾伦·格林斯潘成为美联储主席时，他所主持的整体施政纲领都是从自由货币主义的视角来看待经济的，当时自由货币主义已经全面掌控了美国经济。格林斯潘能够充分领会第五层橙色体系的价值观。在格林斯潘就任美联储主席的30年间，塑造格林斯潘意识形态的力量，将会同高度成功的改革进程一道，被美国自如地运用于指导里根的其他经济政策，持续地经受着考验。

这时，美国全面进入了第二个模因经济周期中的成长阶段。里根使美国人民重建乐观精神，商业模式也在准备迎接变革。确保最大限度地提高生产力，是美联储肩负的最重要的工作，也成了美联储的首要任务。这是一场较量，较量目标是为资本主义界定一种全新的金融模式，而从美联储的政策到资本市场，这种模式均可适用。用于衡量最高生产性产出的标准，正在从人力产出和机器产量等工业指标转变为更主观的基于服务的估值，易于操控，因为在新兴经济中，这个部分仍处于起步阶段。

在20世纪80年代和90年代，美国民众还在为新兴经济中的很多概念赋予定义，他们为金融、房地产、运输和仓储等服务业部门编撰法规，使衡量这些部门经济产出的标准变得合乎规范，而服务业成了美国 GDP 的主要贡献者。这使得由科学家、研究人员、工程师和经济学家所组成的技术阶层开始崛起，从而逐渐形成了专业技术工人群体，他们通过教育和培训掌握了必要的技能，使后工业社会走向繁荣。[87] 这展现了第五层橙色体系最健康的表现形式，因为它通过科学与数学研究，揭示了生命的奥秘以及世间可量化的一切事物。在文化领域中，如果其他具有剥削性质的部门不操控美国经济的转型潜力，这种第五层橙色体系最健康的表现形式极有可能在模因层面改变美国的经济形势。

信息和知识成了重要的基础，所有经济参与者都可以在这个基础上有效地、极为确定地做出未来的规划。在新兴经济价值观的影响下，繁荣兴旺的盛况蔓延开来，关于"看不见的手"在市场中发挥作用的旧观念开始变得过时了。信息和知识成了生产性产出的新标志，关于这个经济体的一切都需要得到量化。知识有助于衡量生产。产品或服务的可衡量性越高，未来的经济发展情况就越能得以预见。知识就是力量，一旦这种模因开始传播，知识就成了一种可量化的商品。到了 20 世纪 90 年代，人们通过计算机网络和其他科技进步的方式对知识加以运用，已经将知识模因嵌入各个经济部门的各种商业模式中。人们对劳动的定义变得不再明晰，因为如今繁重的劳作体现在更高水平的知识层面上。

这就是信息时代带来的企业革命。一个人掌握的知识越多，对潜在雇主而言这个人就越有用。员工的知识水平越高，其所在的企业的估值就越高。在政治领导人和监管者看来，随着繁荣兴旺的盛况持续蔓延，一切都值得夸耀，没什么可监管的。美联储的政策颂扬了这种新的繁荣盛况的诸多好处，就像美联储主席本人在国会露面时所做的那样——他非常理性而富有说服力的阐述，巩固了新兴经济平稳发展的方向。

华尔街的金融分析师注意到了这些变化，他们抛弃了旧有的价值评估模型，采用了能够确保知识驱动型经济发挥无限潜力的新模型。这成了金融行业革命的前身，因为它使知识型新思想易于获得资本的加持。随着宽松的贷款政策成为新兴经济格局的一部分，新的价值评估模型很少受到任何审查，因为很少有相关机构或监管者有能力了解应该审查些什么。在接下来的 10 年里，财富的大幅增长巩固了华尔街在后工业经济的未来发展进程中扮演重要角色，使这种消极过失扩大，还进一步强化了新兴经济有能力进行自我调节的神话。这个时代也被称为大稳健时期，因为通过有效地使用货币政策以及减少税收和弱化政府角色的改革进程，经济波动得到了控制。[88] 当美国继续进入第二个模因经济周期的长期成长阶段时，生存状况继续与经济体系紧密地保持一致。专业型技术阶层的崛起已经实现了，一整套金融体系也已安排就绪，能够为这个阶层提供财务支持。在这场持续了 20 年的派对上，在这些欢乐时光中，没有人愿意忍受嘲笑，过早地被夺去盛着潘趣酒的大酒杯。美国已经实现了文化的系统性重组，相关经济引擎也已经悄然繁忙地运转了多年。

金融与生产

随着私营部门科学思维和数学建模方法的进步，金融业开始冒险进入新的激动人心的金融创新领域。20世纪90年代，证券化的概念诞生了，人们要求对所有具有实际价值或潜在价值的事物进行系统性的货币化。麻省理工学院的约翰·埃德蒙兹（John C. Edmunds）教授是证券化最强有力的倡导者之一。他认为："在后工业时代，证券化已成为创造财富的最强大的引擎，在这种情况下，人们制定经济政策，旨在通过证券化来实现经济增长，并不试图加大商品和服务的产出，而是设法使股票和债券增值。"[89]

这是个富有影响力的宣言，因为在新兴经济体中，埃德蒙兹还是许多政府部门的顾问，这些政府部门几乎未经审查就接受了他的观点。从价值体系的角度来看，这是个巨大的飞跃，对世界产生了极大的影响。突然之间，新兴世界的文化告诉人们，无论是西方工业时代的价值观，还是为第四层蓝色价值体系和第五层橙色价值体系的创建奠定基础的过程，抑或定义西方和中产阶级的大部分特征的旅程，都不再是文化发展的必要步骤。在盛产石油的地区，人们的生存状况主要停留在第二层和第三层以部族利己主义为中心的元模因层次上，未曾经历第四层或第五层元模因长期的强力渗透。这些地区的人们接触到新兴文化后，骤然以为他们可以完全跳过那些重要的基础阶段，只需加大石油收入的账单规模，而不用提高产量

> 埃德蒙兹认为："在后工业时代，证券化已成为创造财富的最强大的引擎，在这种情况下，人们制定经济政策，旨在通过证券化来实现经济增长，并不试图加大商品和服务的产出，而是设法使股票和债券增值。"

水平，也无须改变其单一和有限的收入来源来实现经济多元化。

出于对证券化过程的信心，人们转而将账单支票重新投资于新近价格虚高的股票和债券中。对采纳它的人而言，这种谬见只会产生短期的好处；而对致力于推进融资渠道发展的信用增强机构而言，这种谬见则会产生相当大的好处。如果这些经济体采用这样的做法，将经济重心从追求生产的创新方式转向追求不生产的金融创新方式，它们就会成为催生全球资产泡沫和大宗商品泡沫的潜在基础。这种证券化模因也有可能会给发达经济体留下深刻的印记。总体看来，这种新兴的创新方式完全将公司重新定义成了金融工具，公司无须贡献任何额外的产品来增加总产出。越来越多的人相信，证券化能够将用于生产的资本资产放大到其实际价值的许多倍，再加上"空手套白狼"的观念，促使华尔街将它能掌控的一切资产都进行证券化，而不再耐心地等待企业在激烈的市场竞争中证实自己的生存能力。

由于证券化还波及中小型企业，它对传统商业决策也产生了深远的影响。在传统商业模式下，企业将自身视为社会中的利益相关者，并作为优质的、负责任的企业公民，会在关注自身底线的同时，尽可能地满足社会的集体需求。而在新的商业模式下，无论是华尔街的大公司还是规模较小的私人股本公司，都开始受惠于证券化机构的意旨。这是个经典案例，显示了金融驱动的经济是怎样开始将财富从普罗大众手中转移到华尔街的。这种分布式模式为工薪阶层和中产阶级带来了文化繁荣，这种繁荣之上确有时代的印记，而今金融界的精英奇才们更关心短期利润，他们为了获得短期利益而精心谋划，利用文化繁荣来为自己、投资者和股东获取更多的财富。

对华尔街来说，人们对证券化的利用是最合时宜的主张。它允许基金经理和分析师在倒退的基础上提高估值，提升价值，并提出金融行业独创的预测模型。在新兴经济中，这是一项最为显著的转变——人们不再使用特定的、针对每个经济部门的多样化、可衡量的客观估值方法，而是转向使用投机性、概念化、掌握在强大的金融行业手中的估值方法。这一转变，宣告经济体系的发展进入了成熟阶段，也标志着经济发展开始与生存状况脱钩。

从模因经济学的角度来看，新建立的繁荣景象证明，较为温和的第四层秩序体系对维持经济的持续繁荣至关重要。此外，美联储完全独立于政府，不受政府影响力的支配也是至关重要的。当美国民众都处于经济繁荣状态时，没人会注意到美联储作为经济繁荣的调节者正在崛起，也没人会注意到，世界上最大的中央银行可能会与新兴的金融创新领域成为同谋。当金融业发生这些变化时，新的第四层价值体系中却并没有增加相应的法规，以灵活巧妙地阐释金融在新兴经济中的新角色。当时政府的主流思想认为，出于以下两方面的考虑，美国应该维持现状：首先，改革派认为，应该把私营企业从陈旧过时的工业时代法规中解放出来，这种改革派的意识形态是成功的，因而不要打破现状。其次，基于新兴观念，人们认为政府及其不合时宜的机构无法理解新兴经济的动态，而且从本质上讲，第五层橙色价值体系的全新表现模式是有能力进行自我调节的。

后来的岁月将会证明,这两大前提都是危险的、错误的。监管元模因得到削弱,其长期影响不容低估,因为这样一来,它将不可避免地与第五层橙色价值体系的不健康元模因成为同谋。在模因经济周期中的成长阶段,艺术性变革是在橙色价值体系框架内进行的,其对经济体系的发展作出了微调,自身也运转良好。但是,随着系统进入成熟阶段和衰退阶段,模因经济周期中的蓝色价值体系必须意识到这些微调的本质是什么,因为它们影响着整个体系的健康发展。在金钱至上模因的经济周期中,高度削弱的蓝色价值体系对这些艺术性变革知之甚少。若经济发展沉迷于此,就会愈发难于监管。

在以信息为驱动的后工业经济环境中,并非所有人都想跻身于接受过大学教育的技术型人才阶层。通过人们的生存状况仍然可以看出,在美国的劳动力群体中,有超过三分之二的劳动者受教育水平较低,也并不是所有人都能成为科学家、银行家和经济学家。问题在于,在后工业经济的第四层蓝色元模因结构中,不管是工会还是政府机构,能否确保人们的劳动行为是公平合理的,能否保障社会上大多数人的充分就业。美国的制造业继续外流,进入新兴经济体。美联储回应称,此举是在为新兴经济体提供更多的资金。全球化和外包开始耗尽服务业为非技术型工人阶层创造的少量工作机会,而美联储对此回应称,这是为了给经济体提供更多的资金。美联储应负责确保美国人实现充分就业,而美联储的行为让人们觉得好像美国的劳动力群体已经实现了后工业社会的乌托邦梦想。当然,这与事实相去甚远。精英主义者群体只会通过其特有的第五层金融创新体系来追求成功，他们与社会其他群体之间脱离得越来越严重。整个后工业经济的发展转向了这个狭隘但利润丰厚的金融创新领域，这将改变资本主义的本质，通过错误的艺术性变革推动系统向前发展，暂时延长模因经济周期中的成熟阶段。

为完美元模因风暴的发酵创造条件

20世纪90年代，在新经济新兴趋势的影响下，人们重新定义了商品和交易行业。到了90年代中期，与10年前相比，每个证券交易所的交易大厅都发生了变化。华尔街不再是父辈那个年代的样子了。与新兴经济中的其他组成部分一样，交易行业也已经背离了工业时代旧有的衡量标准，接受了货币主义和新兴经济的全新价值观。在80年代，交易行业的从业人员也经历了一场转变，打破了出售股票和债券的旧有惯例，转而参与到更为复杂、更加有利可图的杠杆收购融资中，还会为企业并购提供便利。在所有美国人的生活中，金融扮演了越来越重要的角色。美国人对于成功的定义也在华尔街的影响下发生了改变。

人们购买蓝筹股的传统理念是，作为长期投资行为，购买并持有蓝筹股将会为中产阶级播撒繁荣的火种，然而，这种理念正在被更具投机性的短期行为所取代，招致那些对股票的长期品质价值不感兴趣的人对蓝筹股争相抢夺。大多数美国人都明白，一个季度的

> 人们对互联网改变未来的潜力做出疯狂的臆断，加上资本易于获得，这就能让金融分析师对互联网公司给出数倍于其正常估值的估价，而不去证实这些公司能否产生任何收益。

盈利对通用汽车的股票价值意味着什么，但在20世纪90年代，投资者没有耐心考虑市盈率或实际创收等问题。促成这种市场变化的催化剂是互联网的诞生。人们对互联网改变未来的潜力做出疯狂的臆断，加上资本易于获得，这就能让金融分析师对互联网公司给出数倍于其正常估值的估价，而不去证实这些公司能否产生任何收益。炒作宣传和投机臆断取代了人们对基本面的客观评估。风险资本的资金投入让这些公司开发出一种商业模式，先让公司维持时间足够长的运营，获得首次公开募股，与此同时再通过大肆炒作，以其初始价值的数倍将股票售出。这就是货币主义意识形态下所谓"泡沫经济"的预演。经济体拥有的资金越多，泡沫就越大，投机因素就越会在文化发展中占据主导地位。贷款规则和债务边际都有所放宽，以便使不断增加的流动性资金能够更多地得到利用。过去，最低股本要求、净资产和信用可靠性等旧有规则的限制会阻碍投资者进入某些投资领域，而此时，他们获得了前所未有的机会，能够进入那些领域进行投资了。

简而言之，第四层秩序体系的衰落始于里根意识形态初期，已在政府机构和私营企业中蔓延开来，并开始通过金融机构将其价值观在系统层面传播到整体文化中。到20世纪90年代末，货币腐化了资本主义的价值观，就像不祥的黑云压顶，威胁着美国经济的未来发展。

后面详细列出的这一系列事件，体现着金钱至上模因的系统化传播过程，加速了模因经济周期从成熟阶段进入衰退阶段的进程。

在此期间，资本主义面临着自亚当·斯密时代以来的最大挑战。在克林顿和小布什的总统任期内，新兴经济中的金融业在为资本主义制定新的发展方向。美国继续痴迷于里根的改革进程，克林顿政府冒险进入了放松管制的领域，从价值体系的角度来看，这样做将会带来灾难性的结果。我们已经对金融危机爆发的原因作出了很多分析，而下面所列出的一系列事件，其排列顺序是专门按照价值体系的发展动态来安排的，因为它们在一定程度上清晰地表明，对于第四层秩序体系而言，预见到第五层战略体系的潜在剥削性是多么至关重要。

1. 秩序元模因在银行业绝迹

1999年，美国国会通过了《金融服务现代化法案》（Financial Services Modernization Act），并由时任总统克林顿签署成为法律，该法案将大萧条时期推行的法规——1933年通过的《格拉斯—斯蒂格尔法案》（Glass-Steagall Act）——中的大部分内容废除（《格拉斯—斯蒂格尔法案》将投资银行和保险公司的业务行为与商业银行的业务行为区分开来）。突然之间，由纳税人提供保障的银行不再受到旧有法律的约束，阻碍它们参与华尔街高风险投资活动的屏障消失了。焕然一新的华尔街有了一些身居高位的朋友，这些朋友不仅可以给华尔街方便，还参与了国家的长期决策和政策制定过程。《金融服务现代化法案》也被称为《花旗集团救助法案》（Citigroup Relief Act）。[90] 时任美国财政部长罗伯特·鲁宾（Robert Rubin）是该法案的主要设计者之一，他曾在华尔街推崇备至的高盛（Goldman Sachs）投资集团工作，有着传奇式的职业生涯。

对于第四层价值体系而言，这里出现了一种新的危险的监管形态。为了理解新兴经济的复杂性，监管机构必须彻底了解其复杂的微观经济功能。然而，在当时的生存状况下，美国寻求废除法律，认为这是推动经济发展的积极步骤，却忽略了此举可能会引发官商勾结和腐败堕落。美国对传统银行放松管制，为那个时代新的第五层橙色价值体系的标志性行为大开闸门——收购较小的银行，并将非贷款活动整合到金融服务的大伞下，从而向消费者承诺提供更多样化、更低廉的产品线。该法案对消费者表现出了友好的一面，然而隐藏其后的是危机——商业银行开始悄无声息地参与高风险投资活动。为人们提供投资资本的传统金融渠道不再令人满意，因为它们无法与华尔街提供的渠道相抗衡。法律修改后，商业银行开始使用华尔街创造的新金融工具，冒险进入了这块未经探明的领域。疯狂的算法科学和金融衍生品席卷了投资银行业。金融工具越复杂，它对投资者的吸引力就越大，人们也就越想利用世界各地的流动性资产来赚钱。第五层元模因的复杂程度越高，它就越来越难于被第四层元模因检测到。

2. 名义货币和投机性投资兴起

在后工业经济时代，技术阶层的崛起在华尔街最为引人注目。拥有高水平技术技能以及博士学位的人才，本应在太空探索、流行病学和其他对人类未来发展至关重要的复杂领域工作，可是他们却被更高的薪酬所吸引，进入了雷曼兄弟、高盛和摩根大通等公司。投资银行正吸引着世界上最优质的人才，以创造更大、更有利可图的投资路线。简而言之，华尔街的这些科学家所做的就是创造数学算法，试图预测某些经济活动的未来表现或某些商品的未来价格，并将这些研究结果以合约的形式出售给投资者。他们会将合约内容进行实验组合，创造出无限的可能。

他们没有创造出实际的产品或服务来造福整个社会；这些金融产品只不过是在不同情况下操纵着世界上既有资源和产出的价格。这就是金融服务业定义增长的方式——不是通过增加实际生产性产出，而是通过巧妙的博弈来操纵世界上的既有资源。这种新的、高度复杂的对未来下赌注的做法，在很大程度上借鉴了保险业长期建立的精算模型，从而提供了长期稳定的掩护。这样的精算模型被称为衍生品保险，已经存在了几十年。精算数学家们会在保险公司幽暗的地下室里制作出风险评估模型，以确定保险公司各种产品的费率——从农作物保险到为 80 岁高龄的吸烟者设计的寿险，各种产品形态包罗万象。这就是所谓的衍生品市场，其风险评估模型具有安全保障，历史数据显示其精准度在 95% 以内。

金融服务业在很大程度上是未受管制的，过去一直在发挥抑制风险影响的作用，但金融衍生品越来越多地被当作常规投资产品使用，这使它面临着系统性风险的威胁。由于很少受到审查，此类合约成了华尔街最受欢迎的投资模式。衍生品市场是全新的金融创新领域，但随着时间的推移，人们越来越担心它可能会对经济发展造成潜在危害，因为没有哪位政府官员愿意对它所处的灰色地带提出质疑。

美国证券交易委员会负责监管投资银行业,但将衍生品定性为证券交易委员会管辖范围内的项目几乎是没有法律依据的。[91] 历史上,投资银行很少受到第四层价值体系的审查,因为人们从根本上相信,旷日持久的调查可能会对市场产生不利影响。这些都是纸质合约,承销这些合约的公司很少拥有任何基础证券[①]。人们创造并出售了各种各样的衍生品合约,从对未来的石油价格进行押注,到预测次级抵押贷款的表现。如果有人对其中的某项业务感兴趣,华尔街就会把它做成衍生品进行出售。

截至 2008 年 6 月,场外衍生品市场的合约价值估计约为 684 万亿美元。[92] 相比之下,同年美国的商品和服务交易总值不到 15 万亿美元。这些合约大多是所谓的订约方合约,几乎不会关乎系统性风险。不过,有一种衍生品合约是存在系统性风险的,那就是信用违约互换合约。这是由衍生品缔约双方共同设置的一种保险策略。合约规定,如果借贷方无力偿还债务,将由保单承保方为信用违约互换保单的持有方进行赔付。据国际清算银行(Bank for International Settlements)估算,2008 年 6 月,信用违约互换合约的价值达到了约 63 万亿美元。

《金融现代化法案》(Financial Modernization Act)立法尚不足一年,美国人就开始担心,在这个不受监管的行业,保险公司会成为保障的主要提供方。由于抵押给保险公司的资产只有很小的名义价

---

① 基础证券:指作为衍生品(如期权、期货等)交易基础的股票、债券或其他金融资产。——审校者注

值,而这家保险公司同时也对外提供房贷和车贷等其他传统类型的保障,一旦触发多重亏损,可能会招致灾难。许多消费者保护组织游说国会将信用违约互换合约置于国家的博彩法规监管之下,但这些呼吁并未得到重视。随着华尔街的发展进入未知领域,它追逐利润却不将其用于提高生产性产出,第四层价值体系在金融创新监管方面的无力感成倍扩大。第五层价值体系在这个阶段的表现形式是简单纯粹的投机冒险。

这种表现形式隐藏在数学和科学的复杂表象之下,但本质上,它与坐在拉斯维加斯赌场里掷骰子没什么不同。在这种新兴经济表现形式的影响下,技术阶层的崛起之路开始呈现出不健康的发展趋势,有可能使整个文化的发展进程回降到具有机会主义和剥削行为特征的第三层红色价值体系中。随着第四层价值体系变弱,人们不再聚焦于生产性追求,这也成为造成第五层价值体系的不健康做法抬头的原因,因为第五层价值体系有可能会掌控世界上的自然资源和生产性产出——这个新的投机策略会从根本上引发金融危机,然后再将这些资源和产出进行货币化。

3. 人类历史上最大的全球资金池出现

21世纪初,世界变得越来越小。全球化的兴起使中国和印度等新兴经济体以及中东许多产油区国家具有了前所未有的财富水平。新兴经济知识产业的发展前景、低资本成本的加持,极其迅速地为市场带来了新的创新。所有人都在分享新近获得的繁荣成果。新兴经济体的财富飞速增长，远远超出了其体系所能吸纳的速度。尽管这些国家在国内进行实际的基础设施项目投资回报丰厚，而且对提升其在全球舞台上的地位至关重要，但这些国家资本市场的发展需要花费更多的时间，并且更加需要维持政治稳定，才能像西方经济体那样存活下来。

在所有西方模式中，美国和英国拥有最发达的投资基础设施，已经成为众多人羡慕的对象。过去几十年来，华尔街和伦敦金融城（The City of London）在发展水平先进性、纪律严明性和投资回报可持续性方面均保有良好记录，成为管理全球财富的首选。在金融危机发生之前，有个最为关键的事件检验了这两大全球金融权力中心的道德框架，并成了决定其未来发展和金融工程最新创新的终极考验。2000—2006年，为了寻求安全的避风港，全球资金的流动性突然上升，这考验了金融作为一门可行学科所能承受的极限。根据国际货币基金组织资本市场研究主管的说法，寻求安全投资的现金金额已经上升到大约70万亿美元，这是全球资金池正常规模的两倍。[93]按照目前的生产性产出水平，人们需要花费十多年的时间才能将增加的流动性资金全部调用起来，因为传统的投资工具根本无法吸纳它们。过去，美国国债一直是最受人们欢迎的传统投资方式之一，但在"9·11"恐怖袭击事件发生后，美联储人为地降低了美国国债的利率，以避免经济衰退的逼近，这迫使全球的基金经理不得不到其他地方去寻求更高的投资回报。

单位：万亿美元

```
80 ┤
70 ┤                                                        ┌──┐
60 ┤                              2000—2006年                │  │
50 ┤         新兴经济体和中东国家注入的34万亿美元资金         │  │
   │              （源自国际货币基金组织2000年数据。）        │  │
40 ┤                                                        │  │
30 ┤                                              ┌──┐ ┌──┐ │  │
20 ┤                        ┌──┐ ┌──┐ ┌──┐      │  │ │  │ │  │
10 ┤              ┌──┐ ┌──┐ │  │ │  │ │  │      │  │ │  │ │  │
 0 ┤  ┌──┐       │  │ │  │ │  │ │  │ │  │      │  │ │  │ │  │
    1930s 1940s 1950s 1960s 1970s 1980s 1990s 2000—2006
                                                         年代
```

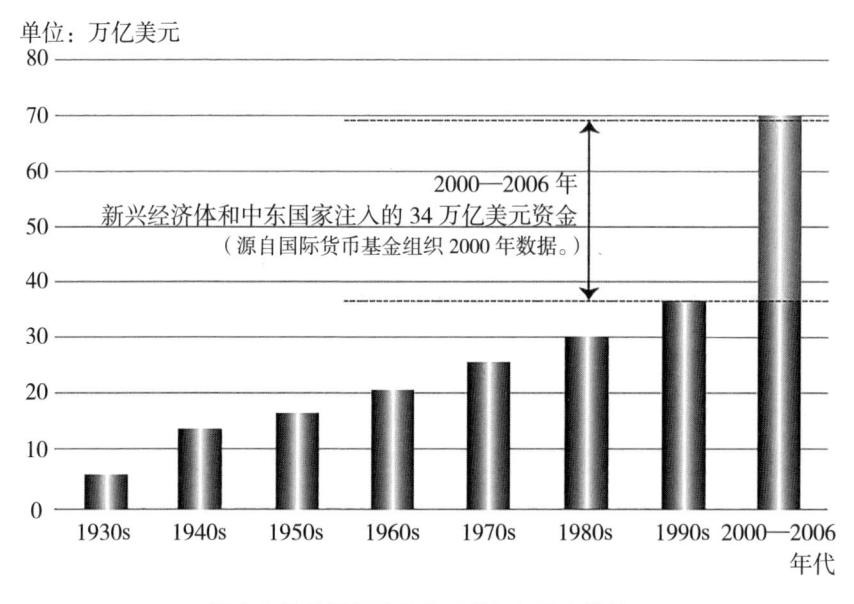

最古老的第四层价值体系是如何被腐蚀的

注：1. 为寻求避风港，全球固定收益类资产（现金）迅速增长；
　　2. 合法的投资工具每年只能吸收1.8万亿美元的额外流动性资金注入；
　　3. 华尔街打造不正当的投资工具，目的在于吸收过剩资金，为自己创富。

　　从价值体系的视角看来，这是一个关键阶段，然而，许多分析师在解释金融危机发生的原因时却经常忽视了这个阶段。金融创新的发展进程到了十字路口。在资本部署方面，美国有34万亿美元的资金在手，基础建设已完全部署到位，用于将资本主义转变到下一发展阶段的表现形式。最大的问题在于，在新兴经济持续发展的知识产业中，它是会被部署到生产创新领域，为研发项目提供急需的资金，为资本主义的可持续发展指明新的道路，还是会被部署到我们已经有所窥见的剥削渠道。前者代表着健康的第五层价值体系的最高级表现形式，后者则代表着同一元模因的有害的剥削性形式占据了主导地位。

这样的资金水平使资本主义在历史上处于一个非常关键的阶段。在后工业经济具有的优势下，通过巧妙地重塑价值感知，证券化模因创造了大量财富。"空手套白狼"的观念得到了最大限度的利用。股票和债券的现有价值不可能在当前基础上进一步扩大。在21世纪前10年的初期，资本市场仅利用这34万亿美元中的一小部分为互联网初创企业提供资金，就造成了科技泡沫和经济崩盘，让世界窥见了是谁从这些越轨行为中获得了经济利益。

与此同时，到2003年，金融创新衍生品产业中的危险因素引发了美国历史上最大的破产案。能源公司安然（Enron）曾是利用能源合约在订约方投标中操纵能源价格的先行者。这场高度复杂的豪赌和资源操纵游戏就是矿井中的金丝雀，预示着危机即将到来。如果安然公司成功地操控了能源衍生品，华尔街的其他公司就会将这种方法应用到全球经济的其他所有领域中。然而，安然公司遭遇了毁灭性的失败，这使得国会通过了《萨班斯—奥克斯利法案》（Sarbanes-Oxley Act），要求上市公司的高管对公司财务报表的信息披露承担个人责任。在人们最近的记忆中，这是新的第四层秩序体系首次出现，并试图让人们知道它的存在，只有时间才能证明这是否是富有远见的监管结构的回归——它能够理解新兴经济的内部运行模式。但可惜的是，由于华尔街对衍生品市场的基础建设已然投入过多，弱小的监管结构元模因已经很久都不曾面对这种复杂得多的第五层价值体系的不健康表现形式了。《萨班斯—奥克斯利法案》通过后不久，雷曼兄弟等华尔街公司将其衍生品业务的运营中枢转移到了伦敦，在那里，此类活动免受监管。

陷入元模因风暴中心

道路的选择将决定资本主义的未来发展，而人们做出的错误选择使得经济发展形势急转直下。这并不是因为对某个行业的放松管制影响了文化中的次要部分。货币供给对于人类的发展而言，就像氧气对所有生命体那般重要。八千多年以来，它塑造着我们的生活；如今，它在经历深刻的变革。货币在历史上承担的生产性产出的功用，即将经受这场大胆而冒险的资本主义实验的考验。人们突然抛弃了在某种程度上需要遵守的第四层蓝色准则的旧有标准。随着辛勤工作的美德为投机性的短期投资行为所取代，无论模因堆栈中的人们秉持的是第二层部族价值观还是第六层平等主义价值观，全都被吸引到这种新的全球财富盛宴中。资金的闸门刚刚向全球的模因堆栈打开，世界就陷入了人们前所未闻的一场最盛大的简单消费狂欢。

华尔街对货币进行证券化，还设计了一系列金融衍生品，这种行为并未对房地产行业产生影响。住宅领域对美国中产阶级的财富积累起到了重要作用，同时，几十年以来，商业部门也一直致力于确立城市的经济增长特征，塑造城市的天际线。有了34万亿美元不受监管的资金在手，华尔街开始设计证券产品和金融衍生品，这些产品将会摧毁传统财富积累方式的最后堡垒。从次级贷款到次优级贷款，以及介于二者之间的所有听起来适于投资的产品，都能为人们提供购房资金。而后，它们会被贴上衍生算法的神奇标签，投入巨大的证券池，并被赋予住房抵押贷款支持证券（RMBS）和商业抵押担保证券（CMBS）等花哨的名字。大批的华尔街分析师向所有愿意驻足聆听的人布道，告诉他们，每个人都可以敞开怀抱拥抱全新的美国梦。只要有社保码，并且有购房意向，他们就有可能成为房主，实现购房梦想。这场购房竞赛旨在将过剩的流动性资金注入价值数万亿美元的房地产市场，并允许房主们以其股本资产作为最重要的财富源泉，来助推日益依赖债务融资的经济向前发展。

血腥的元模因之舞
从元模因视角总结造成房地产泡沫的掠夺性价值观

需求方参与者	货币供给方参与者
·**红色元模因/不健康的橙色元模因** 代理人、经纪人、评估师、虚假文档的编制人员 ·**红色元模因** 虚假买家、投机者、盗用他人身份的买家 ·**红色元模因/紫色元模因** 经济一旦全线崩溃，会由红色元模因/紫色元模因受害者背黑锅	·**红色元模因/不健康的橙色元模因** 抵押贷款经纪人和发起人 ·**红色元模因/不健康的橙色元模因** 华尔街证券化机构（次级贷款、次优贷款、债务抵押债券、抵押支持证券、商业抵押担保证券等） ·**红色元模因/紫色元模因以及不知情的蓝色元模因/橙色元模因** 受害者/证券买家：机构投资者、主权财富基金、养老基金、共同基金、教师和政府雇员、工会……（大量现金）

随着房价不断上涨，房屋变成了超级自动取款机，能够吐出少则 1 万美元、多则 10 万美元的股本资产，推动经济发展顺利进行，此时，经济发展对消费性支出的依赖性已经达到 70%。这成了一种新的美国文化模因，影响着各个价值体系，因为人们都在设法与他人攀比，为保持经济发展尽自己的一份力量。到 2004 年，这种财富谬论已经完全掌控了美国的文化，因为华尔街诱惑着每个有机会举债的人，让他们都认为自己是投资天才。这也是第三个模因经济周期由成熟阶段转入衰退阶段的节点。

从价值体系的角度来看，在金融危机的酝酿过程中，有两个独特的元模因在发挥作用。由于缺乏富有远见的第四层监管结构，第五层战略进取元模因有所退行，表现出不健康的剥削行为，而第三层封建体系兴起，摆脱了压制它的力量。从历史上看来，这两种模因表达之间一直存在关联，因为二者似乎都是在缺乏法律和秩序的情况下出现的。第五层价值体系的不健康表现远比第三层价值体系危险，因为它有耐力，能够使其剥削行为更具战略性和系统性。

如果从当代生活中寻找例子进行类比，那这两种模因就像伯纳德·麦道夫与电视剧《黑道家族》(*The Sopranos*) 中的托尼一样，有着云泥之别。托尼的手下会为了攫取几百美元的保护费而袭击附近的企业，而麦道夫用 20 年时间骗走了投资者数百亿美元。第三层价值体系中的不当行为易于受到法律的追踪，而第五层价值体系中的不健康行为却很可能持续多年不被察觉。第五层价值体系的不健康行为发生在大规模的宏观制度层面，而第三层红色价值体系的不法行为则发生在街头零售层面。金融顾问在全球各地筹集了数十亿美元的资金。这些资金的来源是主权财富基金、各类工会、养老基金、新兴经济体顾问以及所有寻求美国资本市场的稳定性和安全性的全球投资者。

剖析第三个模因经济周期（1999—2002）
陷入元模因风暴中心
进入当前体系的混乱无序阶段

1 **西方不健康橙色元模因的兴起** 世界经济变得低迷，新兴经济体向美国注入大量流动资金，寻求除美国国债以外的其他安全投资途径，这催生了华尔街的资产证券化。
2 **银行监管层面失去了蓝色元模因** （1）1999年11月，美国国会废除了大萧条时期通过的《格拉斯—斯蒂格尔法案》，该法案曾经规定将投资银行与随后变得证券化的商业银行区分开来。 （2）2000年，国会未能监管金融衍生品，使得信用违约互换合约不受州博彩法规的约束。高风险证券如今是可保的，风险的表象也被淡化了。
3 **安然事件后，不健康橙色元模因的报复行为** 《萨班斯—奥克斯利法案》引发了主要银行的离岸/暗箱操作活动，并导致美国国际集团（AIG）伦敦公司和雷曼兄弟伦敦公司在未经审查的情况下承担了最大的经济风险。
4 **"9·11"恐怖袭击事件后，小布什政府（红色/橙色元模因）的经济政策** （1）资助阿富汗战争和越南战争时需要少花钱。 （2）战斗口令："买、买、买，否则恐怖分子就赢了。" （3）美联储将最低贷款利率降至40年来的最低点。

在住房零售端，第三层价值体系调动了自身的积极性，也让所有幻想一夜暴富的人行动起来。有人以数千美元的价格出售购房身份。幕后的文档编制人员制作了借款人申请获得贷款所需的所有文档资料——虚假的纳税申报单、虚假的银行对账单、带有虚假信用报告的 W-2 报表，等等。他们得手的次数越多，其行为就越明目张胆、越有计划性。房产在上市后几个小时内就被抢购一空，因为竞购行为使然，房价远高于标价。新房甚至在破土动工之前就被售出了，而后买家又将其多次倒手出售，以获得合同约定的巨额利润，但在房屋建成后，却没有哪个临时买家会住进去。银行发放的贷款越多，涌入华尔街的资本就越多，因为高额回报吸引着投资者纷至沓来。

这些都是经济泡沫所呈现的掠夺性价值体系的发展动态。野心勃勃的证券交易者被红色价值体系"一夜暴富"的魔咒所蛊惑，使得类似的投资行为模式在股票和大宗商品市场反复出现。由于可用资金的流动性水平高，加上美联储的货币宽松政策，本应崩溃的投机行为模式却没有崩溃。这使政治领导人误以为新兴经济体有能力进行自我调控。有害证券的安全薄膜也扩散到那些传统上本不会受其诱惑的机构。房利美和房地美是传统房屋贷款的最大买家，它们一直没有参与这场证券化游戏，但随着证券化的毒副作用影响经济全局，并达到越来越严重的程度，它们也开始购入数十亿美元的抵押贷款证券。在这段时间里，世人所能听到的有关监管机构元模因的发声，只会出自大师艾伦·格林斯潘之口。在过去的 30 年里，格林斯潘负责主持新兴货币主义意识形态的全面实施，他一有机会就为新兴货币主义意识形态所取得的成功而鼓掌喝彩。在格林斯潘准备卸任之际，其他历任央行行长都未曾经历过如他这般传奇的职业生涯，他对金融业的放松管制本应彰显他至高无上的成就。

证券化模因的成功将权力从传统的、历经数十年形成的分布式融资体系里转移到一个将权力集中在华尔街少数人手中的体系里。在不到10年的时间里，第五层价值体系的金融创新部门呈现出高度复杂的表现形式，颠覆了旧有体系耗费了数十年时间才建立起来的价值观念。突然之间，在文化层面上，金钱不再代表辛勤的劳作或长期的战略规划。快速致富的体系有着令人上瘾的特征，让人们很难反思过去的美德，而人们正是由于具备了这些美德，才能逐步一砖一瓦地搭建起第四层价值体系。掠夺性贷款和投机性投资行为，营造了一种令人沉迷于即时满足的掠夺者文化。当提及新的财富积累方式时，美国人不再相信他们在爱国繁荣时期建立起来的传统美国价值观。美国人不再在工作和其他形式的更高层次的事业中寻求意义，取而代之的是过度消费、恣意享受和贪婪无度。个人影响力和自我的力量代替了整体社会的共同发展。承包商开着价值7万美元的悍马汽车出现在工地上，紧跟其后的是悍马平板车，用以运送物资。在一阵心血来潮的浮华冲动的驱使下，承包商驾乘如此高调的汽车亮相，完全没有考虑偿还下一笔车贷的钱将会从哪里来。

华尔街获得的贷款不计其数，它便将它们打包成所谓的"债务抵押债券"（Collateralized Debt Obligation）形式的证券，兜售给迪拜或韩国首尔的某些毫不知情的财富基金经理，在这个过程中赚取巨额的费用。专业人士阶层也未能幸免，他们同样遭受到这些文化变革的侵害。医生花在病人身上的时间变少了，他们耗费更多的时间用来查看其不断加购的投资组合产品，同经纪人进行交谈，并参与市场投机行为。科学家们在华尔街开发出更多的算法，以期获得高额回报。他们不再为普罗大众寻求治疗疾病的方法，也不再致力于太空探索和科学探究。退休教师也受到蛊惑，对自己的房屋进行再融资，在取出10万美元的股权后，首付款比他们之前贷款时的水平还要低。然而，没有人告诉他们，18个月后，贷款利率将会做出调整，使月供变成原来的3倍。

华尔街给大学生发放了上亿美元的学生贷款，创设了更多的债务抵押债券，并将其兜售给更多毫不知情的投资者，大学生们也开始肆无忌惮地借贷。这种模因成了根深蒂固的新常态，各种机构也未能幸免，遭到了这股贪婪洪流的冲击。金融服务在企业利润中的占比提升至历史最高水平。内部融资成了与专业领域同等重要的业务工具。华尔街再一次使货币实现了证券化，对其进行包装和销售，从而为这个不断增加债务融资的世界提供了更多的流动资金。

第四层蓝色价值体系
探查欺诈行为的能力

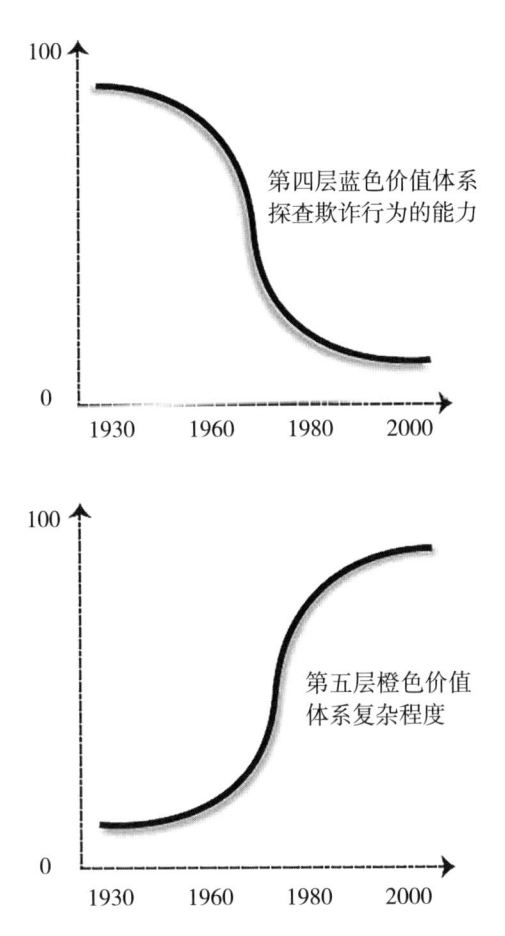

第五层橙色价值
体系复杂程度

第四层蓝色秩序元模因与第五层进取型元模因之间在历史上具有反相关性

当全球的大部分流动性资金都被证券化后,再将其融资变成新的贷款就会愈发困难,于是借贷者便开始违约。随着覆盖在这些资产上的安全薄膜开始黯然褪色,暴露出其有害本质,这场混淆是非、误导市场的游戏便结束了。到雷曼兄弟破产时,银行的杠杆率之高使得第三方的支票都无法兑现。在短短的 5 年时间里，由于第三层和第五层价值体系的掠夺性贷款行为，全世界深受其害，全球经济被推向了灾难的边缘。

紧急财政救助：当前经济体系的最后发展阶段

2008 年的紧急财政救助旨在防止美国经济和全球金融市场发生灾难性崩溃，至少这样的说法使第四层价值体系的成员感到信服——在那个失察的体系中，人们没有可行的方法能够验证这些说法。政府服务自然而然地助推了这个利润丰厚的职业的发展，从业人员游说政府放松对金融业的管制，却没人看到金融业和消费者之间可能存在的利益勾结。当伯纳德·麦道夫等投资者涉嫌欺诈的证据被递交到面前时，美国证券交易委员会一再决定对其视而不见。

时任财政部部长汉克·保尔森（Hank Paulson），是第五层价值体系中了解金融行业做法的关键人物。他的出现并不是为了警告大家灾难即将到来，而是为了在那一天到来时通过政府救援行动来缓冲经济崩溃所造成的影响。在第四层元模因的发展历史上，它总会有声名狼藉的那一天，这会证明秩序体系在阻止华尔街滥用权力方面是多么不力。2008 年 10 月 3 日，那一天到来了，美国人民通过国会给华尔街开出了一张空白支票，华尔街拿着它回到了赌桌上，开启了当前体系崩溃前最后的混乱无序阶段。在价值体系的研究中，被严重削弱的第四层价值体系元模因是很容易判断和区分的,在形势发展到不可逆转的地步之前,监管机构可以建议采用特定的方法来拯救整个体系。

但是,这个体系却让人相信,对华尔街有利的事情也对美国有利。在过去的三十多年里,美国的一些重要职位,如财政部部长、美联储主席和首席经济顾问,一直聘用的都是那些更加关心金融市场的发展和顾及第五层价值体系中有权力掮客需求的人,而不是那些关注生存状况中人们需求的不断变化、履行监管职责、预防剥削行为的人。市场这只"看不见的手"正在淘汰许多行业,并将财富从普罗大众手中转移到华尔街。第四层价值体系不仅对正在发生的事情一无所知,还直接参与了串谋。

汉克·保尔森踏上国会大厦的台阶时,我们的第四层监管元模因没有任何独立的信息来源,所有相关信息都是源于华尔街的。它如同一名瘾君子,已将钱财消耗殆尽,便回家乞求拿到更多的资金以支持其嗜好,胁迫国会屈从。第四层价值体系为支持紧急财政救助计划投了赞成票,成为从美国纳税人手中攫取财富的一方。不管救助资金最终的偿付结果会是怎样,第四层价值体系已经失去了民众的信任,辜负了它理应代表的民众的期望。无数人被银行取消了房屋的抵押赎回权,其数量创历史最高纪录,令美国经济和美国工人持续遭受着巨大的损失。银行和华尔街的所作所为证实了监管元模因的失灵——它们继续沉迷于非生产性的高风险豪赌游戏,并拒绝向消费者和小企业放贷,然而,消费者和小企业是经济赖以生存的命脉。

随着旧有经济体系的病态表现暴露在纳税人面前，选民们的愤怒持续保持空前高涨，纳税人比财政救助施行之前更想知道华尔街与政府之间是如何串谋的。该经济体系通过获得救助得以维持生存，但如今它形同行尸走肉，其内的机构落后又具有经济毒性、全无价值，还无力进行自我革新。随着股市恢复到危机前的水平，资源开发和财富转移仍在继续，但美国的贫困水平却达到了30年来最严重的程度。政府相信市场有能力进行自我调控，于是把经济管控权交给了第五层价值体系，如今却发觉自己无力出台有意义的法律进行经济调控。所有这一切都令人痛苦地证实，美国的文化已经形成了两极分化的态势，唯一的出路只能待美国民众累积的压力将旧有体系推向最终的混乱无序阶段，使其价值观转化为信息编码，为新系统提供信息支持。如同旧有体系中的这个阶段那样，新体系的发展已然开始，然而，要到当下体系中所有的毒副作用全部消失后，新体系的价值观才会与生存状况同频共振。

> **第二个模因经济周期和第三个模因经济周期：**
> **经济价值体系的兴衰是如何体现的**

罗斯福新政
爱国繁荣时期
"检验我们进步的标准，不在于我们是否能使富人更富有，而在于我们是否能为穷人提供足够的保障。"

续表

	20 世纪 30—50 年代	20 世纪 60—70 年代
蓝色	远见卓识	债务繁重
	新政时期建立现代监管机构 · 社会保障制度 · 联邦存款保险公司、住房和城市发展部（HUD）、美国证券交易委员会、美国联邦贸易委员会（FTC），以及联邦住房管理局、房利美、房地美 · 《公平劳动标准法案》（Fair Labor Act）	富有创见的权力付出沉重代价 · 战争和欧洲重建 · 社会福利 · 蓝色元模因的持久存在
橙色	健康、创新	压力重重、缺乏竞争力
	在富有创见的蓝色/橙色元模因驱动下，做有益的事 · 使美国成为无可争议的超级工业大国 · 创造了世界上经济实力最强大的中产阶级群体	通货膨胀、天然气和贸易 · 通货膨胀使利润下降 · 扩张资金昂贵 · 进口商品取得了竞争优势

里根经济政策
"金钱至上"时期

"政府不是解决问题的灵丹妙药，政府恰恰是问题所在；政府能够而且必须为我们提供机会，而不能扼杀机会。要促进生产力发展，而不能抑制生产力。"

	20 世纪 80—90 年代	21 世纪前 20 年
蓝色	影响力削弱	系统性失灵
	政府是问题所在 · 在银行、通信、交通、能源等方面放松对整体经济的管控	既不说也不做 · 对银行业一无所知 · 对资本市场一无所知 · 对衍生品一无所知 · 对高科技一无所知

211

续表

橙色	多为投机取巧	系统性破坏
	金融创新的开端 · 股市 · 商品市场 · 为推行证券化/衍生品搭建基础 · 全球金融 · 为盈利而外包	**新政时期建立的机构被摧毁** · 房利美和房地美破产 · 将劳动密集型工作转至海外 · 财富回流到富人手中 · 摧毁了美国证券交易委员会和美联储

第七章 探寻新范式

　　金融危机对人类社会造成了破坏，随之而来的文化辩论也转变风向，人们从讨论金钱在人类发展过程中所扮演的传统角色，转而变成冷静而心怀蔑视地探讨给世界上众多人的生活都带来恶劣影响的金融行业的权力滥用行为。这不再是关于资本主义制度下人类价值观的正向探讨。人们开始研究，如果任何特定的文化领域缺乏法律和秩序，人们的价值观会如何变得腐化堕落。当前资本主义的表现形式自成一套体系，严重背离了其意识形态最初所具备的优点，使它不再易于辨认。货币的概念始于8000年前的赠与和简单交换行为，后来货币发展成了复杂的全球货币体系，促成了国家的建立。尽管货币的发展形势复杂多样，但它们都建立在一个共同的前提之上，即现今或未来的货币始终都应反映生产性产出。

　　农村和农业的价值观被工业化价值观所取代，由于创新影响着货币的发展，使货币充当了促成这种变革的催化剂。工业化价值观转而又被后工业化价值观所取代，同样，作为反映创新和生产力变化的因素，资本再次发挥了催化剂的作用。工业经济的僵化陈旧的衡量标准被知识经济中更新、更复杂的衡量标准所取代。后工业时代在新的经济格局中试图重新定义创新，迎来了知识精英，他们以更自由、更主观的衡量标准看待技术阶层的崛起。自由主义社会思想与传播"金钱至上"模因的货币主义意识形态的价值观相融合，开创了易受诸多外部因素影响的经济平台。资本不再与生产性产出相关联，这本身成了一种创新。

在货币主义意识形态下，关于就业我们有了新的阐述方式。由于工厂实现了自动化生产，1万名工人失去了工作岗位，然而，新的阐述方式令这个消息听起来像是我们创造了5万个工作岗位似的。美联储认为，5个工人每小时生产10件产品，如果改由1个人操作1台机器，每小时生产100件产品，其生产率是前者的10倍。在美联储新政策的影响下，生产率与就业水平的历史相关性发生了变化，旧有经济中的许多指标以及华尔街也发生了变化，而金融市场乐于看到这样的变化。在新兴经济形态中，人们没有太多繁重的工作，也不需佩戴安全帽。美联储没能解决工厂和汽车行业失业工人的问题，也没有制定再培训计划，以便使他们回到生产性岗位，而只是简单地调整了措施，以通过提升技术和效能来提高生产率。工人与生产性产出的关联性越来越小，这种现象变成了一种文化模因，成为后工业经济的象征。并且，作为成本效益的风向标，金融市场再次乐观其变。

金融行业中监管的缺位，证明了机会主义掠夺性文化在拥有过剩资金后，是如何做到强行控制后工业经济的其他所有优势的。过去25年的时间跨度重塑了美国的价值观，使金融部门得到了解放，金融部门所吸纳的流动性资金远远超出了全球经济能够正当吸纳的限度，荼毒了人们以知识为基础的整体意识形态。过剩的流动性资金创造出一个新的全球经济模因，被称为"泡沫经济"。投机者抬高价格获得利润后，会转而投入下一个经济泡沫中。全球价值观的整体模因堆栈已经不再以货币主义时代的分布式安全为特征，转而变成将权力集中在金融部门手中。这一转变导致世界各地的股市不再代表生产性产出，而是服务于第三层和第五层价值体系。对于全球财富如何继续转移，模因经济学中也是这样描述的。第五层价值体系中出现了一种高度复杂而不健康的表现形式，仍在继续兜售名义资产，因为它可以尽其所能地操纵物品的定价，却没人能迫使它依据人们的真实需求来证明其定价的合理性。

在金融危机过去四年多之后，金融服务业仍然认同"押注失败"，将其视为一种合法的投资工具。由于这种病态表现已成为常态，继续定义着全球的经济活动，股市已然修复了2008年以来遭受的损失。我们避免了全球范围内的金融崩溃，然而，主权债务危机却接连爆发，可见金融创新仍然是"摇尾巴狗"困局中的"尾巴"。全球经济仍然被人们定义为一种关于投机和负债的文化，探寻新的经济范式也依旧困难重重。这个新范式的原初理想则会体现在即将到来的新经济周期的探究与辨识阶段。它得益于知识经济的优点以及科技为根深蒂固的橙色行为所带来的颠覆性力量。但这些价值观尚处于萌芽阶段，它们能够定义可持续发展的未来经济吗？

自现代经济思想产生以来，为了规避严重的生产性惩罚，并免受长期衰退带来的负面影响，人们会制定经济多样性政策，目的是不要把所有的鸡蛋放在同一个篮子里，也永远不要冒险让某一个经济部门操纵未来的经济发展。然而，在货币主义意识形态下，这样的情况却恰恰发生了。只要金融部门能反映生产性产出，经济周期就能代表高效市场行为的有机形态。如果某一公司的产品或服务变得过时，企业融资的自然功能将会推动该公司的股票价值下降，迫使其投资于新的创新，否则这个公司将会面临重组或破产。在货币主义意识形态下，资金流动性的作用越来越大，取代了人们寻求多样性的需要。

在三十多年的时间里，金钱至上模因通过以下两个高风险步骤改变了人们寻求多样性的动力。第一个是引入了证券化模因，它允许公司有更高的杠杆。只要有资本支持这种谬论，股票就会持续以远高于证券化时代之前的估值出售。经济多样性遭受的第二记重击，就是体量巨大的全球资金池淹没了已具投机性和高杠杆性的金融市场，也淹没了过度透支的消费者们。货币供应已然变得宽松，人们突然完全摒弃了未经考验的衡量标准，货币作为第四层问责体系的最古老形式的作用也不复存在。这完全是对资本主义意识形态的歪曲。列宁过去就曾警告过我们，资本主义有一个最大的弱点，而这个弱点即将显现。

到了2008年，在苏联解体后不到20年的时间里，资本主义也在叩响死亡之门。人们对货币的曲解以最荒谬的形式呈现在舞台中央，而这些荒谬的形式却与创新毫无关联。在金融工程中，资本主义看上去完全不是亚当·斯密或安·兰德认为的一个良性社会应当呈现的样子。他们的哲学思想推崇美好的道德情操以及人类足智多谋、自力更生的能力。在格林斯潘掌权期间，兰德的政商分离哲学思想成了当时美联储的行事规则，政府变得无能，也无力察觉系统性风险。在创新思想的伪装之下，没有什么能够阻挡第五层价值体系参与不健康的商业行为。金融工程已悄无声息地诱使美国文化陷入令人麻木的舒适感和自满氛围中。

整个模因堆栈都充斥着金钱，从而使就业和财富创造显得虚幻而不真实。2006年，一名派对策划人的年收入超过50万美元，并不能代表就业形势的逐步好转。2004—2006年，一幢房屋的价值翻了三倍，并不能代表房地产市场中的正常增值。那幢房屋使房主新获得的资产净值，也不能代表辛勤的生产性工作。一名厨师把食客带到液压升降机里，让他们在1600英尺的高空中用餐，故而向每位食客收取1500美元的费用，这不应被视为推动服务业经济增长的新机遇。然而，在反常的货币供应形势下，人们创造了诸如此类的就业形式。利用从住房中新获得的资产净值，来自全球各地的房主能够放纵无度地参与炒房投机；而当他们无法以住房再融资作为缓冲策略时，他们才发现自己陷入了无法承受的债务危机。低息贷款的通道关闭了，消除债务的唯一方法只剩下逃避付款、申请破产，或忍受长期的痛苦，花费多年时间来偿清债务。

从本质上讲，货币是每个经济部门的命脉。就像人体内为不同器官提供必需营养成分的血液流动一样，货币也为构成经济体的各个行业提供了必不可少的流动性。如果营养摄入超出了身体健康所需，人体暂时可以忍受；但如果各种不良症状纷纷出现，人体便无法再忍受了。拥有过多可支配资金的经济体，就像一个过度肥胖的人。当饮食习惯与营养需求不同步时，身体将产生代谢综合征，各个器官的健康状况就会开始恶化，如果不加以控制，可能还会引发中风、心脏病和糖尿病。2000—2006年的经济发展，就好像医生们改变了对于人体健康的看法，开始给病人开处方，让他们吃增肥食品，到2008年，医生们看到病人发展成病态肥胖后，却让他们自行应对这种凶险的恶果。

就像发展失衡的人体无力应对代谢综合征一样，美国的整个经济体也已成了一个失去平衡的体系。它已经使过量的有害物质飞速传播，美国需要有一位好医生来阻断这种传播，防止局势蔓延到不可逆转的程度。由于第四层价值体系的缺失，提醒人们关注警告信号的时间窗口期已经过去，监管机构没能发现问题，而这使经济体系的发展进入了最后的衰变和崩溃阶段。健康守护者及有效的第四层监管体系的缺失，使整个经济体系的崩溃成为一个自然而然的过程，因为毒副作用已经败坏了这个体系所坚守的美德。到雷曼兄弟倒闭时，第四层价值体系不仅无法了解发生了什么，还易于受到滥用行为的影响，因为这个经济体已耗尽资金支持其豪赌恶习，似乎只要资金未能到位，知晓内情的人士脑中就会刻画出一幅可怕的图景。必要的经济崩溃没有发生，这个有害而又令人沉迷的经济体系又存活了下来。

人们经常引用爱因斯坦的话，认为我们不能用制造问题的那一套思维方式来解决问题。然而，在同样的衡量标准、同样的假设条件下，仍然是制造问题的那些人在向世界宣称他们有解决问题的方案。如今，美国正处于一个复杂经济体系最终的混乱无序阶段。10年来，美国人放纵无度和滥用资金的反常行为酿成了恶果，而美国却在继续使用过时的无效工具来应对——这些工具是制造问题的体系中那套思维方式的延伸。《多德—弗兰克法案》(Dodd-Frank Reform Act) 中那些旨在限制金融风险和保护消费者权益的规定，远远未能充分体现其初衷：它并没能全面预防系统性风险的发生。自该法案出台以来，游说者和特殊利益集团一直反对国家任命大多数被提名的监管机构负责人，而华尔街派出游说者，以进一步遵从人们最初提议设立的少量法规。2008年，如果人们让华尔街建造的空中楼阁轰然倒塌，一个全新的有机体系就会从废墟中崛起，随之会有新的富有创见的第四层元模因引导它沿着这条道路向前发展。

但遗憾的是，政府的紧急财政救助让美国人误以为，只需对体系内的现有做法做出微调，就能使一切都好起来。然而，美国人真正需要的是进行深刻的结构变革，从而使美国通过多元化的知识经济走上可持续发展的新道路。美国过去所拥有的更像是腐朽的旧式剥削性金融创新。金融危机表明，金融创新这艘巨轮在撞上冰山后便一分为二，并开始下沉，但由于没有尽职的船长掌舵，这艘巨轮的管理层便立即开始掩盖真相，并迅速重新安置甲板上的椅子，试图让所有人相信一切都还完好。自金融危机爆发以来，诸多证据证明，金融创新这艘巨轮确实毫无生机，并且在以缓慢的速度持续下沉。

艾伦·格林斯潘向美国国会说明了这个时代的人们意识形态的缺陷，然而时隔很久之后，掠夺性的价值体系仍在操纵着全球经济。这些变革所带来的社会裂痕在美国和欧洲的每个角落都是显而易见的。自美国实施紧急财政救助以来，这个体系的毒害性已经完全暴露在愤怒的公众面前，他们纷纷走上街头，在全球各地发起了占领运动。持有信用违约互换合约的投资者们尽其所能，确保希腊、意大利和西班牙的银行和政府拖欠债款，这样投资者们就能赢得价值数十亿美元的赌注。同样，华尔街也希望汽车行业倒下，从而令自己赢得赌注。与此同时，人们依旧难以找到有意义的替代方案，来应对不良资产类巨额债务所带来的影响，其中许多不良资产已经化身为世界各国央行所持有的资产。

除救助资金以外，美联储还收购了价值数万亿美元的问题资产或不良资产，很少有人对这些资产的实际市场价值表示关心。美联储还收购了许多其他资产，它们不属于紧急财政救助中设立的不良资产救助计划的范围。由于这些资产是直接从华尔街购得的，未经市场确定其价值，因此会存在再次贬值的风险。随着混乱无序阶段持续深入，走向资本主义的这种特殊表现形式的终点，美联储已经成为一个黑洞，最具毒害性的资产被扔了进来，再无声息。在这个崩溃阶段，美联储作为世界上最强大的金融机构，似乎已经没有什么工具可供使用。为了帮助刺激经济，美联储已经将利率拉到了不能再低的程度，并将自己围困在毫不起效的货币政策中。美国经济需要使房地产市场稳定下来，作为经济复苏的明确信号，这又将从美联储的工具箱中移除提高利率和收紧货币供应这两个选项。与此同时，在欧洲，这个体系也正在消亡，只是其方式略有不同。如果一个国家即将发生主权债务违约，其主权债务债券的所有国都会对其内部事务施加更多干预。债券所有国通过特许经营获得越多的控制权，其救助计划就会变得越宏大，而债务的不断循环又会使问题无限拖延而得不到解决，最终的结局是可以预料的。

第四个模因经济周期：信息模因的民主化

技术一直是促成变革的模因要素。价值体系专家经常会问到一个问题：是哪个元模因以及该元模因的哪种表现方式最终会利用技术进步，其目的又是什么？在个人电脑和知识时代到来之前，人类学家们一再争论，想弄清楚究竟是技术推动了文化的发展，还是文化推动了技术的发展。他们似乎得到了一个压倒性的结论，认为文化在缓慢地适应着新技术的发展，因为其他元模因会采取措施减缓变革发生的节奏，使其与生存状况保持一致。不可否认的是，知识经济正在对这场持续存在的争论产生深远的影响。虽然到目前为止我们仍聚焦于对美国经济进行宏观模因分析，但这场融合了第三层、第四层和第五层价值体系的元模因之舞在很大程度上决定了美国的经济表现。我们已经看到华尔街如何利用技术进步——计算机算法和衍生模型——创造了数万亿美元的不良资产，这是第五层体系的不健康表现形式，它使技术成为催化剂，最终酿成了金融危机。

这场争论掩盖了一个问题：人们在第六层绿色价值体系的健康表现形式中，同样也用到了这些技术进步。第六层价值体系遍布着更多在数学、理论物理和精算学方面拥有类似资质的个人、团体和初创公司，他们专注于利用技术进步来扩大万维网的覆盖范围，并无限拓展科学技术的其他功用。在第五层价值体系奄奄一息的表现下，第六层元模因的健康表现形式（涵盖了第一层至第五层元模因的所有复杂性）首次亮相。如今，我们正处于第四个模因经济周期的导入阶段，相较于前几个经济周期而言，我们简直是在以光速飞越这个阶段。

突然之间，那场探讨技术对文化发展影响的历史性争论发生了重大改变。虽然在金钱至上模因的影响下，金融创新将权力集中在少数人手中，但知识产业的技术进步正在将社会经济中的其他部分推向相反的方向，让多数人得以享受技术进步所带来的成果。数字时代带来了知识的民主化。在此过程中，世界各地的大多数经济活动和社会交往都发生了深刻的变革。如今，任何人——只要拥有笔记本电脑或智能手机——都能获得信息，以顺应全球贸易的需要，便于开展研究以完成博士论文，或者只是与朋友聊聊天。第五层价值体系的行为模式形成已久，而科学技术的迅速崛起则使这些行为模式变得过时了。技术进步在核心层面重新定义了企业，同时允许社交网络在影响社会变革方面发挥关键作用。这是理论数学、算法和导数建模的优势。开源和协作技术推动了如今知识经济中大部分创新的产生，相较而言，以往大多数经济体的专属行为和保密行为则是以第五层价值体系的价值观为主导的。

知识经济在更多方面具有第六层绿色价值体系的特征。人人都能免费获得开源的创新模式，而这成了一种标准的行为方式。人们设计和生产产品的创造能力在平等的、以群体为中心的氛围中发挥了最佳效应，以服务于社会文化的整体利益。在第六层元模因驱动的知识经济环境下，知识产权的本质正在发生变化。橙色思维方式将专利权和授权收入看得最重要，然而，与橙色思维方式主导的价值观不同的是，知识经济中的合作者们却将自己的知识产权成果拱手奉上。知识经济不仅使信息的获取变得民主化，还推倒了体制与程序的围墙，并破除了几十年来阻碍变革的思维方式。正如经济学家约瑟夫·熊彼特在1942年设想的那样，数字革命正通过知识的传播将"创造性破坏"带到每一个经济领域。拥有技术知识和技能、有能力拥抱变革的企业家，终将是那些持续做出改变、勇于创新的人，而不会是对利益最大化最感兴趣的商人或华尔街分析师。

当第六层价值体系的构成要素将经济体系的发展动机从盈亏底线提升到对人类关系的更深层次的理解时，公平分配资源的需求会使赚取利润以求生存的资本主义需求相形见绌吗？在人们不怎么关注盈亏底线的价值体系中，资本主义模式能存活下去吗？随着生存状况的不断变化使过去的体系变得不合时宜，这将是决定资本主义制度能否进行自我改造的终极考验。在媒体行业，知识经济带来的冲击最为显著。人们可以随时随地在线获取新闻，这种"一周7天、一天 24 小时"全天候获取新闻资讯的模式，已经造成世界各地数百家报纸和杂志破产歇业。过去，在盘根错节的体系中，我们不易察觉他人任意滥用权力的行为；而今，只消有一台手机，随便谁都能将此类行为曝光在全世界人民面前。不仅是媒体行业，就连这些盘根错节的体系本身也受到了消费品泛滥的威胁，这些消费品正在将既有的指挥控制结构进行去中心化，并使其成为一个去中心化社区的总成。

人们越来越愿意分享他们的创作成果，而且对于事物、事件以及令人欣赏的价值观，也越来越愿意以货币化与非货币化的形式表示支持。

人类社区正发展成为催生变革的理想形式——无论这个社区是远在千里之外还是就在当地的咖啡馆，也无论它是真实的还是虚拟的。新的权力分配模式和旧有的层级关系也发生着变革。我们正处于一场比以往更健康的文化变革中，变革的发生得益于我们对人类价值观有了更深刻的理解。如今，数字时代给媒体带来的变革会改变今后影响我们实际生产的技术吗？在不久的将来，桌面制造会成为现实吗？在一个既没有物理屏障又没有人工壁垒的体系中，一切又将会是什么样子？

尽管绿色元模因给我们的文化带来了许多美好的东西，但其表现形式之所以能在数字时代持久延续，是因为在此之前，橙色价值体系已经做好了资本市场的基础建设。在我们不断追求进步的过程中，贸易的全球化拓展、高效配送系统的施行、橙色价值观在全球范围内的采纳，都在为绿色元模因进一步创造公平的人类发展环境而铺平道路。我们目睹了金融创新和全球资本的过度供给如何破坏第五层体系所具有的优势。然而，同是这股力量，却能助力传播绿色元模因的价值观，因为这股力量无视这些虚拟公司的估值指标，而这些公司也尚未产生多少收入能够证明其巨大的商业价值。华尔街对一家社交网络公司的估值，会是老牌蓝筹股实体公司估值的数百倍，这是基于其未来的发展前景评估而来的，并不是基于其既有的盈利能力。

正因为华尔街永久暂停对知识行业采用严格的估值指标，许多秉持绿色价值观的利益攸关方才能够将绿色元模因的优势在全球范围内广泛传播。第六层绿色元模因仍然是一种共有的价值体系，在这个体系中，人们把精力花在建立关系和探索内在自我上。实现全人类的平等是其主要的发展动力。人们公平、平等地分配资源，这种做法来源于更为崇高的思想境界，远高于第五层价值体系的战略性本质或慈善行为。不过，从不健康的一面来看，绿色元模因经常丧失价值体系的层次结构意识，没能认识到正是价值体系的层次结构使它能够处于现时的发展态势，还踢开了助力它爬升至此的价值层次之梯。绿色价值体系认为自身的发展阶段是人类存在状态的最高表现形式，因而它排斥那些复杂性较低的价值观层次。

如果资本市场枯竭，资本创造者的净资产暴跌，这会对绿色价值观的传播产生什么样的影响？人们会被迫重新定义生产性产出，使其涵盖旧有的橙色价值指标，以预防经济体系崩溃，还是绿色元模因会使旧有的经济指标变得过时？不过，在绿色价值体系下，我们带着人类命运共同体的感受聚集在一起，提出了关于人性的本质、资本主义的剥削和弱势群体的困境等更为深刻的问题。我们在建立关系，探索内在自我。我们围坐成一圈，给予每个人平等的机会，去深入理解我们该做些什么。

互联网是清除绿色价值体系壁垒的催化剂，而互联网的主要目标是使人类获取信息的渠道变得民主化。互联网和技术进步是否在推动全球公平竞争方面发挥了作用？相较于在教室里为学生直接提供具体指导的老师而言，无尽的信息宝库是否会是一位更好的老师？知识的民主化是否会让专有技术落入不法分子之手？由于我们进入了充满信息的绿色元模因世界，是不是会更容易产生军事和工业等方面的间谍行为？掌握在谷歌工程师手中的信息，对华尔街交易员、狂热的检察官和石油储量丰富的国家的掌权者来说，是否会具有同样的价值？旧体系的壁垒已被清除，人们的生存状况中充斥着各种异常的社会表现，我们需要通过新的视角来看待它们。

在资本主义制度下，绿色价值观追求实现人人平等，往往会与橙色价值观产生正面冲突。第六层绿色价值体系会在第二层和第三层价值体系中制造受害者，还会指责第四层和第五层价值体系没能在谈判桌上占据一席之地。贝克经常将绿色元模因的不健康表现形式称为平庸的绿色模因，因为它没能看到价值体系的层级结构。只有当我们的文化素养突破了平等主义元模因阶段，我们清楚地认识到需要使用分层方法来解决经济问题时，我们才会放弃经济生存层面的价值体系所设定的经济政策——自部族中的人们首次互赠物品以来，这些价值体系就一直影响着人类。

资本主义正处于前所未有的重大抉择关头。它过去的发展经历被定义为不断由一种意识形态蜕变为另一种更复杂也更精密的意识形态。在这条发展道路上的每一个节点，其意识形态的变革都会使文化发展得比以往更加欣欣向荣。然而，鉴于在价值观和意识形态竞争层面上变革发生的速度，这个体系会有可能发展到更高层次的表现水平吗？正如我们通过模因经济学重新审视大萧条期间的各种影响因素时所看到的，意识形态的变革通常不会迅速发生。酝酿了二十多年的一系列事件，一场攸关人类存亡的世界大战，再加上强大而富有创见的领导层，这些因素汇集起来，才推动美国开启了变革之旅。到 20 世纪 50 年代，美国的价值体系看上去与 20 世纪 30 年代时完全不同了。

同样，从 20 世纪 70 年代开始，人们也着力于将一个被其愿景所累的体系转变为捍卫自由企业美德的体系。到 20 世纪 90 年代，美国的价值体系看上去又与 20 世纪 60 年代时完全不同了。如今，虽然美国经济正在经历收缩期，以纠正过去 10 年的过度行为，但失业率仍然很高，消费债接近其历史最高水平，储蓄账户也变得支离破碎，经济增长仍然处于疲软水平。与此同时，金融创新又回来了，大宗商品的价格再次达到危机前的高点，科技公司的首次公开募股（IPO）增多，股市也证实了金融体系正在与现实脱钩。金钱至上的意识形态已经穷尽其最后的优势，再也走不通了。这种意识形态的主要原则已宣告破产，相关领导人也精疲力竭了。

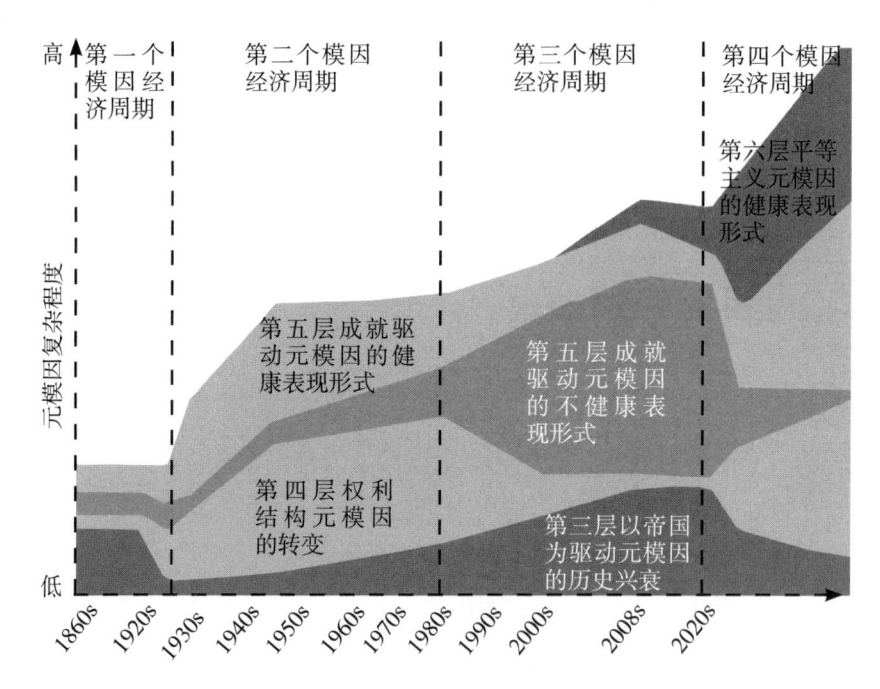

经济价值体系的历史模因堆栈

知识经济为人类提供了公平的发展环境，并允许人类获得信息和技术，成为经济繁荣的平等参与者。随着越来越多的技术进步成为支撑资本主义新表现形式的驱动力，旧技术在以惊人的速度遭到淘汰。由于人们对资本主义制度的信心逐渐减弱，过去的制度变成了空洞无物的茧房。与此同时，随着人们对新经济范式的探索逐渐深入，社会上对西方经济体当前体系的不满也在迫使西方国家的领导人改变思维方式。体系和意识形态几乎不会溘然消逝，因为这可能导致许多人的政治生涯迅速结束。在人民、机构和文化经历了长期痛苦后，意识形态呜咽着走向浅坟。在这个痛苦的阶段，一种新的意识形态正在诞生，它重塑着工人的信仰体系，使其更具适应力。如果历史趋势能够揭示美国崎岖坎坷的经济发展道路，那么到2030年，美国的价值体系看上去将会与2013年时完全不同。

第三部分

功能型资本主义平台

第八章 价值体系与功能流程

> 这就是全球冲突的症结所在：富人、穷人、拥有不多却想要更多的人，以及拥有很多却从不满足的人，他们之间看似存在不可调和的矛盾。一定有更好的办法可以处理这种矛盾。[94]
> ——唐·贝克博士

"第一层级"的经济价值观已无力支撑

当我们通过价值体系的视角来重新审视美国现代经济史时，我们看到了货币在历史上扮演的关键角色，它是推动人类发展到更高层次的主要催化剂；货币同时还兼具第四层秩序体系的功能角色，赋予工作以意义，并允许人类从冲动的第三层价值体系飞跃到一个有节制的井然有序的世界。几个世纪以来，我们通过艰苦跋涉走向了繁荣和富足，货币所代表的价值交换将人类推上了生产力的主板。我们还看到，富有创见的领导人制定的最高目标有可能在改变文化的同时，使经济发展具有长期可持续性。

通过新政意识形态中的爱国主义模因，我们见证了大萧条和第二次世界大战后美国和世界的彻底变革。尽管那个时代是富有远见

> 这就是全球冲突的症结所在：富人、穷人、拥有不多却想要更多的人，以及拥有很多却从不满足的人，他们之间看似存在不可调和的矛盾。一定有更好的办法可以处理这种矛盾。

的，但我们看到，随着文化价值观的变革使新政意识形态不复存在，那个时代的崇高目标最终也不再与生存状况相关联。虽然新的价值观开始为人们所接受，但在长达10年的时间里，我们目睹了社会和经济的巨变，形成了新的范式。爱国主义模因的终结使20世纪70年代充满了不确定性，为我们关闭了工业社会的大门，带来了后工业化或后现代化的价值观。富有创见的权力由第四层价值体系转移到了第五层价值体系的掌控中。随着新兴知识经济的发展前景受到金融创新的强行控制，新的意识形态认为监管元模因在很大程度上是陈旧过时的。最高目标的设定权交给了自由市场，自由市场重新定义了意识形态，在金钱至上模因的影响下，最终导致了金融危机。

如果从这种分析中可以得到一些教训，那就是：无论经济政策是自由的还是保守的，无论它们是呼吁政府在衰退期增加支出还是呼吁它们不作为，让自由市场顺其自然地发挥作用，也无论人们的意识形态是属于凯恩斯主义、货币主义还是介于两者之间，如果在体系中我们没能建立作用机制，把生存状况的不断变化考虑进去，那么所有的经济政策都注定会失败。

我们已经看到，新政的高压意识形态在临近结束时是多么不堪重负且与时代脱节，而政府对此做出反应后，我们又看到政治的钟摆指向另一个方向：从严格监管变成了不予监管。这两种意识形态最终都给人们带来了相似的后果，造成工人的长期痛苦处境。在20世纪70年代，遭受痛苦的主要是蓝领工人；但到2008年，这个群体扩大了，教师、建筑师和房地产经纪人也加入进来——在后工业时代的宣言中，这些人正是我们所标榜的建设未来先进社会的那批人。

与此同时，政客们非常成功地将失败归咎于对手，将对手与在任内取得的成就都归功于自己。奥巴马政府因救助华尔街和汽车行业而受到指责，是因为布什政府以往对华尔街和汽车行业进行了授权，到奥巴马任期时，金钱至上模因进入了最后的衰退阶段。小布什政府因导致银行系统几近崩溃而受到指责，是因为克林顿政府过去放松了对银行业的监管，实际扼杀了第四层秩序元模因，并对华尔街发行金融衍生品和信用违约互换产品坐视不管，强行控制美国未来的经济发展。卡特政府因高通货膨胀和领导不力而受到指责，是因为这个体系的破灭已经酝酿了40年，而刚好在他的任期内发展到了最后的崩溃阶段。里根政府获得了所有的赞誉，因为美国人认为它使美国得到了复兴，然而实际上，美国得以复兴，很大程度上是由于在旧体系的灰烬中，新体系的萌芽浴火而生。

在模因经济学的研究中，政策和政治意识形态被视为复杂体系的组成部分。这个复杂体系需要历经数年时间才能形成，能够持续数十年。再经过许多年后，当新的意识形态开始形成并反映文化变革时，这个体系才会崩溃。保守和自由的观点分别是第四层和第六层体系的不同表现形式，我们需要把它们接入最高目标的主板上，使整个价值观频谱呈现出健康的表现形式。为了有效地设计经济政策，我们必须承认其他元模因的大量存在，认可其发展动机，并为其做出相应的设计。我们还必须要认识到，是什么样的价值体系组合构成了我们的价值模因堆栈或信仰体系，并有勇气和远见将这个组合搁置在一旁，以便从价值体系的"第二层级"——"存在"层面——着手，启动设计方案。

如果经济政策能够以如此微妙的方式进行演变，自动发挥其功能，而不受各种意识形态的强行控制，将会怎么样？如果每一位总统，不论其隶属哪个党派或具有什么样的意识形态，都能为维持经济的持续繁荣而负责，又将会怎样呢？自从亚当·斯密提出"道德情操论"以来，"第一层级"生存层面的经济价值体系已强行曲解了资本主义的真谛，并利用它来满足自己狭隘的政治和经济需求。如果资本主义在新的表现形式中会优先考虑创新、科研和开发，认为这些方面比资源攫取和金融操纵更重要，那会怎么样呢？如果在新的范式转变的影响下，美国制造业由于取得了技术进步而恢复了过去的辉煌，并让所有利益攸关方都朝着同一个目标齐心协力向前迈进，又会怎么样呢？如果知识经济的优势能够全面开花结果呢？如果金融创新重新发挥了其功能性作用，让这一切都成了可能，情况会如何？

如果经济政策能够与生存状况的变化无缝贴合呢？如果经济政策的设计是从人类发展的"第二层级"的视角出发呢？这是第五个模因经济周期中的探究和辨识阶段，人们在这个阶段必须应对前四个模因经济周期中反映的系统性和功能性挑战。如果我们通过价

> 当"存在"层面的现实处境唤起人类意识的觉醒时,人类会放弃以往"生存"层面的追求,并开启重大飞跃。

值体系的视角重拟现代经济史,借鉴后见之明学习将相互矛盾的各种元模因意识形态重组在一个有凝聚力的平台上,并能够明确那些引领我们走向未来的可持续的功能型经济意识形态中的各种要素,我们就可以进一步界定前四个模因经济周期中的系统性和功能性挑战。

人类的本性已为重大飞跃做好准备

1974年,我的同事兼导师唐·贝克博士在位于丹顿的北得克萨斯大学担任终身教授,当时他在《未来学家》杂志上读到一篇文章,这篇文章不仅改变了他的生活,还改变了他身边成千上万人的生活。那是克莱尔·格雷夫斯教授刚刚发表的一篇总结性文章,概括了他毕生所做的关于人类发展理论的研究工作,其中宣称,人类的本性正在为重大飞跃做好准备。格雷夫斯认为,当"存在"层面的现实处境唤起人类意识的觉醒时,人类会放弃以往"生存"层面的追求,并开启重大飞跃。以下是格雷夫斯对这种发展阶段的描述:

> 当一个人最终能够通过清醒的认知来看待自己和周围的世界时,他会发现自己所处的局面要友善得多。现实通过惊人的细节让我们明确无误地看到,显然人类没能做到自己能做到的样子,他们滥用了自己的世界。这一启示引

人关注，让这个人跳出固有思维模式，寻找一种生活方式和价值体系，使自己不再像寄生虫那样，只能依赖这个世界及所有其他生物而存在。他会寻求以自尊为基本依据，这将为其应对"存在"层面的现实处境打下坚实的基础。他还通过 G-T 价值体系[95]创造了这个坚实的基础。G-T 价值体系根植于知识和宇宙现实，不会受动物类需求所引发的错觉的影响。在这个层面上，人类发展的新主题为："表达自我，以便使其他所有人、所有生物都能继续存在。"他如今的价值观与旧有的各种价值观层次处于不同的格局中：这些价值观不是出于私利而产生的，而是由于他认识到了人类的存在与发展之恢宏壮美，于是便渴望能够将这种发展延续下去。[96]

在见到格雷夫斯，看到他历经数十载所做的学术研究，并见识了他的理论广度后，贝克离开了自己有保障的终身职位，开启了一段旅程，希望让世人了解人类存在与发展的本质，并让我们知道，前方还有更光明的未来在等待着我们。显然，格雷夫斯和贝克这两个人都远远领先于他们所处的时代。"第一层级"政治和经济机构的各种利益盘根错节，延误了"第二层级"变革发生的时间。在格雷夫斯写下这篇开创性文章的时候，通过后工业时代的意识形态的推进，文化变革正在发生——在工业时代，我们不注重环保，造成了生态退化，而后工业时代的意识形态预测，生态退化的局面即将终结。新兴经济中最亮眼的元素在于知识领域，格雷夫斯将这个领域视为重塑人类行为和定义我们的宇宙现实的最重要工具之一。知识经济正处于萌芽阶段，如果文化价值观能够沿着正常的健康轨迹发展，格雷夫斯的预言在如今就会成为现实。

但是，正如我们在第三个模因经济周期的模因分析中看到的那样，新兴经济的发展前景受到货币主义意识形态的强行控制，这种意识形态出于当时第五层价值体系的前沿思维，却在后期脱离了理性控制。这耽搁了系统思维变革发生的时机。三十多年过去后，造成后工业时代的经济发展偏离轨道的那套谬论也许并未使我们的生态系统崩溃，但它却在西方文明的发展脉络中制造了同样危险的片段。金钱至上模因已经在经济和道德上造成了许多当代西方价值观的破产。在每个西方城市的街道上，我们都能看到有新的全球模因出现，以确认当前价值体系需要发生深刻的变革。如今，从"第二层级"的部族元模因到第六层平等主义元模因，每个元模因都发展到了最高深的程度，并坚持认为自己秉持的道路才是唯一可行的出路。通过社交媒体，通过充满活力的动态图层，我们看到整个西方各种不同层次的价值体系在朝我们呼喊，通过诸多风潮和文化代码，体现着人们不同的信仰和行为。未来的经济政策如何能够包容如此丰富的多样性？在资本主义意识形态下，领导人如何能把所有观点都纳入他们的经济政策，同时让经济繁荣持续成为我们的指路明灯？

模因经济周期（MCS）与重大飞跃

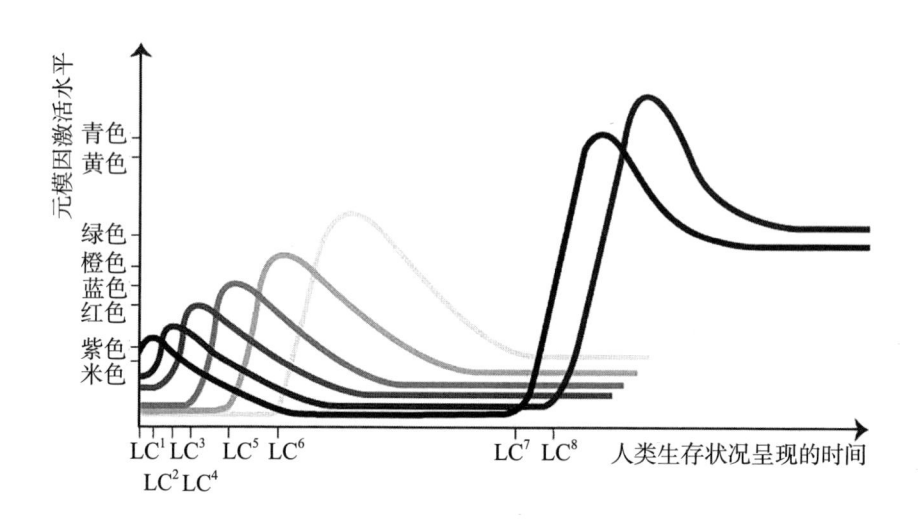

注：基于格雷夫斯/贝克的思想框架，第七层黄色价值观的出现代表着人类的重大飞跃，这是我们从未经历过的。这也解释了为什么新体系不断得到确立，但是当前的经济萎缩（表现为第四个和第五个模因经济周期，即MC-4和MC-5之间的间隔）依然长期存在。第五个模因经济周期（MC-5）需要持续几十年才能完全展现，体现模因经济学中功能型资本主义平台的功能性和系统性价值。

格雷夫斯和贝克都认为，在"存在"层面的生存状况下，人们所面临的问题已无法在当前体系中得到解决，而且人们无法接受甚至无法理解更高层级的价值体系给出的解决方案，因而人们对这种解决方案不予理会。人们还可以补充说，如果一个体系对当前的价值观投入过多，而重大变革却不一定会发生，这种不确定性是会令人担忧的。因此，这个体系反过来选择通过艺术性变革来推动当前空洞而过时的体系向前发展，期待能够产生不同的结果。这就是大部分旧有体系如今所面临的情况,是时候要引入新的系统化经济模式了。我们如今面临的问题无法再凭借业已枯竭和崩溃的"第一层级"生存层面的工具箱来得到解决。这个体系正在走向衰退,即将发展到最终的混乱无序阶段。究竟人类是会决定做出重大飞跃,从生存层面的价值体系和过去的人类行为中吸取教训,开始从系统化角度进行设计,还是会继续浪费自身的潜力,提供创可贴式的解决方案,却希望获得最好的结果?如果我们选择前者,我们将在人类向上发展的旅程中进化到"存在"层面的发展水平;如果我们选择后者,我们将会使自己成为宇宙现实中微不足道的一个注脚。

系统化元模因重现

当我们在第二章首次接触第七层价值体系时,我们了解到的多数相关信息都是无害的,这个体系还向我们总体呈现了如何将其原则应用于理论中。如今,通过价值体系的视角,我们重新定义了现代经济学历史,还经历了"第一层级"经济体系中六个价值层次的不同表现形式,这时的生存状况也在触发第七层价值体系的密码显现。所有处于较低层次的子系统都无法设计出能够掌管全局的解决方案,因为每个层次都认为只有自己才能给出解决方案,而其他所有较低的价值层次都是病态的、运转不灵的、剥削性的或不够好的。

一旦那些相互竞争的较低层次元模因损耗殆尽,并默认愿意求同存异、接受分歧的存在，那么第七层黄色价值体系就会作为一套自然的解决方案出现。每个元模因的关注点都会从"我说了算"的态度转向默默确认"我们都必须共享同一个空间"。前六个较低层次的价值体系通过以往的行为模式将世界秩序置于危险境地，而黄色价值体系就像一位好医生，带着合适的诊断工具和对症的药物来治疗这个世界，修复世界秩序。黄色价值体系为每个层次的患病部分都接种了疫苗，以预防未来的不健康行为，并将那个长期分裂的世界缝合在一起。黄色价值体系主要关注人类的生存，因此它在设计自然适用于整个经济体系的功能型解决方案时，认为人类的生存是高于一切的。

人们在"第二层级"经济政策的方法中采纳了所有"第一层级"体系中最健康的表现形式，并将它们放在致力于推进文化长期可持续发展的功能流程中。这是一种能够让人理解所有较低层次元模因动机的方法，并且它能够让人看到其有限的生存冲动以外的价值。正如贝克常说的，如果红色元模因失去了控制，那么黄色元模因必须能够引导其原始能量的流动。如果蓝色元模因变得过于严厉，那么黄色元模因必须对其进行改革。以今天的金融监管为例，如果蓝色元模因被削弱得太厉害，黄色元模因就必须对其进行重建；如果橙色行为模式变得有害，黄色元模因必须使这些行为重新表现得健康。橙色元模因能够履行所有这些功能，但它不会支持来自某个较低层次元模因的排他性解决方案。这就是最初引发问题的根源。黄色元模因从所有"第一层级"体系的动态中获得信息，并将这些体系都视为与其最高目标相对应的子系统。当我们从黄色元模因出发设计功能型解决方案时，所有较低层次的价值观都会为我们完成"自然设计"而作出贡献，这些设计本身就会开始改变个人行为和文化价值观。一旦最高目标在文化中变得更加明晰，黄色元模因的领导才能就开始从长期失调的生存状况中发展出来，并承认自己需要找到更复杂、更自然的解决方案。

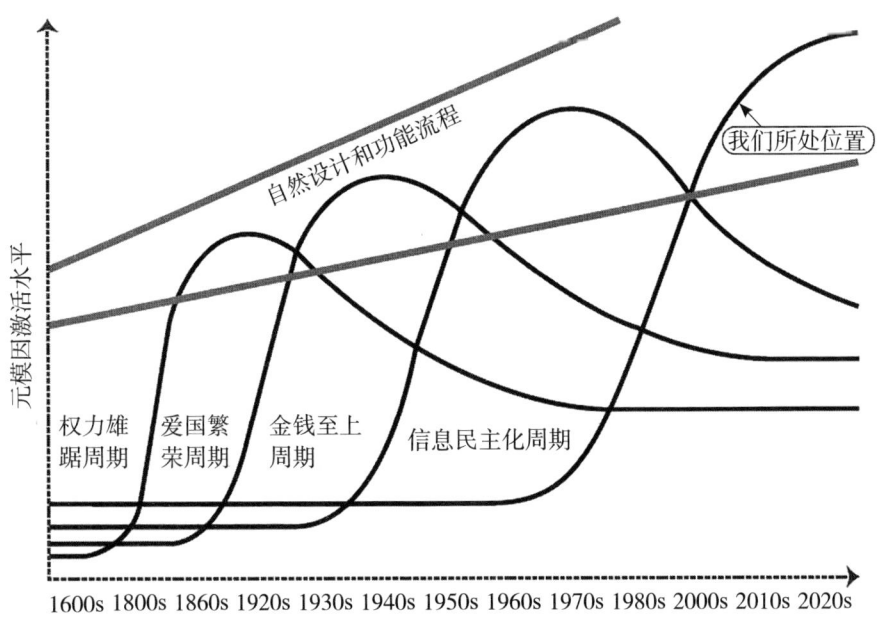

第五个模因经济周期的系统化设计

在2008年的白宫竞选中，奥巴马承诺要成为一名具有第七层黄色元模因特征的领导人。他在演讲中使用的"第二层级"语言模式迷惑了选民，让他们以为自己有望见证第七层价值体系的改革，能让所有美国人都接入新的价值体系主板。但遗憾的是，奥巴马的当选并没能充分反映当前体系与生存状况之间的对应关系。在他的第一个任期内，美国就陷入了两极分化的局面。几十年来，美国从未曾出现过此类情况。2012年，到新一轮选举周期时，美国仍继续经历着当前体系最终的崩溃阶段，此间美国鲜有可持续发展的思想产生。共和党候选人罗姆尼（Romney）的信仰体系则完全展现了第五层橙色价值观，他试图将新兴的生存状况与处于衰退阶段的模因经济周期重新对应起来。尽管罗姆尼的很多经济思想都是合理的，但这些思想在新体系的组建过程中却再也无法发挥主导作用了。

在价值体系的研究中，我们认为"第一层级"到"第二层级"的转变是最痛苦的。这不仅是从第四层秩序主导的文化向第五层以进取精神为驱动的文化的转变。在转变过程中我们还认识到，所有较低层次的六个生存层面的发展水平具有各不相同的变化、动机、愿望、剥削性和机能障碍，使我们相应地调整了全部价值观和设计整合的完整性和独特性。奥巴马在成为美国的最高统帅后，他的许多关于金融改革的黄色元模因思想就受到了金融业内在利益的影响，变得边缘化了。2008年秋，保罗·沃尔克引领的整个芝加哥经济学派的多元化黄色元模因思维模式被拉里·萨默斯（Larry Summers）的思想所取代。拉里·萨默斯已成为陈旧有害体系的典型代表，也成了侵蚀金融行业秩序元模因的催化剂。第七层价值体系的领导思想一个接一个地被否决，不是因为这些思想不够好，而是因为奥巴马式的意识形态与美国当时的生存状况不符，可能超前了大约十年的时间。

第五个模因经济周期的最高目标

当生存状况退离"第一层级"时，由于黄色元模因思想尚无法得到展现，这些思想便成了一个孵化器，用以收纳和呈现当前转变的早期表现形式。这种机能障碍变成了一种要求人们改革和转换经济结构的呼声。较低层次的几个价值体系发出微弱信号输入黄色价值体系平台，并接入黄色元模因的最高目标主板，使这个平台做出的结构设计能够采纳每个特定价值体系层次的语言，并能够将黄色价值观与所有其他接入的价值体系层次的价值观保持一致。肯尼迪号召人们追求橙色价值体系的最高目标，把人类送上月球，促使人们把当时盛行的第二层到第五层价值体系的所有元模因都整合在同一个主板上。尽管这种整合只是一种艺术性变革，使经济体系与第二个模因经济周期中期的生存状况保持同步，但其结果是带来了科学技术的卓越进步，美国至今仍从中受益。黄色元模因的最高目标中必须要包含系统性变革的元素，而不应包含引发另一种橙色元模因表现形式的元素。如果黄色元模因能够与所有的"第一层级"价值体系对话，它将会使这些价值体系成为部队中的上校，以他们自身独有的方式消灭那些将我们的地球置于危险之中的做法。它将会为美国即将到来的黄色元模因变革增加宽度、广度和质感。黄色元模因在模因经济学层面的最高目标必须包含前四个模因经济周期中的所有最高目标元素。我们在权力雄踞时期学到的经验教训必须要与我们在爱国繁荣时期得出的经验教训整合在一起，接入同一功能流程中。同样，我们在金钱至上周期学到的经验教训也必须要与我们在信息民主化周期新得出的教训接入同一个主板，此时它们都服务于一个更为宏大的最高目标。如果这体现了格雷夫斯和贝克所描述的价值观，且仍然作为一种经济模式而存在，那么这种模式必须要同时解决关乎"人、利益和地球"三个层面的问题。对于美国而言，在阐释第七层价值体系的最高目标时，它将会使用诸如此类的宣言：通过实施可持续的经济政策来支撑全球领导地位。

如今，在奥巴马连任美国总统后，许多热点问题仍在牵动着"第一层级"元模因的发展热情，但"第二层级"价值观已经开始以最自然的方式显现出早期的发展迹象。黄色元模因的领导力几乎不加掩饰地开始在政府、媒体和知识经济中显现。在政府中，保罗·沃尔克等政治任命官员的坚韧执着便体现了这一点，他们的思想最初是被边缘化的，因为人们担心此类思想会造成金融体系的崩溃。

未来的智能政府

沃尔克展现了黄色元模因中典型的系统性思维模式，他知道功能流程对经济体系而言有多么重要。2008年秋，橙色元模因的毒害性到达了顶峰，其传播之广、危险性之大都是前所未有的。作为一个客观的观察者，沃尔克了解金融市场的复杂性，也了解在历史背景下导致华尔街产生巨大压力的不合理问题所在。政治家和华尔街内部人士都认为，沃尔克集团提供的解决方案给美国经济开出了危险的处方，它只是为了寻求美国经济体系的健康运行，却会造成全球经济的整体崩溃。作为局外人，沃尔克非常清楚地看到，当前经济体系对不健康行为的沉迷程度有多深。在美国国会山，政界人士和华尔街精英人士在全世界人民面前乞求获得救助资金，就像一个瘾君子，穷尽一切办法来维持自己的毒瘾，令人望而生畏。沃尔克的黄色元模因建议可比药物顾问的建议重要得多，因为药物顾问会建议人们贸然抱团为体系解毒。而正如沉迷享乐的瘾君子不认为自己需要康复戒毒，沃尔克的建议也很快被驳回了，人们支持政界人士和华尔街精英人士去寻求更多的资金，增强银行系统的依赖性。

我们永远不会知道，如果美国当初任由金融体系崩掉，是否会阻碍这个新的、更灵活的货币体系在金融崩溃的灰烬中扎下根来。不过，对于许多批评者和公民而言，显然，美国对银行业的救助措施进一步暴露了经济体系的功能障碍，助长了人们的怒气，加剧了当前美国的社会动荡局面。"沃尔克法则"（Volker Rule）是《多德—弗兰克法案》的最高成就，要求银行不得在交易中动用储户的资金。[97]"沃尔克法则"一直向公众开放征求意见，直到2012年7月，它才成为具有威慑性的第四层体系的一部分，这个体系在三十多年间见证了政府监管能力的退化。金融危机已经过去四年了，然而，秉持不健康的橙色价值体系的人们仍然坚信，"沃尔克法则"作为法律得到通过，对他们而言意味着世界末日的到来。沃尔克的眼界远高于华尔街精英人士对世界的有限理解，他着眼于在未来几十年里维持资本在经济活动中的功能性流动。人们在第七层价值体系中设计监管元模因时需要具备这样的领导力，沃尔克的例子只是我们对于这种领导力的管窥。

然而，目前，美国政府的三个部门体系内都产生了功能障碍，人们已经把沃尔克这样的第七层元模因领导人描绘成了孤狼和就业破坏者，而不是代表政府未来的富有创见的典范。虽然从第七层价值体系出发来构建政府机构并不是本书所要探讨的重点，但很显然，为了让美国实现重大飞跃，人们需要发展出系统性的黄色价值观。在各级地方、州和联邦政府以及在政府的所有三个部门中都必须有黄色元模因的领导层，他们能够充分了解生存层面的发展结果。

"第二层级"的智能政府希望对资本主义和金融业进行监管，把所有相互矛盾的"第一层级"子系统集成在同一块主板上，能够支持所有人的健康商业行为。"第二层级"政府是"智能政府"，它希望由聪慧绝顶的人建立监管机构，因为这些人了解他们所监管行业的复杂运作模式，但其监管行为是以崇高的使命感为驱动的，远不是出于盈利的需要，也不是为了以自己的职位为跳板，进入他们寻求监管的行业。黄色价值体系所规划的智能政府远比我们所见过的政府模式更为精简，也不那么官僚主义。由于智能政府是为了给所有较低层次的价值体系提供功能监管而铺平道路,因此它将采用具有监管功能的智能技术和算法,从而使美国证券交易委员会等机构无须配备很多工作人员。智能政府还会平衡自己的监管职能,能够敏锐地意识到,在爱国繁荣模因的影响下,政府的监管负担有多沉重,因为这种模因会使政府的监管变得官僚主义,既低效又无能。智能政府的监管是为了实现黄色元模因经济政策所设定的最高目标。

就像罗斯福新政会为橙色价值体系设定有创见的路径来改变文化,从而改变整个国家一样,富有远见的黄色元模因政府必须对美国的文化所达到的复杂程度做出评估,据此设计出新的富有远见的体系,使这个体系能够通过它对未来所做出的承诺来激励所有"第一层级"体系中的利益相关者。在实行可持续发展经济政策的星球上,美国的最高目标可能并不是在这个阶段得到华尔街和银行业的狂热支持的理由;然而,一旦华尔街和银行业过去所做的有害行为持续显露出来,而且人们在金融行业无法再利用非生产性活动来获利,当前的金融创新表现就将走向终结,银行业将不得不吞下苦果进行排毒,使自己回归到原有的功能性角色上来,为美国的经济发展提供富有创见的引导作用。

在调查白领犯罪方面,在默认的情况下,当前的第四层体系调查能力欠佳,已然变得被动。换而言之,第四层体系并未同步发展出第五层体系所具有的创新性。智能政府的监管是从第七层体系出发做出设计,能预见第五层体系的发展方向,并铺设与监管相关的基础设施，从而引导政府监管步入健康的轨道。当我们在当前经济周期的衰退阶段苦苦挣扎时，至关重要的是，来自金融、宏观经济、技术和法律等领域的深刻秉持第七层体系价值观的思想领袖们，要让新兴的"第二层级"价值体系知道，怎样才能算是智能政府。只有当"第一层级"的所有价值观都将政府视为智能的参与者时，资本主义的"第二层级"功能性平台才会开始显现。

媒体展现的第七层价值体系领导力

黄色元模因的早期迹象也曾在媒体中显现。迪伦·拉蒂根（Dylan Ratigan）曾经是一位消息灵通的财经记者，但他在2012年6月从公众视野中消失了。多年来，他曾一直密切报道华尔街的内部运作，拒不认可华尔街的种种病态表现。他著书讲述了自己作为知情者所了解的内幕。这部著作带有"第二层级"黄色元模因，是用人民的语言风格进行叙述的。拉蒂根曾经就职于微软全国有线广播电视公司（MSNBC），他所主持的电视节目是一个平台，能够为美国的经济发展寻求真正的解决方案。拉蒂根的做法简直与金融创新所引发的病态表现背道而驰，他根据人们在金融世界以外的生存状况以及美国所面临的挑战，为我们制定了"第二层级"的解决方案。2010年，他的《车轮上的钢》（*Steel on Wheels*）系列节目向观众展现了美国的创新天才们尚未得到发掘的潜力和乐观程度，这些创新天才提供了能够应对许多经济问题的解决方案——从制造业到医疗保健、教育以及公共工程部门[98]。他参与的最后一个工作项目——《三千万就业岗位》(*30 Million Jobs*)系列节目——非常受人欢迎。该节目侧重于为我们应对经济挑战寻求功能性解决方案,其受欢迎程度证实了人们迫切需要由他这样的思想家制定"第二层级"黄色元模因经济政策。著名的《迪伦·拉蒂根演说》(*Dylan Ratigan Rant*)也清楚地证明,拉蒂根自身有能力超越当前价值体系表现中的短视功能障碍。2011年8月10日播出的《迪伦·拉蒂根秀》(*Dylan Ratigan Show*)栏目中,他指出了当前价值体系普遍存在的功能障碍:

> 我们遇到大麻烦了!这是一个数学现实!人们正从美国榨取数以万亿计的美元资产。民主党人不作为,共和党人也不作为。这个国家整体的集成体系、金融体系、贸易体系、税收体系,是由两党在20年的时间里创造出来的,如今正在全美发挥作用。我们坐在这里争论的是,我们是应该实施4万亿美元的计划,把问题留到2017年,让下届总统来解决呢,还是应该把这一切全部烧光?这两种做法都是鲁莽的、不负责任的,还很愚蠢。[99]

如果价值体系的层级结构是正确的,那么基于拉蒂根离开的原因以及他与其精神导师迪帕克·乔普拉(Deepak Chopra)的紧密联系,他在通过探索绿色元模因更深层次的表达来努力加深对人性的理解。如果拉蒂根在完成这样的探索之后再次回到媒体工作，他将成为比现在更具影响力的黄色元模因领袖。媒体在塑造我们的文化思维方面发挥着重要作用，人们最终会意识到，像拉蒂根这样的黄色元模因思想家必须在推动文化思维发展的过程中成为关键角色。从编辑到制片人和广告商，媒体有责任超越其较低层次的元模因行为，并学会将这些行为纳入同一个平台，服务于非剥削性的社会需求，从而助力社会发展。

第七层价值体系的生态系统

预示着黄色价值体系有望崛起的另一个迹象来自硅谷，这个案例绝佳地体现了由健康的橙色和绿色重心为主导的生存状况。硅谷的许多公司都为其绿色元模因的工作环境及其所做工作的性质而感到自豪，它们让全世界的信息获取都变得民主化了。黄色元模因在社区进行再投资的一个案例便是，谷歌在知识经济之外再行扩张，进入了一个长期以来一直由政府和非营利机构参与的领域，一起将知识经济的发展向第七层价值体系推进。在过去的几年里，谷歌参与了经济适用房的开发和所有权划分。在波士顿等大城市，谷歌通过提供人们急需的价格低廉的出租房，在重新定义企业公民身份方面发挥了主导作用。与此同时，它也享受了政府项目提供的税收抵免优惠。

这件事并不会成为晚间的头条新闻，但事实上，它发生在现代历史上人们最难获得资本（尤其是商业建设贷款）的时期，是具有重大意义的。谷歌本可以雇佣最聪明的对冲基金经理，在崩溃的房地产市场趁火打劫，效仿华尔街从事一些非生产性的不健康经济行为，投资信用违约互换产品来获取高额回报。但谷歌并没有这样去做，而是选择投资建设人们迫切需要的风险项目，为家庭提供庇护。就注重履行企业社会责任的传统商业活动而言，企业与社会一道实现双赢的设想并不是什么稀奇的事情；但如果我们从第七层价值体系出发进行设计，灵活性强，资源也充分，能够让我们在适当的时候优先选择考虑人的因素而非利润因素，最终实现的结果往往会是"三赢"，而其中的"第三赢"就是实现地球的长期可持续发展。

与许多其他传统公司不同的是，谷歌能够完全接纳第六层价值体系的价值观，因为第六层价值体系超越了所有其他较低层次的价值体系，同时能够包容较低层次元模因的所有健康行为。这家公司的非官方座右铭是"不作恶"，公司由地球上最聪明的工程师参与运营，因而谷歌期待能将具有黄色元模因功能形式的企业行为传播到世界各地。虽然与传统的《财富》五百强蓝筹公司相比，谷歌仍处于初创期，但它正在促使企业界重新定义它的嵌入式实践行为，改变过时的商业模式，以提升商业行为的功能性和效率。

除了直接投资实体项目外，谷歌还给华尔街带来了颠覆性的行为模式。2009年3月，谷歌公司成立了谷歌风投部门，它是谷歌的投资部门。这是一种大无畏的"第二层级"的"创造性破坏"形式，它为"绿色—黄色"元模因企业提供资金，这些企业可能会成为黄色元模因经济平台的组成部分，同时也会迫使华尔街重新审视其未能增加经济价值产出的非生产性活动。谷歌风投部门会对多个领域、处于各种发展阶段的公司进行广泛投资，并承诺每年向那些既敢于冒险又雄心勃勃、像谷歌人一样热衷于创建颠覆性公司的充满激情的企业家投资2亿美元。[100]在致力于寻求功能性解决方案时，黄色元模因清楚地看到了"第一层级"价值观的局限性，于是它变得无所畏惧，并从这种局限性出发付出行动，使较低层次的元模因也能够变得无所畏惧。

谷歌诞生于硅谷的第六层绿色价值体系生存状况之下，未曾受到工业时代商业模式中那种陈旧、令人厌倦的价值观影响，因而它很自然地跃升到了第七层黄色价值体系。有很多证据表明，硅谷的绿色价值观在定义第七层黄色价值体系方面发挥了至关重要的作用，因为它以知识经济为催化剂，将知识和技能分配给一些较低层次的元模因，从而在教育、医疗保健和制造业等各种领域提供了新的就业机会。在下一章讲到功能型公司时，我会对谷歌的"第二层级"功能进行更为详细的探讨。我们还会讨论第三次工业革命，它具有黄色元模因设计的分布式智能的所有标志。在后面的章节中，我还会用一章的篇幅就此做详细介绍。随着我们社会关注的焦点与金融部门渐行渐远，以及华尔街行为模式中的谬误变得越来越显而易见，更多的利益相关者将会成为有能力开展变革的黄色元模因思想者。这最终将导致分布式智能的产生，其自然功能是根据生存状况的需要与人们的需求来重新分配经济权力和发展机会。

西方社会的黄色元模因思想者表现出了一些共同的行为模式。

首先，为了修复某个体系，在任何特定的职业背景下，能言善辩的黄色元模因思想者都会自然而然地奋起，以回应人们莫大的需求，来为这个失去蓝色秩序基础的体系提供指导。黄色元模因领导者通常并不是某一特定行业的监管者。这些人往往对自身职业所在行业的前沿实践行为十分熟悉。他们是业内人士，完全了解行业文化中的新兴发展模式，但他们的目光聚焦在整个宏观经济体系的长期生存能力上。黄色元模因思想者不会在生存层面的不同元模因之间做抉择，他们不会放弃整个行业及其实践行为，转而去支持聚焦于更高层次的"第一层级"元模因的实践行为。相反，他们希望彻底改善并支持整个行业的最佳健康实践行为，将其接入由所有生存层面的元模因构建而成的主板上，从而使其健康表现形式呈现出来，创建一个充满可持续性实践行为的多样化经济发展平台。

正如我们在从事政府工作的保罗·沃尔克身上、在从事媒体工作的迪伦·拉蒂根身上看到了自然生发的思想觉醒，黄色元模因思想者自然而然地知道什么时候工业实践会变得有害和不健康，并能轻松地将掠夺性活动和生产性活动区分出来。不健康的实践行为越是根深蒂固、越是系统化，人们就越难将黄色元模因呈现出来，以便使其融入所需的功能流程中。每位像保罗·沃尔克和迪伦·拉蒂根这样的人，其身后都有成百上千名黄色元模因思想者在为他们工作，但人们往往不会注意到这些幕后工作者所付出的努力。在很多情况下，不理解系统性黄色元模因思维模式的政客和老板会弱化自己的观点，以暂且获得人们的好感，推进自己的议事进程。随着越来越多的黄色元模因思想者在开放的价值体系中涌现，较低层次价值体系存在的功能障碍自然会暴露得更明显，从而让"第二层级"的系统化思维模式得到传播，使个体化的黄色元模因铺展开来，让人们得以成功创建功能性的经济发展平台。

我们构建模因经济学框架的目的，是通过新兴的价值体系科学为我们提供的研究技术来设计出可持续的经济发展前景。从宏观经济层面看来，这无疑是一项艰巨的任务——在当今日益复杂的全球经济环境中，我们需要全面地了解当前经济活动的普遍行为模式。在非西方世界，许多价值体系的文化刚刚经历了升级到第五层价值体系的过程，人们认为这些价值观是自己在攀登人类发展的阶梯时理应获得的基本权利。

虽然西方早已平息了关于工作场所的安全性和工人权利的纷争，而且每天还在奋力应对空气污染和环境恶化等问题，然而，在许多自称拥有最高生活水平的石油生产国人民的商业感知中，人们甚至都未曾意识到这些问题的存在。就算是在西方，不同的地区似乎处于不同的文化发展阶段，这也影响其经济政策的制定。美国的能源政策似乎是反复无常的，而且常常受到石油巨头的影响，而德国已经开始实施可再生能源政策，试图结束能源行业历来的垄断行为。这也是智慧政府的案例，人们需要有这种类型的政府来制定第七层黄色价值体系的经济政策。

德国人承认西方社会的生活方式必然会消耗地球的有限资源，从而有能力促使人们结束自工业革命以来由于生态系统的破坏而造成的环境恶化局面。自第二次世界大战后德国重建工业基础设施以来，德国经济一直拥有世界上最健康的模因经济堆栈，并准备为世界提供可持续发展实践的范本。就像在罗斯福意识形态时期的美国一样，如今德国政府的目标与德国人民的目标非常一致。德国政府在设计"第二层级"经济政策时，与所有选民进行交谈是必不可少的要素。

在为美国设计黄色元模因经济平台时，人们必须将各个行业中的保护性橙色价值观都考虑在内，比如在开采业和石油工业中，人们仍然大量投资于旧有技术，在全球范围内投建了价值数十亿美元的基础设施项目。这些公司通常在传统的指挥和控制结构中运行，其运营过程中发生的任何突然变化都将在全球产生系统性后果。这些公司极力避免失去自己现有的市场份额，于是它们倾向于维持现状，不让美国发展成为绿色元模因的科技平台，因为那意味着它们将无法存活。在美国，许多行业都会抗拒变革，固守旧有的橙色元模因行为模式，越来越严格地保护自己的技术，防止自身陨灭。与人们在知识经济中创造的分布式经济力量相比，这些行业正试图将权力集中在少数人手中，并利用其掌握的一切工具来保护自己免受必将发生的变革的影响。这些行业的普遍做法在本质上已经构成了垄断，因为它们攫取了很大的政治和经济影响力来阻碍变革的发生。

美国的银行业和能源行业最近为我们提供了生动的案例，让我们了解到，如果没有黄色元模因领导者的引导，将美国带入新的经济前沿，美国的整体经济会如何滞困于较低层次的元模因中。黄色元模因经济平台不会坐等陈旧的橙色元模因行为消失，它为这些行业的健康发展作出了设计，使它们能够看到自己在充满活力的、可持续发展的未来愿景中扮演着至关重要的角色。保罗·沃尔克对银行业未来发展方向的设想可能不会被银行家们认同——他们如今沉迷于利润丰厚的非生产性实践。然而，在未来十年左右，他们会乐于看到，在"沃尔克法则"的影响下，他们的资源重新投入生产性实践中，与经济生存状况的整体变革保持一致。黄色元模因总是有能力洞察到未来的系统化流程，并拥有相应的资源为未来做出相应的设计。后现代的经济愿景是一种黄色元模因愿景，旧有的橙色元模因行为在被淘汰时，也在为这种黄色元模因愿景而同步赋能。

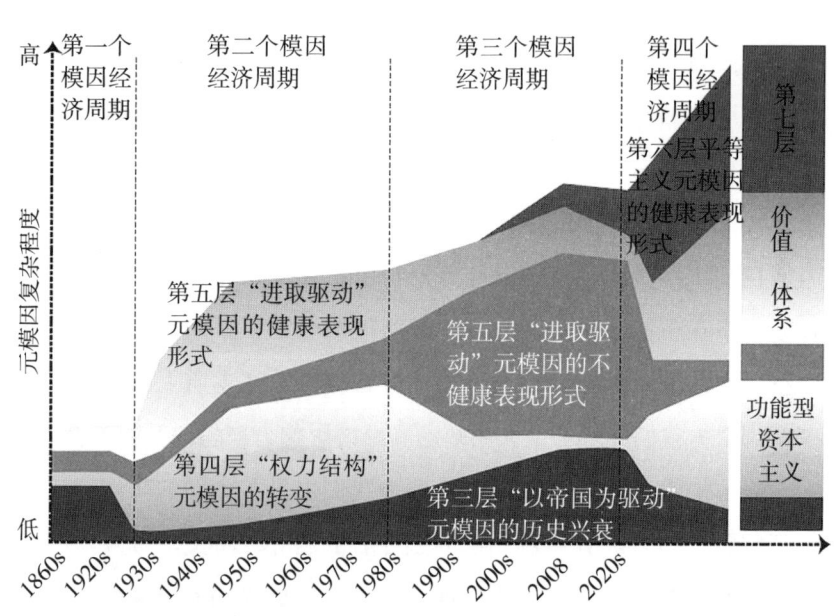

经济价值体系的历史模因堆栈及功能型第七层价值体系的未来设计

人们将权力、知识和技术分配到世界的每一个角落，努力设计出可持续但又高度分散的未来经济发展格局，通过变革来为经济发展赋能。分布式经济智能的黄色价值体系中不会存在"大到不能倒"的垄断情形。在黄色经济体某个部分的某个实体中存在的问题不会对经济体的其他部分产生任何影响。黄色价值体系是一个开放的体系，它预测了石油垄断、大银行和医疗保健行业等非自然经济形态的混乱无序状态，但不会直接结束这些商业模式。相反，黄色价值体系关注的是使这些商业模式的功能成为自然流程的一部分，从而最终让人们看到自己行为中的不足之处。这唤醒了人们更加崇高的使命感，尽管可能无法很快地改变人们的行为模式——因为他们毕竟仍需要对股东和数百万员工负责，但这种使命感最终会令人们认识到，实现地球和人类的可持续发展与满足自己的经济需求同样重要。

在黄色元模因的设计模式中，形式是服从于功能的，只要黄色元模因经济体需要某些行业遵循某种指挥控制结构，这些行业就得持续这样去做。如果技术进步还没能做到让人们弃用石油，那么黄色元模因就会使石油生产商有能力以对环境影响最小的方式提取化石燃料，创造出最为清洁高效的化石燃料形式，为高效能车辆提供动力，同时还能使该行业扩大对可持续能源的研究和开发。尽管黄色元模因会拥抱知识经济中的"创造性破坏"，并承认在我们将经济智慧分配到社会各个角落的过程中"创造性破坏"能够发挥更大的作用，但黄色元模因也必须认识到人们在现有生存状况中的经济需求,并保留一些旧有的经济结构,从而使人们尽可能实现无缝而又无痛的转型。

自然设计与功能流程

我们已经看到了黄色元模因早期发展的案例——它在个体领导者身上是什么样的表现,以及它如何在企业价值观中得到反映,因为企业价值观与企业的社会责任感息息相关。我们要应对的更宏大、更复杂的问题是,如何将整体的文化发展设计到这种系统性的元模因中。格雷夫斯认为,我们应当设计一个体系,使所有生命形式和所有生物都能继续存在,那么,我们如何确认这个功能型经济平台的构成要素?

这种"第二层级"研究方法是以自然设计这一概念的原则为基础的。它是螺旋动力学理论中的一个大规模系统变革模型,自然而然地使人、资源、制度和过程协调一致,服务于同一个最高目标,适用于美国及其他地区的大规模经济政策。我早前提出的实现这个第七层最高目标的可行性声明,必须要体现我们通过价值体系的视角重新阐释经济发展史的熟练度,并将这些动态放到为实现这个目标而设置的功能流程中。

由于这个体系的设计必须要考虑到人、经济效益和地球生态环境这三重底线,因此,我们在重申任何经济政策时都必须要讲到健康的人民、公平的经济效益和可持续发展的地球生态环境。经济政策必须具有弹性、适应性和可持续性，同时还要以提供长期、充分的就业机会为目标。这个体系乐于接受科学和技术进步，并利用科学和技术进步的作用来帮助人们实现最高目标。"创造性破坏"常常为人们所诟病，人们认为它削弱了劳动密集型行业的就业基础。但是，如果我们将"创造性破坏"放在"第二层级"经济政策的功能流程中，它可能会成为一种催化剂，为新一代企业家赋能，让他们在创业过程中能够使工会和企业之间由来已久的争论变得更加温和且更富成效。

那些在几十年前创造机器人以取代工厂工人的工程师，现在也在被人们最新开发的人工智能产品所取代。在企业的商业模式中，计算机和主流流程也在以迅雷不及掩耳之势代替人类工作。除非技术能够以自然设计的方式得到人们的认可，免遭破坏，否则它还将持续使财富和就业机会从工人阶级和中产阶级手中溜走。自然设计通常是由生活条件的独特性决定的，而不是由精英决策者决定的——这些人认为自己有办法解决问题，但同时他们受限于橙色价值体系所能给出的最佳思维模式。就美国试图向中东输出民主政治体制的案例而言，美国尝试输出关于政府治理的最佳蓝色元模因思维模式，但却在伊拉克遭遇了悲惨的败局。自然设计作为一种变革模型，向我们提出了一个简单的问题：我们要从什么样变革成什么样？

我经常听到贝克对政治和商业领袖说："丢掉你不想要的东西，

> 贝克把自然设计总结成了一个简单的公式——它只提出了下面这个问题：是哪个设计者如何领导／教导／管理／设计，为谁而设计，设计什么内容，是在哪里设计的。

并不等于就能得到你想要的东西。"在文化的发展过程中，下一层次的价值体系不能比当前文化所处的生存状况高出一个层级以上，这样才是合适的；然而，我们也不能着眼于下一价值体系层次来对新体系进行设计。我们必须从系统化的黄色元模因着眼来设计新体系，因为通过黄色元模因，我们能够预知那些徘徊在生存状况水平之上的所有"第一层级"元模因的可利用程度。

无论我们面临的是政治问题、经济问题还是教育问题，也无论这些问题是区域性的、全国性的还是地方性的，在我们创建黄色元模因变革模式时，识别不同生存状况下文化发展的各个阶段都是关键要素。在黄色元模因经济平台上，橙色元模因被接入生活的马赛克嵌合体中。这一体系的设计师们被称为"螺旋参与者"，他们对"第一层级"的所有六个元模因层次的健康表现形式感兴趣，而民主党或共和党人对一两个子系统的狭隘关注并不感兴趣。这些设计师被称为功能主义者，而不是社会主义者或资本家。他们相信大多数管理理论，负责将这些理论用在适当的地方，以帮助人们实现总体的最高目标，让所有人都能拥有可持续发展的商业模式。

贝克在世界各地政治热点地区开展了数十年的研究和工作，后来，他把自然设计总结成了一个简单的公式——它只提出了下面这个问题：是哪个设计者（Who）如何（How）领导／教导／管理／设计，为谁（Whom）而设计，设计什么内容（What），是在哪里（Where）设计的。[101] 这似乎是一个简单易用的公式，但如果我们从"第二层级"价值观出发进行设计，来解出这几个关键词，自然设计就能让我们了解到当今世界上许多复杂问题的关键所在。在自然设计中，我们更感兴趣的是超越了复杂性的简单性，这里说的复杂性主要是由高度发达的"第一层级"表现形式所引发的，这些表现形式保护着它们所在的领域，而且常常会在不被人察觉的情况下变成不健康的剥削性元模因表现形式。作为第七层黄色价值体系的主要研究工具，自然设计只是让较低层次的子系统将这些复杂表达形式中的精髓接入一个平台，以促进整个生态系统的健康发展，并在此过程中让它们进一步增进对自身的洞见。在自然设计平台上，四个模因经济周期自然而然地聚焦于使价值体系与人们的生存状况尽可能长时间地保持同步，并同时预测变革的发生，以便在价值体系变得与生存状况不同步、亟须开展系统化变革之前，将这种变革纳入该价值体系的功能流程中。

"第二层级"的黄色元模因设计师总会以从后往前的顺序来解出自然设计公式中的关键词，这样能体现出它们之间的重要相关性。我们首先来了解自然设计工作是在哪里进行的。如果我们是在为美国设计黄色元模因经济平台，那么"在哪里"这个关键词对应的就是美国的生存状况。这正是迪伦·拉蒂根在演讲中所提到的多样化情形。它是生活的马赛克嵌合体，由所有较低级层次价值体系的各种鲜活色彩绘制而成。这里是才华横溢的发明家的小小故乡，这位发明家正在寻找资本，将他的发明推向市场。这里是大学生寻找第一份工作的地方。在这里，小企业主寻求融资，以支持其业务的扩张。在这里，服务业的小时工依靠最低工资挣扎求生，而老板的工厂不断壮大，希望再给工人增加轮班的班次。在这里，一家小型社区银行的负责人想尽办法让他的客户获得小型企业管理局的贷款批准，这样这位客户就能在社区开展急需的业务。在这里，一对秉持绿色价值观、接受过常青藤盟校教育的年轻夫妇愉快地决定在佛蒙特州定居，并开始经营一家有机农场。在这里，底特律街区是高中辍学率和长期失业率最高的地区之一。也是在这里，遍布硅谷和大学研究生教室的互联网精英们希望能够再想出价值数十亿美元的创意。

简而言之，对美国而言，"在哪里"这个关键词指的就是最新的美国人口普查报告告诉我们的人口统计数据以及美国人民的居住地。在充分了解当地的所有自然资源、人力资源和制度资源的情况下，具有黄色元模因的功能型经济体所做出的设计首先会满足所有人在这些生存状况下的需求。在自然设计公式的所有构成要素中，"在哪里"迄今为止都是最重要的要素，将影响黄色元模因经济政策的制定。决策者对一个社会的地理、模因、文化和人口特征等信息的了解，必然会对他设计符合生存状况的经济政策起到关键作用。

自然设计中提出的下一个问题是"设计什么内容"。"在哪里"这个关键词为我们确定了生存状况，那相应的设计内容是什么？我们的最高目标是来源于此的。因为我们的目标是从黄色元模因层面着手来设计经济政策，所以，我们的设计内容是一个具有所有黄色系统化设计特性的经济政策。该经济政策必须要将所有较低层次的元模因和模因经济周期接入一个可持续的功能流程中，以服务于经济体系的长期可行性发展。这里用以描述黄色元模因经济状况的大多数特性都可以用来定义设计内容。我们从过去的经济史中吸取了教训，并通过价值体系和功能流程对这些教训进行重新诠释，以便为未来的设计内容提供参考信息。一旦我们知道了需求"在哪里"，自然设计的内容也就成形了。某些经济政策需要呈现出不同的区域形式或地域形式，以便使地方经济能够适应其价值体系的健康表现形式。

如果设计内容是要为某项经济政策设计出最高目标，它首先会宣布这个最高目标，以便进而满足自然设计中其余要素的要求。设计内容重新定义了早前宣布的第七层价值体系的最高目标，并增加了以下内容：通过执行功能型可持续发展政策促进地球的健康发展，并为子孙后代提供充分的就业机会，以此创造领导力，旨在实现经济繁荣。这是一个雄心勃勃的宣言，需要我们通过广阔的宏观经济视角和宏观模因视角来审视资本主义的许多基础要素。设计内容将会审视那些过去引发功能障碍的价值体系，并将它们放在功能流程中，使它们能够看到整个价值体系的图景，并明确它们为维系这个体系而发挥的关键作用。

在自然设计中，我们接下来必须回答的一个问题是"为谁而设计"。我们在为谁设计经济政策？他们在价值体系中优先考虑的是什么？他们有哪些能力？他们所处的体系是开放的、停滞的，还是封闭的？他们的生存状况在国内的不同地区有何不同？他们是在纽约证券交易所交易大厅，在第五层橙色元模因的影响下实现人生价值，还是心满意足地生活在第四层蓝色价值体系中，通过在中西部地区的小镇上做教师来充分实现人生价值？他们是住在底特律的前帮派成员，准备好要褪去红色元模因，但还在等待工作机会，以摆脱以往的生活吗？他们是硅谷的工程师，在绿色元模因的影响下意识到，自己希望能够创造下一波社交媒体热潮，并在25岁之前成为亿万富翁吗？

我们"为谁而设计"，这个问题似乎与"在哪里设计"密切相关，却更偏重在文化中评估个人能力和模因重心。在后工业意识形态宣告工业时代结束、预告白人和技术阶层即将崛起时，它却没能以不同的方式全面评估我们的文化能力，否则我们本可以通过这种不同的方式更为深刻地做出判断，来确定我们在后工业时代要为谁做设计。后工业时代的经济是在为"橙色—绿色"经济的发展而做出设计，却严重误读了农业、钢铁制造业和汽车工业主导地区的生存状况。因为当我们要确定为谁做设计时，这些地区是落后的，当地文化已经在减速发展，并在奋力朝着更高层次的表现水平推进。后工业时代的政策对经济进行了一刀切的整顿，就好像所有劳动力群体都是由来自相同价值体系的大学毕业生组成的，而且他们都迫不及待地想要从事白领工作。关于"为谁而设计"，当今数据仍然显示，大约只有三分之一的美国人拥有大学学位，由于精英知识分子制定的经济政策与生存状况的需求脱节，结果，非技术型工人原本发挥基本技能便可以做好的那些最赚钱的工作被外包出去了。

尽管遵循他们的想法可能有一天会让我们到达那个乌托邦，但没有人愿意费心通过教育和培训来设计这种转型，否则我们就能为大多数文化的发展铺平道路，并能维持工业经济赋予工人阶级的繁荣水平。通过引入设计对象，黄色元模因经济政策本应为这些行业及其雇用的数十万人迈入下一个转型阶段做好设计，而不应把下一个转型阶段留给不受监管的橙色元模因接管——将就业机会外包出去，以谬论为掩护，通过股东价值让所有人参与经济繁荣，然而，财富却再无法真实地表现出生存状况所反映的内容了。

在确定了在哪里、设计什么内容以及为谁而设计之后，我们开始确定设计者是谁。这里描述了负责领导和设计未来的黄色元模因经济体系的关键岗位人员所具备的资质和能力。在塑造黄色元模因经济监管结构的层面上，这些人将会像保罗·沃尔克那样，拥有顽强的毅力和对未来的展望。他们不担心"第一层级"子系统会对他们的决定作何反应。在为政府部门的关键职位配备黄色元模因监管人员时，我们要确保这些人具备系统化思维，非常了解他们所在行业的业务运作模式。黄色元模因领导者总是能在面临崩溃危机的世界中看到生活的复杂性，并据此采取行动，进行相应的设计。他们明白，在自己所处的工作岗位上，混乱和转型需求是司空见惯的。为了有效地监管橙色元模因，我们必须要了解它所采用的前沿创新举措。例如，秉持黄色元模因的人要想被任命为美联储成员，必须要有能力消灭所有危及货币体系和经济发展的行为。每个人都必须时刻考虑将发展结构设计进庞大的官僚体制中，使其不断发展变化，并时刻关注大局，争取实现最高目标。

由于未能监管投资银行的经济活动，美国证券交易委员会在金融危机后招致众怒，无法再让证券律师在这里供职——他们把自己在美国证券交易委员会的工作当作"实习",而后会跳槽到华尔街,谋得高薪工作。黄色元模因监管者会注意确保经济在未来的几十年间平稳运行,其工作风格并不狡诈。尽管他们会毫不犹豫地对违法者发起调查和起诉,但他们的主要职能是激励所有较低层次的元模因,让它们的行为能够最有利于经济的长期可持续发展。然而,不幸的是,政府如今对许多高级职位的任命仍然是以政治偏好为基础的,很少考虑被任命者的专业技能或他们潜在的黄色元模因系统思维能力。

自然设计的设计者也会影响人们选中的负责引领黄色元模因经济平台发展的企业领导人的类型。就像对黄色元模因管理者的要求一样,黄色元模因商业领袖要有能力进行系统化的思考和行动,同时还要注意保持对人、经济效益和地球生态环境这三重底线的关注。睿智的黄色元模因商业领袖会审视他开展经济活动的整个生态系统,几乎从不会选择短、平、快的解决方案。如果学校没能培养出具备足够技能的毕业生来填补工作岗位,领导者就会在社会上发声,来纠正这样的做法。如果金融市场持续报告称公司取得了创纪录的高额利润,同时却关闭工厂、精简运营,领导者就将敲响警钟,提醒人们这样的做法会对当地社会产生不良的影响。在决定实现工厂的自动化生产之前,领导者会思考员工的未来发展,并考虑其他可行选择,对员工进行再培训或扩大市场覆盖范围,这样就不必解雇任何员工。在黄色元模因经济中,利润率从来不是设计者关注的唯一底线。领导者总是能够了解当地的生存状况,并对普通民众和华尔街精英一视同仁，认为他们同样重要。

在国家层面上，设计者便是黄色元模因经济顾问委员会成员，他们将会取代目前白宫的经济顾问阶层。这些人之所以能获得权力，并不是因为他们的自我价值感和资历使然，而是他们有能力倾听各行各业的人们所面临的挑战，也有能力制定经济政策，使其充分体现在哪里、设计什么内容以及为谁而设计。新的系统思维模式会侧重于对整个经济体系中存在的某些障碍及其产生原因进行有区别的诊断分析，还会主要聚焦于采用整体系统化方法，来解决那些妨碍人们在某些领域就业的问题。国家层面的黄色元模因思想者总是会依赖于地方层面的黄色元模因领导者，来识别全美不同地区的经济挑战，因为他们熟悉这些挑战和生存状况的独特性。不同于中央指挥和控制机构会存在简化经济解决方案的缺陷，由经济顾问组成的黄色元模因委员会从来不会泛泛地描述国家的经济问题。它会邀请每个城市和州的领导者和商界领袖就他们所面临的独特挑战来提供信息。一旦当地的经济挑战被识别出来，这些挑战就会成为经济设计过程中的关键部分，促使人们采用生态系统的方法来解决问题。

在自然设计公式中，最后要解答的就是如何领导／教导／管理／设计，即设计方法问题。这就会涉及管理程序，系统化的黄色元模因思想者需要采用这些程序，以便最好地服务于黄色元模因经济政策中确定的最高目标。过去，美国的大多数经济决策都是通过"蓝色—橙色"元模因决策过程而做出的，几乎没有为更高层次或更低层次的元模因留出表现空间。尽管在20世纪40年代，人们认为爱国繁荣模因是富有创见的，它持续存在了四十多年的时间，但人们没有意识到，在第二个模因周期中，监管和高税收都对橙色元模因的创新产生了沉重的影响。金钱至上模因将美国的命运置于金融创新的掌控中，而金融创新却阻碍了全球很多地区的经济发展。新的设计方法既不是改良的第四层价值体系的凯恩斯主义经济学方法，也不是第五层价值体系的货币主义方法。在黄色元模因经济中，新的管理方式是分布式智能管理。新的设计方法是一种管理体系，它认为整体的健康发展远比某些局部的繁荣重要。新的设计方法是在商业、政府、经济、教育和医疗保健领域中展现的系统性思维的曙光。设计方法是一种管理风格，它要求设计者必须了解每个元模因在其发展阶段中所处的位置，并为了使其健康地发展到下一个层次而进行设计。它还要求设计者了解人们在每个元模因层次中使用的不同激励技术，并能够设计出适用于每个层次的控制工具和杠杆工具，从而使系统以最佳效率运行。设计方法还必须兼具系统化思维，能够重新调配系统资源、财政资源、人力资源和其他资源，以服务于黄色元模因经济中的最高目标。

在确定自然设计问题中的不同要素时，我们可以看到经济中摆在所有利益相关者面前的艰巨任务。这个概念挑战了如今左右我们的商业和政治领导力的大多数决策过程。它呼吁政治家、政策制定者和商业领袖们重新构建他们的思维方式和决策方式，将当前采用的固有方式转变为与对应生存状况下的价值体系同步的新方式，同时还能觉察到由以往"第一层级"价值体系的驱动力创造而来的陷阱。大多数的政治领袖和政策制定者都知道创造多元化经济会需要哪些要素，以及为了继续维持经济繁荣需要做些什么。

然而，很少有人知道如何将这些元素接入功能平台，以适应生存状况不断变化所带来的影响。

通过投入使用自然设计，我们进入了持续发生变革的概念世界。作为第七层体系的主要宏观模因工具，自然设计是通过格雷夫斯所说的"存在准则"而赋能，这种准则来源于我们对与所有较低层次元模因相对应的所有不同现实情况的了解。一旦我们确定了生存状况的挑战，摆在我们面前的艰巨任务便是要使文化大规模地与"存在准则"保持同步，因为这种准则能够毋庸置疑地清晰地预见未来。而后，我们接下来会将自然设计公式中的元素按顺序进行排列，以挑选新的黄色元模因领导者，他们知道每个较低层次元模因中的工作需要配备什么类型的人员。自然设计精于使用元模因语言，它会雇用具有适当价值观匹配度的人员来完成工作。黄色元模因领导者，无论是直接领导者还是间接领导者，都会让所有"第一层级"价值体系知道最高目标是什么，从而使它们在功能上保持同步，在接受最高目标赋能的同时还能在体系的高效流程中起作用。我们还将采用同样的方法来设计新的黄色元模因机构。黄色元模因公司通过在招聘行为、管理理念以及与供应商、股东和员工等利益相关者的整体关系中遵循这些原则，就能实现自己的功能型可持续发展。

功能形态会直接影响黄色元模因经济实体的形成，而黄色元模因经济实体是确保黄色元模因经济实现可持续发展的基础。通过使用自然设计来确定是哪个设计者如何领导/教导/管理/设计、为谁而设计、设计什么内容以及是在哪里设计的，我们将尝试阐明这些功能形态，从它们目前的生存状况出发，设计功能型经济平台，整合具有可持续性和自我更新能力的诸多元素。

然而，仅仅获得设计这种体系的能力是远远不够的。"第二层级"经济体设计中有许多地方都需要唤醒我们当今文化中所有的利益相关者的意识。这是一个紧急的号召，警示我们不仅要认识到过去的短视，还迫切需要为这个危机四伏的星球设计出经济可持续发展的未来。这个经济体认可所有的利益相关者，而不限于股东。在"第二层级"经济体设计中，我们看到了美国企业的就业趋势，并设计了一种新的创业文化，使其成为分布式经济基础的催化剂，在此基础上促进所有人实现共同繁荣。这个经济体旨在将金融创新的精髓整合到一块主板上，服务于整个社会。这个经济体寻求通过功能性、系统性的协调校准来重申美联储和全球央行的使命，从而区分它们的权力。这个经济体欣然接受制造业回归到西方经济中，尽管它回归时已经与当初外包时的情形迥然不同了。这个经济体差异化地重新审视了定义可持续发展公司的机制，超越了人们目前过度使用的定义可持续发展的表达方式。这个经济体欣然接纳"创造性破坏"，将其作为新的经济模式的一部分，认为它能促进人们实现长期的充分就业。以上这些因素将会定义人类本性一直在准备的重大飞跃。这些都属于"第二层级"的问题，它们将构成对话的框架，打造"功能型资本主义平台"。

重大飞跃

为黄色元模因经济体赋能	
从战略型橙色元模因	发展为系统型黄色元模因
层级化、僵化	功能型、分布式
大到不能倒	衰败是自然而然发生的，不会影响整个体系
财富分配集中	分布式普遍繁荣
专有、藏而不露	协作与开源
依靠操控去获得成功	创新与颠覆
华尔街与私募股权	硅谷、风险投资、具有实践知识的直接投资者；众筹
勉强维持生计——资源可枯竭	可持续发展——资源可再生

第九章　拥抱知识经济价值观

> 你永远无法通过与现实抗争来改变什么。若想要改变，就建立新的模型，从而把旧有模型淘汰。[102]
>
> ——R. 巴克明斯特·富勒（R. Buckminster Fuller）

重新审视后工业社会：知识基础设施

1974年，哈佛大学社会学家丹尼尔·贝尔猜测，在历经几个连续的发展阶段后，西方社会将转型为后工业社会。不过他无法预测这些阶段进行的速度有多快，以及每个发展阶段会持续多久。人们常常批判性地认为他的研究工作忽略了转型过程中可能留下的经济破坏，没能考虑技能和制度即将过时的问题。生存状况似乎还没能充分准备好迎接这种变化。贝尔断言，一旦这种乌托邦式的、充满温情的社会的价值观得到充分体现，社会文化特征将会以成熟的理论知识、发达的信息基础设施建设以及蓬勃发展的智能技术为基础。[103]贝尔在其宣言中所描述的社会价值观若想得到充分体现，过程中会充满曲折和令人痛苦的调节适应。许多工业岗位的流失被人们认为是社会进步所引发的必然变革。在服务型经济和金融业的影响下，我们都再次变得富足了，金融业将资金从神秘的牢笼中解放出来，结果却又让它们全部贬值。

　　这些表现是错误的开始吗？它们究竟是社会中具有剥削性的红色元模因和不健康的橙色元模因元素在控制着"绿色—黄色"元模因知识经济的发展潜力呢，还是属于社会发展中必然存在的障碍，在帮助我们创造条件，展现可持续的经济发展状态？贝尔当时并不知道，他描述的是"后金融时代的新经济"。贝尔提到了知识基础设施建设，它正在以许多深远的方式改变着西方以及全球其他地区的经济。知识经济如今仍处于初始阶段，但目前在现代人类史上，它已成为给世界带来变革的最具影响力的催化剂，并且正在以惊人的速度将文化群体推向发展的阶梯。

　　在20世纪90年代，知识经济中的绿色价值观将信息传播到世界的每个角落，成为最终的全球教育者。如果没有全球信息基础设施建设的早期发展阶段，就不可能有目前这种形式的全球经济。在这个产业生命周期的早期阶段，信息和社交网络代表着知识经济的绿色元模因发展期。开源协作和专有技术平台的共享有助于我们建立由绿色价值观塑造的基础设施。这是绿色元模因的健康表现形式，人们了解橙色元模因的不健康行为，却没有走上街头抗议其胡作非为，而是设计了一个绿色元模因信息系统，让每个拥有笔记本电脑或智能手机的人都能了解橙色元模因的各种滥用行为。当互联网的绿色价值观与经济发展联系在一起时，我们仅仅通过为全球富有才智而又渴望获取知识的人们提供信息，就已经间接地完全改变了人们关于接下来要怎么做的讨论。

稀缺经济学与富足经济学

　　有充分的证据表明，知识经济的绿色元模因平等主义价值观已经威胁到传统资本主义模式建立的基础。绿色元模因的经济意识形态似乎与橙色元模因的截然相反。学微观经济学的学生首先要研究的是价格均衡，它是由供给和需求所决定的。如果市场上某种产品供给不足，那么它的价格往往会很高。稀缺的概念一直驱动着资本主义社会的发展，而资本主义社会又是由橙色价值体系的经济指标所定义的。股票市场和企业已经掌握了控制某种产品、商品或服务供给的技巧，不过是基于人们对匮乏的恐惧来激发出那些能够引发潜在强迫行为的情绪。消费者对产品匮乏的恐惧在他们心中触发了"米色—紫色"生存层面的价值体系和狩猎—采集心态，迫使他们愿意付出更高的代价。产品的供给越不足，其价值就越高。这种稀缺心态根植于我们人类的思维模式中，它是我们生存本能的一部分，控制着维系世界运转的大部分经济活动。

　　几个世纪以来，在经济形势不明朗的时期，人们会投资黄金，因为它是最稀缺和最有价值的贵金属之一。钻石行业采取了非常措施，确保钻石在供给端一直都是稀有的，以维持其极高的价格，从而使珍贵的商品钻石变得愈加珍贵。著名艺术家的一幅油画作品因为其稀缺性而卖到了数亿美元。出于人们对稀缺性的感知，每天都有数以亿计的商业信誉和增值被创造出来，并成为经济格局的一部分。世界上大多数商品市场都是基于稀缺性观念和自然资源供应的有限性来创造财富的，且不论他们交易的商品的短缺究竟是真实存在的，还是只是一种错觉，被交易员所利用。自生活在部族中的人们学会交换礼物的那天起，稀缺经济学就一直伴随着我们，并将在未来的数百年间继续与我们相随。橙色元模因的健康和不健康两种表现形式，都促使商家引发消费者产生产品稀缺和资源供应有限的错觉的行为有所增加，比如当苹果公司推出新产品时，人们会排起长队，或者当我们听到影响经济和某些全球货币命运的坏消息后，人们对黄金的需求就会飙升。

人们对价格和资源的战略操纵是一种与绿色元模因的平等主义价值观直接冲突的行为。随着健康的绿色价值观的出现，知识经济试图将稀缺经济转变为富足经济。"富足经济"这个术语经常被用来描述驱动知识经济发展的价值观。其基本前提是，如果富足经济比稀缺经济更加流行，那么整个世界就将变得更加繁荣。富足经济一直是过去许多政治和经济意识形态的准则，从社会主义和马克思主义，到研究职场和雇员所有制企业民主化的现代管理理论，均是如此。后稀缺性经济中的乌托邦元素在过去无法获得太大的吸引力，因为激励人类发展的不同价值观迅速改变了人们的观念，人们不再认为自己有能力以同样的方式看待世界。

然而，人们认为在知识经济中，情况将会有所不同。毕竟，知识经济正在对根深蒂固的橙色元模因行为造成系统性的破坏，而且它对橙色价值体系构成的生存威胁也是真实存在的。知识经济的诸多优点塑造了黄色元模因经济平台，那么该平台能否进而引领世界在经济繁荣和可持续发展方面共同走向创新呢？

《连线》（*Wired*）杂志的前主编克里斯·安德森（Chris Anderson）在2006年出版了一本书，名为《长尾理论》（*The Long Tail: Why the Future of Business is Selling Less or More*），很好地描述了知识经济给零售业等传统橙色元模因部门带来的颠覆。安德森将"长尾"描述为一种经济体，由消费者组成，他们所生活的文化没有受到经济稀缺性的过滤；而"短头"代表着一个世界，在这里，基于有限的零售货架空间、有限的电视频道和通常有限的各种资源，人们所接受的教育让他们相信稀缺性经济学。[104] 安德森提出了一个令人叹服的论点，即传统橙色元模因零售商们人为制造的稀缺性的烟幕和镜子一旦被移除，消费者就会发现商品的真实价格，从而创造更为高效的市场环境。

在一个消费支出占经济产出70%的经济体中，知识经济似乎通过互联网连接和人们在键盘上的几下点击这样简简单单的事情，就成了变革的催化剂。知识经济中的在线零售业，其主要工作目标是让消费者完全知晓他们想知道的关于产品的一切，包括产品的质量、可用性、价格以及其他消费者的公正意见。零售业中的创造性破坏不仅给消费者带来了更丰富多样、价格更低的产品，还免费为我们提供了许多可供下载的数字化产品，如书籍、音乐和电影。就这种经济模式的长期可持续性而言，我们面临的问题变成了：如果我们赚不到什么钱，这种模式是否是绿色元模因平等主义价值观的不负责任的代表，最终将不得不直面现实世界的考验？又或者，华尔街对这些在线零售商和网站的极高估值，是否已经使它们变成了不负责任的孩子，根本不在乎行为底线？

安德森的论述回答了这些问题，构成了系统性的影响，威胁着传统资本主义生产模式的基础。他认为，这种新兴经济范式的长期可持续性是由三条规则所决定的，即生产工具的民主化、分配工具的民主化以及将供给和需求关联起来。[105] 这种思想的提出是否代表着知识经济时代的到来呢？许多批评人士认为，安德森的理论大多仅适用于能被数字化的事物，且免费并不是指真正的免费，因为最终，知识经济会使橙色元模因制度在新市场中变得过时，人们是要为此付出代价的。这些观点有许多都来自最聪明、最资深的橙色元模因集团人物，比如常青藤盟校的教授和知名经济学家。这表明，知识经济的颠覆性做法给人们带来的威胁是真实存在的。

人们也针对《维基经济学》（*Wikinomics*）一书的写作前提而提出了类似的评论，该书的作者宣称，一种新兴的经济民主形式正在显现，我们都将在其中发挥主导作用。这种新兴的经济民主形式建立在四个强有力的新理念的基础上，即开放、对等、共享和全球运作，它们正在取代旧的商业准则。[106] 尽管这本书通过几个研究案例详细介绍了这种新兴经济模式如何运作，但橙色元模因机构对此提出了批判，认为这种新兴的经济民主形式经不起旧有资本主义模式的严苛考验。

在今天的经济中，服务业的产出占据了全球生产性产出的一半以上。任何能被数字化的事物都有发生革命性巨变的可能。媒体和出版业经历了这种转型变革的旋风，变得几乎与其最近的原型不再有相似之处。但是，我们能否将这种创造性破坏引入全球经济的其他领域呢，如制造业、政府服务、全球商品贸易和资本市场？创新的民主化以及从横向到侧向的动力转变能在多大程度上取代组织中的传统结构，并同时兼顾其经济可行性呢？如果信息民主化是知识经济发展的最终目标，那么还有什么能够刺激传统企业在研发上投入数十亿美元呢？知识经济严重依赖于开源合作和共享，那么在知识经济不断发展的过程中，专利发明和专利保护法律能留存得下来吗？

尽管由于这种颠覆性创新，一些行业已经完全消失了，但这对传统实体机构产生了影响，似乎是在第七层价值体系中发生了变革，使传统实体机构的行为变得更加健康和透明。美国的高等教育领域正在发生变革，为传统机构转变为黄色元模因的系统化实体提供了很好的示范。几十年前，高等教育以学院或大学的实体校园为中心，学生人数有限。高校以班级规模小、学生能在有利于学习的物理环境中受到一对一的关注而感到自豪。一个多世纪以来，人们都认为这是一种坚不可摧的模式，并认为高校将继续以这种模式发展下去，在线教育的想法要么是不可思议的，要么是不切实际的。

如今，攻读在线学位的学生人数超过了2000万人，而且这个数字预计仍将继续增长。[107] 在线教育这样的行业迫使旧有经济模式的受惠者们也去适应这种教育模式，并在此过程中变得更具竞争力和透明度，只为好好地生存下去。旧有模式将经济权力集中围绕在员

> 随着知识经济发展成熟，并渗透到更多的、几年前仍被认为固若金汤的经济领域，知识经济的主要功能就变成了有效利用生产资料，为更大的消费者客户群体提供服务。

工、行政人员和教授们组成的实体机构内，并配以迎合他们需求的外部经济体，如公寓住房、打印店和比萨店。新的经济模式将决策权集中在学生—消费者手中，学校只负责控制旧有成本结构的部分，而那些发布课程说明和教学材料的软件门户设计师所能掌控的空间就更小了。由于学生是虚拟存在的，外部经济体无法从这种新兴模式中受益，故而外部经济体的生存必须依赖于他们自身的商业敏锐度——即便有幸位于学校附近，也未必就能生存下去。

然而，受在线教育影响更大的仍然是实体机构，因为在线教育使传统教育模式变得更实用、更高效。这是一种再调整，既保留了旧有教育模式中的相关内容，又使得在线模式进入了更为广阔的全球市场。这是一场革命，是由知识经济给市场带来的透明度所决定的。即便对于那些仍然更喜欢在店内体验购物、不喜欢被动地在互联网购物的零售消费者来说，移动设备上的应用程序也正在改变他们曾经由于产品的稀缺性而产生的旧有的橙色元模因行为，该应用程序能为消费者提供竞争对手的即时价格，方便他们在商店购物时直接进行比价。随着知识经济发展成熟，并渗透到更多的、几年前仍被认为固若金汤的经济领域，知识经济的主要功能就变成了有效利用生产资料，为更大的消费者客户群体提供服务。

自工业革命开始以来，创造性破坏的模式没怎么发生变化，只是内容变得更加复杂了。经济模式在旧有体系中建立得越是根深蒂固，它就越会抗拒变革。如果用制造业中一个高度专业化的部门来做类比，可以将当前的转型比喻为，在某个时代中，橙色元模因研究院数十年如一日地完全固守某种宏观经济模型，在螺旋桨发动机的技术研发上投资了数万亿美元，因为人们认为这是足以终结未来的所有技术探索的必杀技。然而，随着创造性破坏的发展，该行业创造了喷气发动机技术，该技术远远优于螺旋桨发动机技术，从而使螺旋桨发动机技术显得过时了。可如今，橙色元模因研究院却在花费越来越多的时间、精力和资源，试图让全世界人民相信喷气发动机技术是一种幻象。信息、理论知识和技术的交汇也在使人们捍卫旧有橙色元模因的行为显得荒谬，就像在喷气发动机世界中维护螺旋桨发动机一样。

在价值体系研究中，学术界一直围绕知识经济属于哪种元模因而展开争论。一旦知识经济经过了人们的充分审查，并必须对维护股东的底线而承担责任，我们就需要弄清楚，究竟它只是橙色元模因的另一种更高阶的表达形式呢，还是象征着我们进入了期待已久的"第二层级"思维模式，并最终将在"第二层级"文化价值观中实现这种模式？由于知识经济非常强调将一切事物——从信息到生产工具，再到共享和协作——都变得民主化，那么，知识经济是否只是绿色元模因所面临的威胁，迫使橙色元模因暂且采取健康但代价高昂的实践行为，以拯救旧有体系？旧有的橙色元模因资本主义的层级性结构能得到拯救吗？我们无法否认人类迈入新经济现实的范式转变，也无法阻止这种转变，而它所造成的破坏性后果也是真实存在的。

正如我们所知，贝克经常警告说，人们进入第七层价值体系会威胁到地球上的生命存在。这种威胁已经来到了我们的经济生活中。它彻底改变了媒体、出版业和零售业，分散并外显了这些行业的商业模式，持续侵蚀人们原本认为不受数字革命影响的许多传奇行业的商业结构，让我们能够以更低的价格获得这些行业的产品，其数量和品种也都更为丰富。它还彻底颠覆了商品的生产方式和分配方式。关于这次的创造性破坏是否会带来乌托邦式资本主义经济，或者这种概念是否可以持续存在并依旧被称为资本主义，诸如此类的许多问题仍然有待回答。

拥有自然形态并能在可持续发展的分布式经济体系中自行展现自然设计的优势，这种经济体会是什么样的？它看起来就像是处于新的经济前沿的经济体，同时兼具本地化和全球化特征。值得注意的是，人们对知识经济的批判大多发生在金融危机爆发前的那几年，当时红色价值观和不健康的橙色价值观大行其道。在这一时期，宽松的信贷政策与具有稀缺性特点的经济模型相结合，失实地强化了旧有体系的优点，我称其为"模因经济学的完美风暴"。如今，随着这种模式的持续崩溃，橙色元模因在应对快速发展的数字世界时暴露了其结构性弱点。变革的发生迫使积习已深的橙色元模因行为接纳知识经济的优势。随着金融创新承担其功能性角色，并服从于实际的生产性产出，信息、知识和技术的交汇将会发挥更大的作用，帮助我们定义下一个可持续发展的经济表现形式。

分布式创新，黄色元模因经济体的发展基础

格雷夫斯在描述我们攀登到人类存在的"第二层级"时，介绍了在人类去往"第二层级"意识水平的非同寻常的攀登过程中信息和知识所起的作用。但直到1986年格雷夫斯去世时，他还完全不知道，技术在全球范围内向人们提供知识和信息将会发挥如此至关重要的作用。知识和知识经济正在重塑世界的思维模式，因为生存层面的元模因曾使这个世界长期遭受着经济衰退的不良影响。格雷夫斯宣称，知识和需要将会定义支撑这个体系向前发展的驱动力，因为这个体系在试图纠正和修复人们在较低复杂度的体系中的行为实践所引发的破坏性影响。[108] 知识是一种催化剂，它正在构建由富有见地的全球公民所组成的庞大基础设施，这些全球公民能够引领人们攀登到"第二层级"价值体系，完成转型。随着知识所起的作用不断成熟，它会在自然发展进程中识别出那些构成信息的比特和字节，并将其塑造成为更具适应性的创新工具，以满足个体和文化在独特生存状况下的需求。

分布式创新使自然设计适应于知识经济的发展。通过进一步应用新技术以及分发经过模因打磨的信息，这种模式会有潜力帮助文化逐步发展演化。在这种模式中，我们需要最佳的管理实践，并强化其内容，以适应当地文化发展的模因轮廓。分布式创新与创新的民主化是不同的概念，因为创新的民主化是一种绿色元模因价值理

念，是将技术工具随意进行分配的。分布式创新采取了系统化的方法来推进文化和经济的发展。分布式创新是对知识进行适当的打磨，使其持续得到完善，因为在这个兼具全球化和本地化特征的经济体的未来发展过程中，知识在发挥着越来越重要的作用。人们期待已久的结构性变革正在改变人们在宏观和微观经济中的实践行为。传统的橙色元模因经济繁荣模式必然会考虑到对劳动力和资源进行开发，而人工智能模式的本性是与此不同的，它拥有知识经济的模因打磨工具，且相较于以往的所有经济模式而言，人们在人工智能模式中也都会有更好的机会进行更合适的财富分配。

分布式创新是"第二层级"模因经济学的概念，它意识到，如果技术落入不同元模因不健康表现形式的错误掌控中，技术有可能会被滥用，让人类遭受痛苦。分布式创新是在自然设计规则的影响下，信息、知识和技术在第七层价值体系中的系统化交汇。这个概念在本质上具有功能性，因为它为各种各样的复杂程度分配了适当的技术应用，并允许我们为了满足人们在独特生存状况下产生的健康的表达需求而提供信息内容。它将信息、知识和技术塑造成货币化的交换单元，使其适用于每种文化价值体系，具有独特的本土化表现形式。第七层价值体系能够让利益攸关方恰当地了解经济发展所需的适当步骤，这种功能性为系统化协调校准制定了蓝图。

分布式创新的传播是没有国界的，因为知识的传播比实体产品在物理层面上的转移更为重要。在全球经济中，我们不得不应对世界范围内的经济模因堆栈，处理无数的本土内容，而分布式创新作为一种自然的催化剂，无论它可能在什么地方，也无论它会是什么样的，都能通过当地文化的独特表现形式来塑造繁荣。在世界上那些厌恶发展的地区，人们与其在旧有模式中等待经济项目缓慢地向当地村庄渗透，不如轻轻松松地利用全球信息基础设施，能有更好的机会实现经济繁荣。在大多数情况下，各种价值体系都是以带有剥削性的第三层红色体系为中心的。传统的自上而下的经济发展计划是由国际货币基金组织和世界银行等全球机构设计的，而腐败堕落的领导者们已经破坏了这些计划。如今，尽管一群女织工生活在非洲的偏远村庄里，但她们仅需要一部配有完好摄像头的卫星电话，就能在世界各地找到买家来买她们织就的衣服。知识经济就是以这种方式为紫色元模因带来繁荣的。在旧有体系下，实现这种繁荣原本会需要几十年，甚至几个世纪的时间。知识经济的模因打磨工具是分布式创新工具包的一部分，人们通过使用这种工具，将进一步为文化赋能，使其围绕这些分布式经济结构建立起必要的生态系统，为实现全球文化的繁荣发展奠定基础。

在发达经济体中，除了在教育、媒体和零售方面应用了橙色元模因外，分布式创新还在使其他元模因自然而然地适用于更为健康的实践行为。互联网创造了一个知识共享平台，让公众了解旧有经济结构中固有的弊端，在这个方面，数字时代正好填补了第四层蓝色元模因体系的空白。实际执行某些蓝色元模因监管责任的，往往已经不再是权力集中而又资金不足的政府机构，而是转变成了所有能够登录互联网和拥有手机、相机的人。某位善于调查的博客作者揭露了某个大城市市政养老金制度的弊端，他所揭露的信息成了引发政治变革的催化剂。在优酷网站的某段视频中，有人拍到华尔街高管在侮辱银行监管者的智商，视频在网上疯传，导致该高管几天后便丢掉了工作。曾在某大型投资银行就职的率直高管，辞去工作后在《纽约时报》的社论版上撰文，讲述了该投资银行蔑视客户的企业文化，此举让这家投资银行不得不接过止损大任，还要去寻找扭转自身形象的办法。我们的社会中有着诸多消息灵通人士，但这些消息并不总能转化为金钱，成为衡量GDP的标准；不过，人们对非商业性信息的无心使用，已经成了展现监管透明度的共同工具，这是传统的蓝色元模因结构无法企及的。如果公民对周围发生的事情完全知情，在这样的世界里，所有来自"第一层级"体系的各种不健康行为自然会最大限度地减少。一旦不健康行为得到曝光，我们也能有机会设计出健康的替代做法及其支持体系。这就是分布式创新和黄色元模因的功能型本质，在知识经济的发展中有望实现。

　　约瑟夫·熊彼特的设想是，变革的促成者是那些在这个新兴黄色元模因经济体中设计创新的企业家。在整个价值体系堆栈中，这些企业家有能力使创造性破坏成为健康经济行为的表现形式。这是资本主义承诺实现的自然再分配，将资源根据所有元模因层次所拥有的技术和开创能力进行分层，而各种各样的资源的内容可以是超越国界的。黄色元模因的知识经济可以将财富和丰富多样的创新成果分配给所有愿意参与其中的人。当经济压制行为出现时，互联网自然会向大众提供关于健康发展的信息，从而制止这些行为。这种模式是自然分层而形成的，能让人们了解与当地相关的信息。信息成了本地的功能性知识，能够不受传统障碍的影响而服务于各种用途，如大规模协作以及各种群众动员活动等。如今在中东，人们的信息获取方式以分布式知识的形式展现，这种形式能消除旧有规则的压制，同时还能将更易受到经济发展影响的价值观带给大众。

分布式创新向用户提供技术知识；然而，最终产品的内容和形态受当地生存状况的影响，因而会以自然设计的形式呈现。一旦这种分布式创新在合适的团体内得到应用，它就会构成创造范式转变的基础，使当前体系转变为分布式繁荣的经济体。分布式创新为世界各地的每个意义生成体系提供了创造繁荣的知识与工具。如果人们的目标是使第三世界的某个偏远村庄能够以可持续发展的方式存续下来，那么分布式创新将会提供最新的西方研究成果，以帮助人们设计出这样的体系。如果人们的目的是帮助某种文化或群体从某种不健康的价值体系表现形式转变为另一种形式，那么分布式创新就会让寻求改变的群体获得相关信息，整合政治、经济和法律资源，以实现转变。如果我们试图停止华尔街的非生产性实践行为，那么分布式创新就会整体揭露那个导致人类做出此类行为的有害生态系统，其中不乏政客和游说者，以及病态的交易员——他们能在一次豪赌中冒险押下数十亿美元的赌注。知识正在彻底改变人类的发展模式，而分布式创新的模因打磨工具可以通过疏通障碍，让真正的变革发生，从而加快这一进程。这是自然而然发生的，因为技术在持续向公众赋能，使人们分散式地强制实现透明性监督。旧有体系给人们造成了贪婪、腐败和权力操纵等障碍，一旦这些障碍得到清除，在分布式创新的适当功能流程中，繁荣就会紧随而至。

新兴的开创性模因

知识经济促使西方价值体系进入了"第二层级"表现形式的早期阶段；然而，许多经济活动仍然执着地体现着橙色价值体系的实践行为。随着这种创造性破坏将橙色价值观重新整合到功能型的"第二层级"平台上，为了确保这个平台的长期可持续发展，我们需要能够洞悉各种模因的新的开创性领导者。我们在这个转型中面临的最大挑战是，如何能让未来的企业和政治领导者认识到，我们生活在一个危机四伏的星球上。我们怎样推进领导力转变，使局限于私利表现形式的生存层面的价值体系，转变为能够满足地球上所有生命形式的基本需求、使其得以持续存在的价值体系？

为了创建黄色元模因的第七层经济体，我们必须要看到黄色元模因个体在当今经济中的复杂思维方式，并试图将相应的价值观融入我们的专业学校、大学、管理培训项目和公司董事会。这些变革让人们产生了可持续更新的行为模式，并以维护地球上所有生命的持续存在为首要目标，而在过去，这样的行为曾长期受到抵制。此时，商业领袖们也超越了传统的思维模式，不再将股东价值最大化和大量积累个人财富作为他们的主要目标，而是将财富的合理分配视为基本的生活质量问题。在这里，生存状况为商业领袖们提供了即时反馈，让他们知道自己的行为是否与公司外的价值观相一致，还为他们预留了动态反馈系统，以使公司行为与外部价值观协调一致。

格雷夫斯在作品序言中提到，这种认知存在状态的价值观具有如下特征：能够消解恐惧和强迫性，显著增进对概念空间的理解，重视生命并关注由于生命的存在而创造出的问题。[109] 在这里，企业家们不再担心橙色元模因定量分析会是我们在商业实践中能够使用的唯一衡量标准。一种深深的信念感取代了用以考察产品生存能力的传统市场分析行为。人们认为，如果你创造的产品能够提升消费者的意识，那么它就会创造出属于自己的新市场。由于其具有经验属性，"第二层级"的企业家、领导者超越了可持续发展行为的最常见表现形式。授权回收和使用可再生资源的环境项目，都只是这个元模因的开创性价值观中的冰山一角。人们在经营的方方面面所体现的可持续性成了支持黄色元模因开创精神的驱动力。这种可持续性将股东与利益相关者置于平等的地位。诸如在经济长期保持稳定的领域，其发展就依赖于员工和供应商作为股东价值的关键贡献者，长期保持了健康与繁荣。

开创性黄色元模因能够理解地球上所有生命的相互关联性，并会据此而行事。它为企业承担社会责任而重新定义了橙色元模因的最佳表现模式，并使其变得更加健康。公众持股的黄色元模因组织不会停止资助社会上需要资助的传统项目，它还会致力于让愿意接受其价值观的许多当地企业成为自己的商业伙伴。因为这是一个开放的体系，能够接受其他价值体系的多样性，还能轻而易举地将它们接入健康和可持续的业务表现形式中，彻底改变业务成交的本质。

一旦商业领袖的行为受到了"第二层级"价值观的影响，就不太可能回退为纯粹的橙色元模因行为了。这代表着人类发展进入了下一阶段，达成了某种意识层面的成就。人们放弃了以损害他人利益为代价去积累个人财富的欲望，来迎接与全球生命可持续发展相关的繁荣。借助于分布式创新，以及高度发达、成本效益高的供应链和全球信息网络的优势，开创性黄色元模因为当地社区赋能，也迎来了当地企业主的回归。这种模式支持人们将全球对冲基金投资转变为对本地化的、具有社会意识的基金进行投资，并对完全得到整合的当地社区进行再投资——我们需要在商学院习得这种模式。知识经济创造了数百万审慎的投资者，他们拥有强大的绿色价值观，渴望能够参与到黄色元模因的商业行为中。坐拥数十亿美元资金的天使投资者和超级天使投资者们都在观望，等待下一个范式转变的到来，这样他们就能将财富和机会分配给所有人。开创性黄色价值观看到了小型企业的下一个前沿发展领域，并致力于创建投资基础设施——让审慎的风险资本家进驻，并通过这些小型企业来投资社区发展新方案。这自然会形成一种新的小型企业借贷模式，无须当前银行体系的参与就能让企业家和小型风险投资家致富。这是一种新兴的发展模式，将有助于我们建立强大而富有弹性的经济体，能够对资源进行再分配，因而单个企业的失败对社区内其他企业的影响极小。

前面一章展示了黄色元模因领导模式的真实案例，这些案例所展示的模式都揭示了，我们真正关注的是价值体系的长期功能性。我们应当在管理学院和公司董事会中习得开创性的黄色元模因模式，并迫切需要使黄色价值体系的生存空间不再局限于橙色元模因机构，而是要拓展到整个生态系统——我们称其为家。在知识经济的影响下，一些橙色元模因机构开始变得过时，这应该成为一个警告信号，提醒人们在传统的企业行为中要追求更高层次的价值观，并要乐于接纳黄色元模因开创进取精神的优点。世界不再会接受人们对未来商业领袖的战略化线性教导。贝克经常提醒我们，橙色价值体系如果不去积极了解黄色价值观，往往会结出自我毁灭的种子。如今，这种情形正在华尔街公然上演，即便最漫不经心的观察者也不难看出，橙色价值体系的傲慢自大使其商业模式变得难以为继。

第十章　功能型经济体系实例

f（*finance*）

> 我认为这不仅仅是一场金融恐慌；我认为这代表着银行业整体发展模式的失败，代表着膨胀过度的金融业的失败——其负面影响远大于其带来的好处。[110]
>
> ——保罗·克鲁格曼（Paul Krugman）
> 2008 年度诺贝尔经济学奖得主

使货币重新与生产性产出协调对应

货币在人类发展的更高层次周期中所起的作用不容低估。几个世纪以来，它一直是推动文化进入下一个人类发展阶段的催化剂。从八千年前最早的部族价值体系，到今天各种不同价值体系与无数本土内容和规范的拼接，货币一直是人类经验中极为重要的一部分。正如我们在第三章所看到的，在改善人类困境方面，金钱在历史上扮演了双重价值体系的角色。文化已经从第二层紫色价值观转变为第六层绿色价值观，然而，不论每种文化处于何种发展阶段，货币依然都是蓝色秩序体系中强有力的存在。我们经历了不同文化发展阶段的变革，而货币的支付方式却总能得到我们最一致的认可。货币的支付方式也曾发生过演变，从谷物和鱼类，到珍贵的硬币，到金条，再到以黄金为担保的纸币，最后才是我们今天所使用的、由国家政府提供担保的法定货币。这些交换媒介代表了货币中蓝色元模因成分的变化，因为货币虽历经了几个世纪的演变，但它在很大程度上仍然代表着人类的生产性产出。

在金钱至上时代，货币主义意识形态试图改变历史印证下的货币与人类之间的关系。对于现代历史上最为盛行的"摇尾巴狗"现象，在货币主义时代，人们试图让货币成为生产性产出的一部分。这就将货币从过去的僵化角色中解放出来，让它在第五层橙色价值体系中占据了一席之地。这时，金融服务业开始崛起，财富也开始缓慢发生转移。在短短20年的时间里，诸如证券化这样的创新变得无处不在。这是当时人们秉持的一种观念，试图通过使用新兴而开放的评估方法来使世界上的股票和债券增值，且无须将其在国内生产总值中计为人类的生产性产出。世界各地的央行都接受了这种名义上的价值增长趋向，而且，为了进一步鼓励金融产品创造，各地央行还为金融市场提供了它们所急需的流动性。

尽管这个大胆的历史性试验使社会诸多阶层都增加了财富，但如果货币与其所代表的生产力脱钩，成为一个独立的部门，那么它就有可能使财富减少。到了千禧年初期，情况就变成了这样。除了央行注入的流动性资金外，新兴经济体也向西方资本市场注入了大量现金，以至于金融服务业没有任何形式的生产性产出可以投资。这时，金钱至上时代进入了模因经济周期中的衰退阶段。2008年，伪装成复杂金融工具的押注行为让全球金融市场陷入瘫痪，并同时加速结束了橙色元模因的货币试验。

无处不在的金融创新带来了各种类型的泡沫经济。从资产泡沫到互联网泡沫，再到最严重的房地产泡沫，这些泡沫经济体都致力于削弱货币与生产性产出之间的关系。如今，金融服务业发现，已经没有任何经济部门可供证券化和利用了。"尾巴"不能再"摇狗"了，我们都不得不为此付出代价。如今，当我们还在自大萧条以来最为严重的经济紧缩期苦苦挣扎时，事关货币未来的全新对话已然开始了。这会带来一种新的范式，恢复全球主要货币的信誉度吗？抑或，各国政府会听从诸多批评人士的呼吁，在绝望中试图恢复金本位制，以扭转国家财富的贬值趋势吗？国会议员罗恩·保罗（Ron Paul）是否能如愿以偿，废除美联储，并将其主要职责移交给财政部？带有蓝色元模因问责制的增强型货币主义意识形态，能否为我们提供一种良好的金融治理模式？拥有全球性或地区性货币的绿色元模因政策能否抚慰主要经济大国的雄心壮志，能否使财富再分配变得更公平？

这是培育"第二层级"功能型金融体系的沃土，该体系借鉴了20世纪的模因经济学发展经验。这里提出的所有问题几乎都相当于"第一层级"价值体系的表现形式，并且我们已经以这样或那样的方式针对所有问题开展过试验。回归金本位制是不切实际的，而且由于金本位制是严格将财富与其价值挂钩的，一旦回归就将造成长期的经济收缩甚至波及全球的经济大萧条。如果纯粹从价值体系的视角来看，金本位制是一种错误的蓝色元模因，它让拥有最大地下金矿的国家获得了绝对的经济优势，却几乎不会关注其劳动力特点。在经济发展不稳定的时期，黄金价值会呈现上升趋势。经济衰退幅度越大，黄金价值似乎就会越高。很多关于回归金本位制的讨论话题是由商品交易商制造出来的，他们创造了经典的经济灾变场景用以恐吓人们，让人们转而去投资安全的黄金。对他们而言，这只是另一个赚钱的机会，黄金跟他们交易的所有其他商品并无二致。

尽管如今全球经济的复杂性已经远远超越了以黄金为后盾的过时体系，但人们仍在继续寻找新的模式，使货币供应能够对蓝色元模因规则负责。至于未来的央行可能会是什么样子，人们对此的设想并不局限于严格的蓝色元模因问责制，而这就是将问责制问题搁置下去的危险之处。创建一个不以美元、欧元及其他全球货币为定义的新的全球金融体系的范式，仍然是遥远未来的第八层青色价值体系的乌托邦梦想。在我们开始施行专为"第二层级"生存状况而设计的新金融体系前，需要对"第一层级"价值观进行大量调校工作，以使它们与健康的黄色元模因发展轨迹保持一致。

事实证明，美联储尝试利用第五层橙色价值观处理货币供应问题，这样的尝试是危险的，在其他价值体系进行这样的尝试同样很危险。欧洲国家尝试将货币供应视为第六层绿色价值观工具。欧洲中央银行（European Central Bank）将货币政策强加给成员国，希望能为整个欧洲大陆带来一体化和繁荣。在这种情况下，德国——欧元的主要支持者——由于对曾经发起第二次世界大战而感到愧疚，便加入了绿色价值体系。与此同时，法国忽略了许多橙色元模因指标，而它们是发展相对简单的欧洲经济所必需的。绿色价值体系通常看不到事物发展的层级结构。出于绿色价值观，葡萄牙、爱尔兰、意大利、希腊和西班牙获得了数十亿美元的贷款，却未能解决文化价值观和生产能力差异等更深层次的问题。这些国家未能实现德国和法国认为可能实现的目标，引发了欧洲债务危机，威胁着欧洲的一体化进程。从价值体系观察者的角度来看，这一行为是草率的，也很好地说明了绿色元模因在经济政策方面盲目追求平等可能会非常危险。像欧洲这样复杂的大陆，要想实现真正的一体化，需要花费几十年甚至几个世纪的时间，使文化、政治和财政都达成一体化，才能使不同的价值体系及其不同的内容和行为规范在相同的轨道上排列一致，从而服务于平等繁荣的最高目标。人们往往会出于内疚而采纳绿色元模因行为方式，使用简单的、未经深思熟虑的解决方案，这些方案虽然使用起来感觉良好，但从长远来看是不可持续的。

为了实现欧洲经济一体化，欧洲中央银行本可以采取"第二层级"方法，鼓励德国、法国和北欧其他先进成员国的制造商在南欧和希腊设立工厂和研发设施，努力注入统一和可持续的职业道德，以实现某种平等主义繁荣的表象。这首先就能实现创建统一货币的目的。然而，这又将会是一个"摇尾巴狗"的例子——美国经济以往处于金钱至上时代时也曾出现过这样的情况。它们都会给我们带来灾难性的后果。欧洲经济学的复杂性不是本书所要强调的重点，但这个例子再次说明，我们需要从价值体系的角度去理解货币的作用。未来，我们在使用货币时，必须使它持续代表生产性产出，扮演好第四层蓝色元模因的功能性角色。

设计第七层价值体系的货币

过去40年里，当尝试进行全球货币试验的人们误以为取消了严格的蓝色元模因金本位制后，货币就能用来为人们在自己所在价值体系内实现各种愿望而提供资金，而无须担心存在任何制衡体制。尽管我们可以从美国的橙色元模因货币试验中吸取一些教训，但这不会成为适用于所有人的有效模式。欧洲的绿色元模因货币试验也将能为我们提供一些经验教训，但这种模式仍然远远不够有效。设计"第二层级"方法的挑战就在于此，我们需要使它在社区层面和全球层面都具有系统功能性。对于普通人而言，货币仍然是衡量人们的辛勤工作的蓝色元模因标准，但对于处理复杂金融问题的世界领导人而言，他们所面临的挑战远不只是简单的外汇交易。因为对于不同的价值体系而言，货币意味着不同的东西，所以商品和服务的交易体现着当地的价值体系，必须要得到反映。在美国，许多绿色元模因社区都在使用赠送的货币。这种货币是人们一致接受的印钞，能够满足当地社区的日常商业需求。物物交换体系是另一种交换形式，发达国家的绿色元模因社区和紫色元模因的农村地区都在使用。在"紫色—红色"价值体系中，许多人在囤积黄金和其他宝贵的奖牌，因为他们不信任纸币。黄色元模因货币适用于简单的本地交易，基于其所处的价值体系，它可以呈现为社区所确定的任何功能形式。

更大的问题在于，我们如何为以蓝色元模因问责制为核心的复杂的全球经济设计出第七层交易体系。从鉴证价值体系的角度来看，全球领导者们需要创造的是蓝色元模因"价值交换"的逐步进化的表现形式，即鉴于当今生存状况的复杂性，货币所代表的价值交换形式。在目前的橙色元模因体系下，全球各国的国内生产总值是基于生产性产出来衡量的。如今，国内生产总值作为衡量生产力的指标，并不会将人为的生产性产出与非人为的生产性产出区分开来，这在一定程度上解释了为何华尔街和普罗大众之间的差距会不断扩大。货币所代表的蓝色元模因问责制的表现形式不断演化，但仍必须以人为的生产性产出为核心。这也是功能型经济模型中最重要的部分，该模型将生产力的主要代表置于中心地位，所有其他非人为的产出和使用货币进行投资的经济活动都将是该模型中的补充元素。"国内生产总值"必须要改称为"依靠人力而产生的国内生产值"（Human Domestic Product，简称 HDP）。

这个关于货币的绿色元模因经济概念并不是完全以平均主义为基础的。这是处于最佳状态的第七层价值体系模型，它将久经证实的橙色元模因指标与最广为人知的蓝色元模因生产力代表相结合，并增加了绿色元模因，以深切地表达对人类才能的赞赏，还创建了功能型货币模型。这个概念并不寻求使人类的所有生产性产出变得均等。它是分层级的，从某种意义上说，相较于建筑工人的工作而言，它仍然会更加重视工程师的工作。它会有对应的指标——我们将其称为HDP指标——根据各个不同天赋和不同能力的人所做工作的性质，为不同的工作分配约定的点数。这个概念的第二级和第三级中还包括非人为的衡量指标，将会限定工厂的产值以及技术进步带来的收益。在这种新模式中，当前的华尔街模式（纯粹出于投机，将可获利的市场价值放在未来的某种产品或服务上）则会获得最低的评级。在HDP指标中，大多数的二级衡量指标会关注新兴创新模式，这有利于促进人们参与可持续的实践活动，也有利于提高人们的生活质量。一个国家的HDP指标越高，其外汇价值就越高。在这种全新的蓝色元模因全球货币机制下，货币供应量只应当比年度HDP高出两到三个百分点，以确保我们有足够的研发经费可投资于健康的创新实践行为，以确保未来经济的可持续发展。这种模式的自然运行将不会再让金融创新与生产性产出脱钩，从而确保全球人民实现真正全面而可持续的经济繁荣。

未来真正的全球货币是否会内置这些特定机制，其重要性次于该模型应当发挥的功能。任何自然设计而来的全球交换形式都必须最大限度地强调人才的价值。如果我们问起"经济繁荣真正想要实现的是什么？"这个问题——当我们制造了拥有最快处理速度的计算机，建成了最高效的工厂，并积累了大量的个人财富之后——到最后，我们认为真正最重要的事情，其实要看我们对于改善他人的生活、维持地球上无数生命的长期可持续生存究竟作出了什么样的贡献。作为一种交换媒介，货币将人类生产力看得比流程或机器更为重要，还有比这更好的足以阐释货币崇高追求的方式吗？在新体系快速建好新范式之前，许多工作仍有待进行。我希望通过介绍这些有关价值体系的理念，能够让未来的人们了解货币在审慎的文化发展过程中所扮演的角色。我们还需要付出更多的努力，才能使当前体系健康发展，并将其置于功能型轨道上，让人们更容易接纳更高层次表现形式的价值观。在此过程中的一个基本要素是，我们必须专注于设法重新调整美联储当前的政策，以服务于为功能型资本主义平台提供资金的最高目标。

第七层价值体系的中央银行

如今，美联储继续从现有的橙色价值体系中借用工具，希望通过不断将优质资金投入烂摊子中，来使不良金融行为的毒性奇迹般地消失。美国国会下达了一份审计报告，并于2010年底对其进行了公布。报告显示，美联储承诺为华尔街的诸多银行提供12.3万亿美元的紧急资金，这就使应对金融危机的一揽子救助计划资金总额达到了13万亿美元。[111] 由于这个体系的价值观中仍保留有蓝色元模因问责制，上述为华尔街银行提供紧急资金的行为将会引发波及全球

> 我们认为真正最重要的事情，其实要看我们对于改善他人的生活、维持地球上无数生命的长期可持续生存究竟作出了什么样的贡献。

的经济灾难。美元将会大幅贬值，而急于抛售美元的行为随之将会在全球范围内引发一场无法遏止的恐慌。如果央行毫无道德底线地启动印钞机以增发货币，就证明当前的体系已经走到了最后的崩溃阶段。美联储及其金融政策承受不住自身行为造成的重压，已然坍塌，变成了明日黄花。

在对美联储进行功能性设计时，人们必须在价值体系层面从当前的功能失调中吸取教训，停止有害行为，并将健康行为接入黄色资本主义体系的平台上，服务于人、经济效益和地球生态环境这三重底线。美国持续在长时间的缓慢增长中苦苦煎熬，有害行为的毒性只能靠时间的推移而消除。更多华尔街基金将会贬值，更多银行将会遭受损失，因为美国将陷于像日本那样的经济萎靡状态中苦苦挣扎，直至毒性消失，新的范式开始确立下来。立法者希望能够为新美联储赋予分布式的黄色元模因智能，因而他们将以不同的方式行事。这些立法者将首先从整个体系的角度重新审视1977年的美联储改革法案，看它是否明智。新体系不可能将确保充分就业的重大权力交给美联储主席。在橙色元模因的货币表现形式影响下，美联储用艾伦·格林斯潘的单方观点取代了在特定行业工作的众多经济学家的观点。货币政策不再是生存状况的反映，而生存状况代表着独特的金融挑战和整体经济的多样化业务模式。美联储的模式是大开货币供应的闸门。这是一种浅薄的做法，美联储使各地及各个行业都存在大量的剩余资本，导致整个全球经济患上了代谢综合征。

美联储政策对文化发展的影响

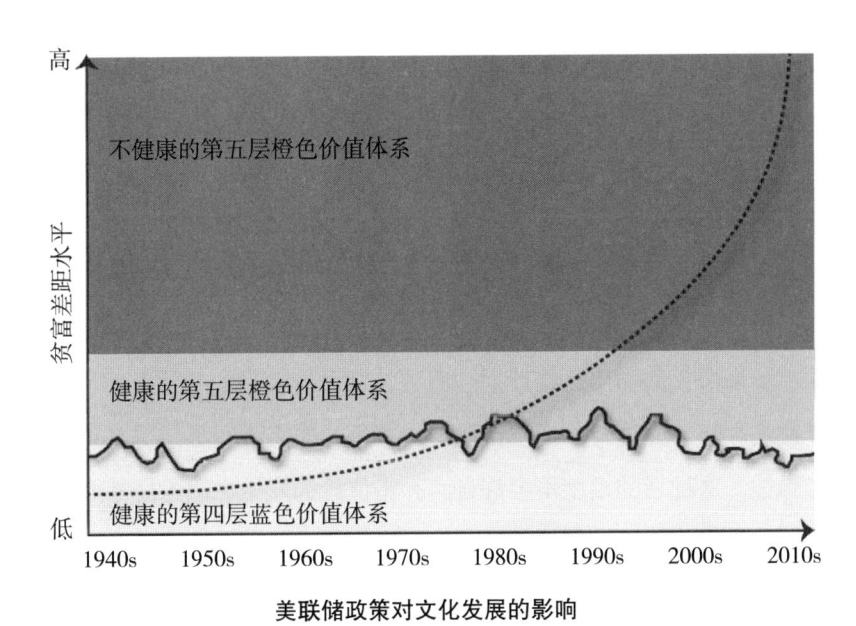

注：1. ┄┄代表积极进取的（实际的）第五层橙色价值体系，⌒表示功能型的（预设中的）第七层黄色价值体系；

2. 本图暴露了第五层橙色元模因美联储的金融创新举措的谬误之处，美联储的政策逐渐与生存状况脱钩，并将财富从工人阶级和中产阶级手中转移出去；在人们的预设中，美联储本应具有第七层黄色元模因特征，它本应发挥其功能，在智能的蓝色元模因的坚实基础上，提供资金以支持健康的第五层橙色元模因经济，促进其各个部门完全多元化地发展。

第七层价值体系模型认为分布式的体系具有经济弹性，这种模型将试图彻底改变美联储过去30年的大部分政策方向，并根据如今的生存状况来开展经济行为。这是个智能的蓝色元模因模型，出于第七层价值体系的视角设计而成，能够认可各个行业的不同资本要求。这种模型是专门由研究各个经济部门的顶尖经济学家提出的。我们将会迎来专业经济学家的回归,他们只关注各自行业和专业贸易组织的需求。例如,来自生物技术行业的经济学家描述其特殊资本需求的方式,与来自高科技或制造行业的经济学家是不同的。美联储的新货币政策将鼓励美国形成专门的贷款机制,以满足各个行业的具体需求,但前提是借款人需要满足某些行业基准。这些新型的专业经济学家将与美联储密切合作,设计特定的行业贷款计划,并通过银行和其他资本市场来向人们输出这些计划。而后,货币政策将会受到生存状况多样性的影响,而这种多样性比早期的橙色元模因表现形式更具差异性和弹性。这种新的模型不容许自满和错位行为发生,因为资本需求将会针对专门行业而被严格管制,某个实体的破产不会危及整个行业的健康发展,也不会给其他经济部门造成任何系统性风险。

  分布式黄色元模因银行系统还将试图彻底改变银行合并现象,因为这是造成金融危机及其后长期不良影响的主要原因。"大到不能倒"的理念极其不公正,给系统中的所有利益相关者带来了负担,却给那些造成危机的人大开绿灯。近期通过的立法,如2010年的《多德—弗兰克华尔街改革与消费者保护法》(Dodd-Frank Wall Street Reform and Consumer Protection Act),对金融业实施了全面的新监管,却没能完全将商业银行与投资银行的活动区分开来。该法案的批评者还指出,它没能解决"大到不能倒"的问题,而且尽管政府有权对大银行进行有序清算,却无法排除要再次对其进行救助的可能性。[112]从价值体系的视角来看,近期的立法试图让蓝色元模因在监管金融服务行业的方方面面发挥更为有效的作用,却几乎没有做到鼓励人们将制衡机制分配给不同的利益攸关方。几十年来，我们一直被剥削性的橙色元模因行为所主导，在这样的环境中，为日益减损的蓝色元模因力量赋权，就如同给士兵发手枪，让他单枪匹马击退坦克，而这就是所谓的金融改革。这项立法充其量只是迈出了半步，其预防系统失灵的作用十分有限。

我们基于第七层价值体设计了智能的蓝色元模因体系，将会把金融危机视为契机，以此开始创建能够长远存在的新体系，使它在适当的时候淘汰当前的体系。新体系认识到我们对当前体系的监管成效有限，于是将开始鼓励发展新的分布式银行模式。它将最大限度地推动小型独立银行的创建。在当前美联储的影响下，银行寻求合并往往出于两个原因：成本效率和经济增长。第七层价值体系的美联储将会寻求具有相同目标的分布式模型，在技术的辅助下实现成本效率。从高效的客户服务运营到获取大型商业贷款，分布式创新利用银行业的最新进展为小型独立银行和大型银行提供了公平的竞争环境。我们鼓励银行在当地拥有所有权，这样做的好处是，银行会成为当地社区的股东，它们了解客户的个人情况，并能满足客户独特的金融需求。这种模型广为传播，成为当地经济增长的催化剂，并在当地社区留下了自己独特的印记。这种新模型越是普及，系统性故障发生风险的概率就会越低。新模型的可持续性建立在我们同时解决以下两个问题的能力的基础上：既能奉上大型银行所能提供的任何东西，又能让当地企业展现出独特而灵活的形式，充分融入社区，满足其独特的金融需求。

"第二层级"资本市场

与华尔街的投资银行家相比，美联储在引发金融危机方面所扮演的角色显得不那么重要。如果说美联储错在印发了太多的货币，那么华尔街则错在让全世界人民误以为这些货币是用来发展实体经济的。既然我们在寻求将资本市场的功能调整到一个健康的轨道上，那么我们有必要提醒自己，谨记投资银行家最初的职能是什么。在传统的资本主义模式下，投资银行家承担着为企业成长筹集资金的重要职能。我们已经看到，金融业在"金钱至上"时代所建立的基础设施，是如何将投资者的注意力从价值投资（传统的蓝色元模因行为）转移到对未经检验的名义资产（创新的不健康的"橙色—红色"元模因行为）的未来表现进行投机性承诺上的。这定义了投资者和交易员群体的心理和短期秉性。

2008年的完美风暴将这一体系推入了衰落阶段，因为它再也无力维持其创造财富的谬论。紧急救助计划实施多年后，华尔街最大的几家银行仍然有高达85%的投资活动未能获得收益，这个数字令人感到震惊。[113]这清楚地表明，目前的体系无力自发地改变其行为习惯，目前的蓝色元模因结构只能不完全有效地引导这个体系走上健康的道路。《多德—弗兰克法案》的立法使交易活动具有了透明度，以保护消费者权益，却没能为华尔街提供追求生产性尝试的方式。如今，投资银行家和监管者面临的更大问题是，人们在全球经济中创造创新业务的速度还不够快，无法将全球的所有过剩资本有效利用起来。这就使得华尔街重整生产力的问题成了一个影响市场效率的问题，而市场效率必须要严格控制住人们在过去30年里所创造的大部分名义财富。

当前经济收缩的下一阶段将会是步履艰难地确立所有非名义资产真正价值的过程，这是一个痛苦但必要的步骤，目的是让金融体系向负责任的蓝色元模因回归。如果美联储没有为华尔街提供13万亿美元的工具来清洗其有毒资产，这种回归会发生得更快。为了使投资银行别无选择，只能追求在生产层面尽力而为，美联储未来必须停止实施所有的量化宽松措施，因为这些措施已经证明只是暂时有利于华尔街，但阻碍了普罗大众的发展。如果没有结构性改革，量化宽松措施只会增加经济毒性，而有意义的改革则会被拖延得更久才可能发生。如果美联储停止所有量化宽松措施，银行账面上的所有有毒资产以及许多金融股都会贬值，就会把美国拖入另一场经济衰退中。然而，这将会是正确的衰退，是由经济重整而带来的衰退，股市将会更趋向于成为实体经济活动的真正代表。只要智能的蓝色元模因措施能够部署到位，通过一场严峻而短暂的改造使股市与实体经济的实际产出进行协同，就能为华尔街提供潜在的长期解决方案。这些新的蓝色元模因衡量基准不仅会确认投资银行家的投资行为是否公开透明，还会去确认其投资行为是如何帮助生产性企业筹集资本的。

如果美国继续以过去的方式行事，其后果是会产生危险的长期影响。通过印钞和购买有毒资产，美国央行仅凭一己之力就使美元的当前价值和未来价值下跌到前所未有的水平。美国人之所以没看到美元贬值所造成的影响，是因为世界其他地区也在经历经济衰退。其他全球货币与美元一样，也在经历着相同程度的贬值。由于各地资产膨胀，大多数追随盎格鲁—撒克逊资本主义经济模式的经济体都在经历着一场系统性的全球货币贬值。世界各地的央行行长们已经说服自己，为了将全球经济从毁灭性的长期萧条中拯救出来，他们必须要掩盖投资银行家的不当行为。这是一个错误而危险的假设，有可能会大幅降低西方货币的购买力。对于巴西和共同拥有大部分西方债务的欧佩克成员国而言，最后的结果可能是，它们需要坚持使用其他支付方式——不是其他形式的货币，而是实际的实物商品，如黄金、白银和铜以及其他不会因为印钞而发生贬值的宝贵原材料。这样的灾难性事件将会使我们所知的法定货币和西方股市迅速走向终结。美国投资银行家和央行行长都打赌，认为这种情况肯定不会发生，但他们的行为却在继续让本币贬值，没显示出任何要迅速结束这种局面的迹象。

随着我们继续进入当前经济周期的衰落和崩溃阶段，结构性的变化开始显现，这可能代表着下一个价值体系即将出现。金融创新领域对劳动力的吸引力达到了近代历史上的最低点。这并不是人们通过自我反省实现的，而是由于有明确的迹象表明，人们对金融服务的需求大大减少了。彭博新闻社（Bloomberg News）报道称，仅在2012年，金融业就有多达20万个工作岗位被裁撤出来。[114]虽然这一体系在其最后的发展阶段继续凋零,但许多塑造了这个体系最新发展历程的人才被释放出来,探寻其他的生产性追求。理论物理学家和数学天才们创造了华尔街算法,引发了金融危机;而他们之所以会被吸引到这里,主要是因为在华尔街工作能够获得丰厚的报酬,不是因为他们抱有要为人类的最大利益而服务的信念。如果这些科学家当初进入的是能够妥善发挥其自身才能的领域,比如美国国家航空航天局的知识经济或火箭科学领域,那么如今的经济格局又将会完全不一样。

  随着华尔街的非生产性活动继续开展下去,美国政府有机会发挥领导作用,成为引发变革的催化剂。在"第二层级"设计理念的影响下,美国政府看到了华尔街的非生产性活动给人们造成的损害,于是竭尽所能对其征收高赋税。这并非史无前例的举措。事实证明,政府对香烟进行征税就是一个非常有效的手段,不仅可以减少人们对烟草产品的使用,还能从联邦和各个州的税收中筹集到数十亿美元的财政收入。就像烟草税一样,美国政府从华尔街征收的赋税也将受到智能的蓝色元模因设计的保护,并将投资于研发活动,旨在帮助美国确定下一个经济新领域。正如征收烟草税所要实现的最高目标是摒弃不良的健康习惯一样,对华尔街征收赋税也将加快停止人们非生产性的、有害的经济行为习惯,使经济体系能够得到重新调整,从而与生产性的经济追求协同一致。当前的货币价值体系表现形式越早得到终结,金融就能越早重新发挥其无聊但至关重要的作用:它是推动经济发展的实用工具,而不是其自身的影子经济。

第十一章　设计制造业的未来

作为世界最大的经济体，美国如果想让自己的人民继续享受高水平的生活，就不能再依靠消费支出来推动需求，也不能再依赖华尔街的金融魔法。美国应该努力让制造业就业人数占就业总人数的20%，达到该行业目前就业人数的两倍多。[115]

——杰夫·伊梅尔特（Jeff Immelt）
通用电气公司首席执行官
奥巴马政府经济顾问委员会主席
2009年6月于底特律经济俱乐部演说

制造业与价值体系

我们要想充分理解经济学在人类进化过程中所发挥的作用，就必须要了解制造业的重要性。在我们一路追求更高层次的价值观表现形式的历史进程中，制造业在帮助我们实现这一目标方面发挥了最为关键的作用，其他经济部门难以望其项背。在工业革命之前，文化在生存层面的社会发展中凋敝了数千年之久。尽管在殖民时代，商人阶层繁荣发展，但一代代农民的收入却几乎没有增加。随着蒸

> 要想充分理解经济学在人类进化过程中所发挥的作用，就必须要了解制造业的重要性。在我们一路追求更高层次的价值观表现形式的历史进程中，制造业在帮助我们实现这一目标方面发挥了最为关键的作用，其他经济部门难以望其项背。

汽机的出现，工业时代涌现的一系列价值观永远地改变了人类的发展轨迹。在开明自利时代的开端，哲学家、科学家和实业家们掌舵，向人类展示了繁荣的面貌，这种繁荣至今仍在指引着文化的发展方向。这是第五层价值体系价值观的发展开端，这些价值观作为推动文化发展的催化剂，在人们所能想象的最短时间内，通过"红色—蓝色"元模因价值观，将文化从生存层面的紫色价值体系转变成了繁荣发展的普遍范式。在去往第五层橙色价值体系的道路上，制造业必须要经历权力雄踞时期的红色元模因阶段。

随着第四层蓝色价值体系的崩溃，依据工厂工人的生存状况，处于爱国繁荣时期的蓝色元模因阶段的人们便能知道，在新政下需要实施哪些措施才能确定该价值体系向前发展的方向。在爱国繁荣时期，制造业使美国成了定义开明自利时代价值观承诺的全球领导者。第二次工业革命替代了第一次工业革命，创建了装配线，并使大规模生产成了促进社会繁荣的新催化剂以及美国公司重点关注的领域。在这个时代的大部分时间里，美国人民的最高目标是赢得战争的胜利。在这个时代，通过政府和私营部门的协调努力，科学和技术取得了前所未有的进步。如果这个国家需要拥有切实可行且可持续发展的经济，那么这个时代经济发展模式的重中之重便是制造业。凭借制造业价值观的不断发展进化，美国成了令那些寻求现代化繁荣发展的国家羡慕的对象。制造业成了高薪工作的同义词，而高薪工作则定义了美国的中产阶级。

爱国繁荣模因进入衰亡阶段则宣告了美国制造业时代的终结。

与金钱至上时代一同到来的，是后工业时代的意识形态——相较于与制造业有关的一切，这种意识形态更支持技术和服务业白领阶层的崛起。里根对经济实施了系统性的放松管制，他鼓励制造商们放弃共同繁荣的价值观，同时转而将底线和个人成功置于一切之上。企业负责人可以突然声称，由于严苛的蓝色元模因结构，如各种法规和工会，企业被迫关停，但这些企业的制造业务却在中国等地重新出现。

全球化成了流行口号，在全球化口号的号召下，美国数以百万计的人工制造业工作被外包转移到海外，并进行了精简增效。美国制造业的消亡似乎是不可避免的，因为它对整体经济的贡献度似乎正在稳步下降。金融创新的兴起进一步强化了这一预判，人们误以为制造业是新兴经济体中橙色元模因价值观的较低层次的表现形式。当我们迈入新世纪后，我们便已经给制造业打上了永久的烙印，认为它象征着环境恶化、空气污染和艰苦的体力劳动。自货币主义意识形态开始出现以来，制造业的就业人数骤减：1979年还有1900多万人，到了2012年9月，制造业的就业人数还不到1200万人。[116]

随着低技术含量和模块化的制造业从美国转移到了成本更低的国家，美国国内剩余的主要是制造业的高价值端。汽车和飞机制造、涡轮发动机和药品制造成了制造业的主要形式。这是橙色元模因创新中最为亮眼的地方，使整个制造过程实现了现代化和精简化。凭借着更好的工程和工业设计，生产程序的进步给我们带来了精益制造和即时生产等理念。人们对机器人和机器进行了创新设计，使它们能够灵活地生产多种产品，继续提高制造业的生产效率。如今，制造业的面貌与其以往的存在形式几乎没有相似之处。虽然制造业没像过去几十年那样雇用那么多的人员，但它继续为美国的GDP增长作出了很大贡献。2006年，卡托研究所（Cato Institute）发布的报告显示，美国制造商仍然是世界上生产能力最强劲的——美国的产量比中国的高两倍半，而且其年度收入、利润、利润率和投资回报率也都创下了最高纪录。[117] 直到金融危机爆发之前，制造业在很大程度上都还只是由华尔街定义的另一个经济部门。在金钱至上时代，高利润水平以及股价的上涨让人们不再担忧制造业内部的就业和薪酬水平。虽然利益相关者的数量在逐年减少，但股东们仍通过创新所带来的大部分进步而获益。

由于金融危机暴露了我们新的经济发展方向的弱点，美国国内要求推翻金融创新谬论、巩固发展制造业的呼声越来越高。杰夫·伊梅尔特是通用电气公司的首席执行官兼奥巴马政府经济顾问委员会主席，他直言不讳地承认，金融创新给美国带来了危险的困境，并认为美国迫切需要回归到以制造业为基础的经济环境中。2009年6月，在底特律经济俱乐部（Detroit Economic Club）发表演说时，伊梅尔特为制造业设定了目标，要让制造业就业人数重新达到就业总人数的20%：

> 作为世界最大经济体，美国如果想让自己的人民继续享受高水平的生活，就不能再依靠消费支出来推动需求，

也不能再依赖华尔街的金融魔法。[118]

无论伊梅尔特有没有意识到,他在那次演说中为美国制造业设定的目标都包含着某些因素,它们有可能会让整个美国经济经过重整后,在短短几十年内便走上"第二层级"的轨道。实现制造业就业人数在原有基础上翻一番的目标,不论是对伊梅尔特和奥巴马政府而言,还是对整体文化而言,都是一项艰巨的任务。这是一个长期的系统性挑战,需要人们对经济机构和其中许多利益攸关方进行结构性改革。我们必须改变现有观念,认识到究竟什么才能代表经济繁荣。高度自动化的制造业经济部门如何能再次占据20%的就业岗位?鉴于如今的生存状况,制造业如何能恢复其过去的荣耀,重新成为维护国家安全、经济独立和维持出口产业蓬勃发展的关键行业?

"第二层级"的制造业

伊梅尔特在2009年宣称要让制造业的就业人数占就业总人数的20%,这应该被视为制造业借以实现第七层功能型资本主义平台评判标准的目标。整个平台的最高目标是使美国通过可持续的实践行为,在全球经济中占据领导地位。美国从"第二层级"价值体系出发对新的制造业进行设计,将为美国提供前所未有的机会,使它有望在未来的几十年里重新取得全球经济的领导地位。为了实现制造业的可持续发展，美国必须从全系统的角度进行设计。这是一个长期的过程，在设计时美国必须要考虑到当前和未来的所有利益攸关方。当这个过程发生时，当前体系的衰退正到达终点，与此同时，一个新的范式正在诞生。新的体系寻求将制造业置于核心地位，必须要停止将工业时代的价值观与后工业时代或后现代的价值观相对比的论调，并为这两种意识形态找到可以共存的位置。在如今的文化中，人们必须要听到来自每个相关价值体系的声音，必须要让每个相关价值体系都有机会对设计作出贡献。新的设计方案必须要保护资本主义黄色元模因模式的三重底线，即人、经济效益和地球生态环境。如果人们能够坚持这样去做，当全新的制造业回归时，它会变得与当初离开美国时完全不同。

智能的蓝色价值体系所做的贡献

这是从第七层价值体系出发而重新设计的新政时代，新政必须要服务于比大萧条时期还要复杂得多的生存状况。仅仅创造出服务于橙色元模因目标的富有远见的蓝色元模因政策是不够的。这次创造的必须是智能的蓝色元模因，它要成为经济发展的催化剂，能够一路协调整合现有的人才、创新、流程、系统和价值体系，以服务于社会发展的最高目标。我们必须要考虑到揭露过去价值体系中的剥削性和不健康行为，以积累后见之明的好处，还必须要在设计中建立预防措施，以防止这样的行为再次发生。我们必须考虑到导致制造业走向衰败的旧有价值体系动态，从那些应用于剩余制造业部门的创新中吸取最佳实践经验，并将制造业与确保其长期可持续发展的智能的蓝色元模因政府政策结合起来。

新兴的先进制造业已经开始制定自己的发展路线，目前的蓝色元模因政策并没有为制造业的繁荣发展创造足够好的环境。根据制造业的一项调查，我们发现，技能短缺导致在 2011 年有 60 多万个工作岗位存在空缺。[119]这证明，先进制造业这一新兴领域若想焕发新生，需要采用一种不同于以往的方法以适应其持续增长，不能再沿用以往的线性陈旧方法。通过教育部和国家科学基金会等机构的助力，这种新的蓝色元模因才能促使"第二层级"生存状况出现。对于老一辈人来说，制造业的以往形象可能是被污名化的，但我们的教育工作者有极大的机会能够为那些不到 25 岁、从未见过工厂的年轻人塑造制造业的新叙事。

国家科学基金会与教育部和国家经济委员会合作，可以在基层播撒下这种范式转变的种子，惠及全国的每一所初高中学校。学校的科学实验室必须要有 3D 打印机这样的最新发明，让学生们在教室里输入数据、按几个按钮就能够制造出自己的作品。在这个过程中，这些年轻人能在头脑中构建这些技术所提供的无限的职业可能性。这种智能的蓝色元模因合作不会止步于此。这些机构还会成立一个特别工作组，负责与雇主协调，提供受过良好教育的训练有素的劳动力群体，以满足雇主的需求，并能够使未来的工人们持续学习先进知识，保持职业竞争力。

智能的蓝色元模因方法将解决制造业离开美国的源头问题，并找到一个长期的解决方案，使其免受"第一层级"价值体系的操纵。这种方法将会在税收、工作场所和环境领域限制某些法律的适用范围，因为这些领域已经变得陈旧过时，无法再发挥其最初的预期功能。美国的税法也不应再偏袒那些希望将业务转移到新兴经济体的公司。智能的蓝色元模因政策将为这些公司提供税收激励，以实现工厂的现代化和升级，同时保留那些可能需要接受再培训的工作岗位。行政管理和预算局还必须要彻底改变那种令人不安的挪用研发资源的行为。自1965年以来，研发资金一直在稳步减少，1965年，它在政府支出中所占的比例略低于12%，而如今，研发资金在政府支出中所占的比例仅不到4%。[120]

在过去的几十年里，研发成了健康橙色元模因企业的责任，政府投入很少。如今，我们不仅需要有橙色元模因的研发，从而引发艺术性变革，推动当前体系向前发展，还需要有全系统的研发，专注于实现系统性变革，必须要对整体制造业进行重新定义，而不对某个子部门存在任何偏见。政府向处于科学创新和技术前沿的顶尖研究机构提供研发资金，将确保制造业的长期可持续繁荣发展及其持久不断的自我更新。智能的蓝色元模因方案还将解决企业所得税问题，并致力于将税率降低，让美国相对于其他国家更具竞争优势。鉴于新的制造工艺的进步，政府必须要对环境保护局和劳工部的监管结构进行全面改革，且必须要奖励那些在实现制造业的长期发展目标方面取得了渐进式成功的企业。

工会和职业安全与健康管理局的角色应当进行升级，并应能够适应新的现实,即在新升级的工作场所,新工人的工作内容更应当有可能是操作计算机或给机器人编程,而不再是操作重型机械或站在装配线上进行作业。科学和技术政策办公室就是为了协调这种性质的跨机构活动而设立的,它必须要得到新的指令授权,为所有机构设定它们需要遵循的招募目标,以使制造业的就业人数达到就业总人数的20%。在社区层面,智能的蓝色元模因必须要鼓励人们竞相开展科学展览,通过展示制造业中最新创新的应用成果来努力传播这种新的模因。行业招聘人员应该为高中、社区大学和职业学校的学生们提出新的成功的职业选择。简而言之,若想制造业焕发新生,蓝色元模因需要更多地参与进来,要比过去40年间都表现得更为积极才行。在第七层价值体系的设计架构下,蓝色元模因将提供我们需要的领导力,通过建立富有远见的新结构,在未来几十年指导新体系的运行,来适应系统性变革。由于制造业是一个重要的部门,这个新体系必须要开辟一条能够灵活适应快速变化的道路,以使其在未来能够有机会创造数百万个高薪就业岗位。

健康的橙色价值体系和强劲有力的绿色价值体系所做的贡献

当世界各国都在把金融创新视为经济增长的中心时,传统制造商为了生存,不得不去适应全球化和颠覆性的知识经济给人们带来的变化。信息时代给这一经济部门带来了深刻的结构性变化。它迫使汽车行业等典型的传统制造业抛开了对外部创新的传统敌意,接受了其发展方向的必要改变——抛开了过去代表庞大企业集团的旧有等级结构，接受了具有协作性和表达性的知识经济的绿色元模因价值观。美国的汽车行业之所以会衰败并需要政府救助，可以部分归咎于它没能像全球竞争对手那样迅速适应变化。这在传统的自上而下的体系中是一种固有的风险，该体系相信自己有能力制造创新产品，同时保持指挥和控制结构，去指示工程师、设计师和供应商应当生产些什么。

过去的专有化体系必须要为未来的协作性体系让路。这是一个新兴的模式，正在将制造过程变得数字化，并为其带来期待已久的颠覆性创新。橙色元模因的稀缺性模型既会限制消费者的选择，又会占用自然资源，因而必须要被强有力的绿色元模因的富足经济价值观所取代，这些价值观能够指导知识经济，并会投资于创新的持续演变。随着旧有模式日益变得过时，制造业的未来必然要建立在这种新兴模式之上。这是即将到来的数字制造时代，其全新范式必须要接受开放体系的协作本质。过去的大型工厂将工人们聚集在同一屋檐下完成所有工作，如今取而代之的将会是多个距客户更近的组装工厂，这些工厂的工人们将独立供应商制造的模块化零部件组装在一起。在深受知识经济价值观影响的制造业中，这些供应商是充满活力的生态系统的组成部分，共享创新的最新成果，同时允许人们参与健康的竞争，以扫清所有障碍，为消费者带来最佳创新。

知识经济必然会全面融入"第二层级"的制造业。由于制造业具有高度的颠覆性，因而它必须试图复制知识经济的运行环境。就像硅谷的演变一样，"第二层级"的制造业也必须创造一个由三个主要组成部分组成的生态系统，以形成其可持续发展的生命网络。首先，这个生态系统的创造者必须要认识到，靠近顶尖的大学和研究机构非常重要，这些大学和研究机构大量投入"第二层级"制造业的研发，并不断产生针对制造业的专项创新。

其次，如果研究机构的工作成果富有发展前景，自然会创造出由周围的小型初创企业集群组成的创新渠道，成为研究机构创业精神的外延。创造知识经济的是一小群天才工程师，他们集思广益，其技能也互相兼容，我们没理由认为这种模式在制造业行不通。

最后，如果这些初创企业成功地制造出可行的产品，将会吸引它们建立自己的风险投资公司，专门去了解这个新兴行业在产品开发不同阶段的资金需求。人们可以在本国有着不同生产需求的不同地区播下这种独立生存模式的种子。波士顿的教学医院和大学周围可以形成自然栖息地，以满足生物技术和制药行业的需求。人们也可以在底特律和密歇根大学周围建立这种模式，帮助汽车行业和其他一些希望成为可替代能源领导者的地区逐步推进这种实践活动。实施这种模式必须要有长远的眼光，因为它需要所有利益攸关方的参与，并需要人们从头开始慢慢地培育出研究型的生态系统。

可再生能源与制造业的未来发展

如果"第二层级"制造业听从了伊梅尔特的建议，在经济上减少对消费者支出的依赖，那么制造业需要设定什么样的目标，利益相关者又必须要寻求什么样的根本性变革呢？这涉及自然设计公式中的"设计什么内容"部分，将深远地影响美国以多快的速度成为运转良好的"第二层级"经济体。经济学家杰里米·里夫金（Jeremy Rifkin）提出了一些关于未来发展的指导思想，这些思想不仅关乎制造业，还关乎资本主义的整体发展。他在2011年出版的《第三次工业革命：新经济模式将如何改变社会》（*The Third Industrial Revolution: How Lateral Power will Transform Society*）一书中，对"设计什么内容"部分进行了令人信服的阐述，并介绍了"第二层级"制造业发展的可行目标。里夫金先生称，通过追求全球可再生能源政策，并在这个过程中从核心上改变资本主义制度，文化发展可以达到理想的资本主义存在状态，他称其为分布式资本主义。[121] 在仔细评估了里夫金先生所说的分布式资本主义概念后，我得出了这样的结论：它代表了将经济学转变为"第二层级"价值观所必需的绿色元模因价值观，与分布式创新或任何其他的分布式资本主义概念有所不同——后者是黄色元模因的功能型资本主义平台的一部分。我们通过里夫金的框架得到了经验教训，这将有助于我们了解发达经济体寻求能源独立所需要的黄色元模因能源政策。

里夫金寻求能源民主化的模式，与我们在信息时代最初寻求信息民主化时绿色元模因所呈现的发展模式相似，里夫金在寻求能源民主化的过程中还制定了实现能源民主化目标的计划。如果信息时代的发展为我们提供了案例，能让我们了解先进的绿色元模因理念如何有潜力催生具有颠覆性的"第二层级"经济体，那么"第二层级"制造业应当将可再生能源视为其主要发展目标之一。由于能源行业在当今全球经济中占很大一部分，其转型将颇为不易。活跃在政府、学术界和工业界的勇敢无畏的"第二层级"领导者们，必须在资源有限的体系中，从进化经济学的角度重新定义研发目标。工程、科学和信息技术的进步和发展将会远离碳基经济，人们将追求更高层次的理想，更有利于实现地球的长期健康发展和生命的可持续性，同时容许我们在经济活动中获得合理的利润，实现人类整体的健康与幸福。追求可再生能源的发展目标有助于我们将可再生能源领域由早期的创新阶段推向令人兴奋的探索阶段，使其处于更低成本的轨道上，且经济实用，广泛适用于各个领域。

　　光伏能源、氢能源、电池储存、风能和地热等领域的初创技术的发展，都将会受益于以可再生能源为核心的"第二层级"制造业的研发平台。经过能源政策的变革，文化是否能成为新的乌托邦式存在，只是第七层功能型经济所关注的局部问题。决定文化的未来发展形势的，是它在发展过程中所实现的那些更小的目标，以及这些目标的实现是如何与现行的生存状况相互作用的。我们在这一过程中每迈出一步所取得的研究进步都将会持续降低生产成本，同时这些产品的制造、分销和安装都需要依靠工人来完成，这将使美国更易于实现制造业未来的就业目标，同时保护好资本主义黄色元模因经济模式的三重底线。

增材制造：一种分布式创新模式

由于美国劳动力成本较高，在金钱至上时代，橙色价值体系将许多低技术含量的制造业工作外包给了中国。知识经济具有颠覆性特质，正在试图扭转这一趋势。通过数字化和改变生产规模，创新正在彻底改变着制造业，使新的工厂工人成了工厂的所有者。增材制造技术也被称为3D打印技术，是依照计算机生成的模型来创建三维产品的过程。用于增材制造的机械装置可以做成像微波炉或小冰箱那么大，刚好可以放在车库里。在这项技术的早期发展阶段，人们可能会生产出许多低技术含量的消费性产品，堆放在沃尔玛超市或当地五金店的货架上。我们可以设想，这种分布式制造模型，像如今笔记本电脑上的应用程序那样易于操作。不过，我们不是通过发送打印命令来打印文档，打印过程中使用的也不是墨盒；我们是通过使用某种原材料来生成实际的产品，如玩具、橡胶紧固件或咖啡杯等。用户如果拥有更先进的3D图形制作技能，还可以成为自己的定制设计师和制造商，精准定位于特定的市场领域。

随着这项技术在未来不断发展，给人们带来的创业潜力是无限的。未来使用这项技术的人们不仅能在每个车库里都拥有一台3D打印机，还可以组建自己的小型工厂，用更加复杂的打印技术来生产零部件，成为重工业供应链的补充部分。生产过程越是数字化，3D打印的成本就会越低。如果个人电脑的发展历史向我们说明了颠覆性技术是如何实现了产业重组并改善了人们的生活的，那么，数字制造将会为人们当下对制造业的认知带来意料之中的颠覆。未来的3D打印机将会比目前市场上的机型便宜得多，也要复杂得多。随着3D打印技术的成熟，它将形成小型企业网络，为当地社区提供3D打印产品，会比目前中国制造的大多数产品都更便宜、更好用。

这是数字制造的分布式创新模式，其所有潜质都具有"第二层级"的属性。首先，增材制造为人们提供了利润丰厚的制造业工作岗位，这些工作都是外显化的，无法被精简派的橙色元模因首席执行官外包出去。这是智能经济的生态系统，它从"大到不能倒"的有害商业模式转为基于生命系统的经济模式——在生命系统中，实体或有机体的消亡是其成长过程的自然组成部分。这种模式还可能会帮助60%的美国人口提高创业指数，这些人此前没能获得大学学位，因而不得不接受低工资的服务工作。这是一种成功模式，在这种模式下，个人的收入潜力只会受限于他所投入的时间和努力程度。这种模式的颠覆性特质产生了积极的全球影响，因为通过其高效运营，将有助于减少我们的碳足迹。

传统制造业使用的是机械加工技术，依靠切割和钻孔等方法来去除多余的材料，这被称为减材过程，会导致废料流入中间的细口部分或回收箱。而增材制造是通过铺设连续的材料层来创作产品，在这个过程中不会产生废料。增材制造的生产模式还将会降低运输和仓储成本，因为橙色元模因的生产制造原则（如即时生产）带来的效率会通过分布式模型极速传导到下一个生产阶段，因为这种模式是非常贴近产品的零售商或最终用户的。经过三个多世纪的漫长旅程，制造业似乎又回到了发展的原点。从人们早期使用蒸汽机宣告了工业时代的开端，到后来桌面制造技术的到来宣告了整合时代的开始，这期间没有其他任何经济部门能够在推动人类攀登发展阶梯的过程中发挥更为关键的作用。

第十二章　从股东到利益相关者
定义可持续发展的公司

"我相信，所有商业目标都会随着时间的推移而发生演变。这种目标的演变是各种相互依赖的利益相关者相互之间的动态互动，以及利益相关者与业务本身之间的动态互动所带来的结果。随着时间的推移，顾客、员工、投资者、供应商和社区都会影响商业目标。"[122]

——约翰·麦基（John Mackey），
美国全食食品超市联合创始人兼联合首席执行官

企业元模因之争

我们如今知道，公司已经成为资本主义一切弊病的象征。贪婪、权力和政治影响力似乎成了界定美国企业价值观的同义词，尤其在2008年金融危机之后更是如此。似乎所有的大公司都在协助和怂恿人们将更多的金融资源转移到富人手中，并把工作从那些最需要工作的人（工人阶级和中产阶级）手中夺走。当普通美国人继续遭受大萧条以来最严重的经济衰退时，公司财报中公布的利润水平却持续走高，创下了历史纪录，首席执行官的薪酬也达到了历史最高水平。[123] 这些明显差异是造成人们产生不满情绪的重要根源，催生了"占领华尔街"运动，并在世界各地衍生了数百场类似的运动。尽管这些抗议活动可能已经平息了，但"占领华尔街"运动却在大多数美国人的心中永远留下了这样的简单印象：美国1%的人口控制着这个国家几乎一半的财政资源。

企业对资源如此操纵，是否会让美国梦成为一场噩梦？美国对大众的繁荣承诺已经为极少数人所专属。这样的资本主义，是在放任那些拥有无限权力却缺乏社会责任感和宏大目标的企业肆意妄为吗？金钱至上的文化无处不在，是否误导公司高管、首席执行官和董事会成员进入了麻木的舒适区，以至于与他人的共情简直成了一种不容存在的行为？2011年10月，人们进行了一场非正式的在线调查，向受访者提出了一个问题：为了使美国公司、华尔街、政府和资本主义整体发生改变，你都会做些什么？不出意料的是，大多数受访者都选择要全面实施更多的监管，从限制首席执行官的薪酬、对企业利润征收更多的所得税，到制定禁止投机性企业融资和打击企业垄断的法律，不一而足。[124]

正如我们所看到的，美国的主要生存状况表明，美国正在痛苦地撤出橙色元模因的发展重心，以追寻更高层次的生命意义。我们看到，在知识经济的绿色元模因生存状况下诞生的企业，是怎样很好地适应了新的价值观发展趋势，帮助社会上的一部分人迈入了"绿色—黄色"价值体系。似乎知识经济在完善其分布式创新方面越具革新性，它对传统橙色元模因企业的保护效应就会越强。这样的行为在能源行业表现得最为明显。欧洲和中国专注于提升其可再生能源技术，而美国的煤炭、石油和天然气行业却专注于探索那些颇有争议的新技术，延长不可再生化石燃料行业的发展寿命，以限定消费者的选择。

水力压裂法是这些行业的公司从地下开采能源的最新方法，也是迄今为止最具争议的方法。水力压裂法的操作过程是通过注入高压水，并使其与秘密化学物质混合，从而迫使地下岩层破裂，释放出岩石中的石油或天然气。美国国家环境健康科学研究所等许多相关团体认为，这种做法对人们造成了重大的健康风险。这样的做法对环境造成的危害是无穷无尽的，会引起地下水污染、空气质量恶化以及由于气体和水力压裂化学物质从而迁移到地面所造成的地表污染，而且如果石油或天然气泄漏，回流到供水系统，还会引发其他风险。[125]

公众对能源行业和相关公司的愤怒似乎到达了顶峰，这些行业和公司已经演变到了自然垄断模式，获得了国家和联邦法律的特权和豁免权。多年来，这些公司的企业文化演变为不再乐于接纳技术创新的进展，而是专注于强化与立法者的关系维护，以保持其在市场上的垄断地位。在纯市场驱动的非垄断行业，人们秉持的座右铭是"不创新则灭亡"；而在自然垄断行业，人们的座右铭似乎变成了"不争取政治影响力则灭亡"。这就公然揭示了水力压裂行业是如何避开环境保护局的监管的——在时任美国副总统迪克·切尼

（Dick Cheney）的授意下，2005年的美国《能源政策法案》删去了有关水力压裂的监管规定，《纽约时报》的社论称其为"哈里伯顿漏洞"（Halliburton Loophole）。[126] 此类政治影响证实了，与知识经济行业相比，能源等行业俨然已经成了封闭的体系。哈里伯顿公司在油气开采合约、设备和基础设施方面投入了大量资金。对这家公司而言，相较于寻求可再生能源的长期研究和发展，设法使关系友好的立法者更改环境法律要容易得多。这似乎是一种常见的模式，阻碍了传统橙色元模因产业的螺旋式跃升发展，因而在飞速迎来创新的知识经济面前，这样的做法不但有害，还愈发地不合时宜。

大多数人对这些实体投射的价值观印象不佳，在这样的情况下，传统公司能否历经这些生存状况的变化而生存下来？虽然寻求政治影响力的保护似乎是能源、金融和医疗保健等行业公司的标准操作程序，但并不是所有传统的橙色元模因公司都与形成这些自然垄断的公司有着同样的元模因概貌。许多企业，不论大小，都是在秉持橙色元模因价值观时运营得最为良好，但如果它们在较低层次或较高层次的"第一层级"体系下运营，则会损害社会发展。只要是健康的元模因影响着该公司的发展使命，并在开放体系中运行，那么这种元模因就更有可能属于自然设计方案的范围，从而影响其商业模式。无论是选择员工、供应商、合作伙伴还是独立承包商，秉持黄色元模因的系统化价值观的公司都会试图选用最合适的元模因，从而根据公司服务的利益攸关方的价值体系来完成工作。所有行业的所有公司都迫切需要接纳开放的体系，在追求企业使命的过程中，

> 对生产性产出的追求是推动资本主义发展的驱动力,但不知从什么时候开始,大公司首要关注的发展目标不再是自身的功能性,它们将股东价值最大化作为新的发展目标,并让自己向这个新目标看齐。

将人、经济效益和地球生态环境置于同等重要的地位。根据信息、知识和技术的交互作用所带来的技术进步发展轨迹看来,创造性破坏迟早都将会淘汰掉许多封闭体系的企业发展模式。

当前的功能性错位

对生产性产出的追求是推动资本主义发展的驱动力,但不知从什么时候开始,大公司首要关注的发展目标不再是自身的功能性,它们将股东价值最大化作为新的发展目标,并让自己向这个新目标看齐。引发金融危机的那场完美元模因风暴是一种反常现象,揭露了人们的投机性和短期性思维模式,他们试图重新调整许多公司的自然功能性,使其与概念性的财富谬论保持协调一致。在金钱至上时代,长期的研发投资被营销策略所取代,人们通过营销策略将同样的产品进行再包装,主要目标是满足华尔街分析师的预期。产品创新也不复存在,取而代之的是资本市值。人们不再考虑对工作是否满意,而只会考虑对薪酬是否满意。拥有技术和行业知识的首席执行官被那些富有感召力和金融知识的人所取代,因为这些人确切地知道资本市场想要什么,据此抬高公司的股价。

随着人们对价值观的调整继续推进下去,季度性财务业绩成了企业目标的主要驱动因素。股票期权和薪酬方案诱使那些精通财务的首席执行官从一家公司跳槽到另一家公司。某些富有创造力的会计方案——如根据预测和一些其他的金融创新——将未来的收入计入当前的会计期，使公司的发展重心从追求长期可持续行为转向倚重这些至关紧要的季度性财务业绩。首席执行官们仅工作几年便退休了，因为此前他们筹划了公司股价的极大上涨，兑现了价值数百万美元的股票期权。似乎在不到10年的时间里，美国人的创造力——在开放的体系中表现健康的橙色元模因——被某种不健康的有害表现形式所取代，人们只会策略性地追求金钱，很少顾及其他东西。时间迟早会向我们证明，这种调整其实是极大的误导。金融危机过后，许多投资者由于遭受损失而感到愤怒，他们会持续质疑很多首席执行官的见解。

今天，许多传统的橙色元模因公司发现自己不得不放弃金融工程的短期价值观，转而重构它们的组织，以重新与公司的功能性发展目标保持一致。在金融危机过后的4年时间里，全球经济仍在经历收缩期，必须严格控制金钱至上时代的种种铺张行为。在这个令人警醒的时期，许多橙色元模因的老牌公司，特别是商业银行和投资银行，将经历漫长的调整期，重新向自身的自然功能性看齐。这是一个艰难的系统性过程，人们必须要应对各类资产泡沫破裂的恶果。这需要人们付出时间和耐心，并对此前的元模因行为模式进行大量反思——这种行为模式导致公司领导层放弃了长期坚守的美德，转而采用了不可持续的快速致富方案。

要想了解这种错位可能会让世人付出多么严重的代价，我们只需审视另一个重要经济体的先例，这个经济体曾经历了各类资产泡沫的系统性破裂。20世纪80年代，日本正处于成为世界领先的经济强国的发展轨道上，当时日本政府和银行都在行使各自的自由裁量权，尽一切努力去实现这个目标。整个20世纪80年代，日本一直都在向金钱至上模因看齐。然而，随着日本银行的资产估值与经济现实脱钩，纸牌屋轰然倒塌，遗留给日本的是持续了二十多年的所谓"僵尸经济"。[127] 随着知识经济的创新以闪电般的速度向前推进，日本经济已无力追赶，只能继续设法去摆脱20世纪80年代的错误政策所造成的困境。消费类电子产品曾使日本经济在20世纪后期表现优越，这可能是日本在持续努力进行机构结构重组之际，最后一次宣称拥有功能性的经济领导地位。泡沫经济给世人留下的损害是长期性的、系统性的，美国同样无法逃避这种恶劣影响。

然而，与日本经济不同的是，美国经济中有两大主要因素，必要时将能促进旧有橙色元模因实践行为的功能性重组。其中第一大因素是愤怒的美国选民，他们反对任何额外的纳税人救助行为，对华尔街几乎不存在信任，这将迫使破产实体倒闭并随后得到清算。第二大因素是更为乐观的因素，有望使美国文化沿着人类文化发展的阶梯向上跃升，这就是知识经济的创新本质，它促使人们继续创造新技术，淘汰旧有的橙色元模因实践行为。随着人们凭借知识经济的优势将企业文化的模因传播到其他经济领域，回归可胜任的功能性领域将会再次成为资本主义的指导原则；这样一来，出于必要性和生存需求，人们会促使旧有的橙色元模因实践行为回到健康的开放体系中。

第七层价值体系的职能型首席执行官

知识经济不仅给企业的经营模式带来了创造性破坏,还在迫使美国社会重新思考资本主义模式下商业领导力的本质。在研究企业的发展历史及其预期功能时,人们很快认识到,企业作为对公众有益的投资工具,并不一定总能服务于其预期目标。早在几百年前的英国东印度公司时期,人们就开始针对企业的法律结构、社会结构和管理结构提出批评——因其种种剥削行为和资源操纵行为,以及将巨额财富置于商人阶级的掌控中,东印度公司在历史上一直饱受诟病。

资本主义之父亚当·斯密在《国富论》中警示说,当我们将获取资本的实际生产过程的掌控权从资本所有者手中移交到管理层手中后,管理层必然会开始忽视资本所有者的权益,从而造成企业内部的功能紊乱。[128]自亚当·斯密时期以来,企业在发展过程中经历了多种存在形式,但亚当·斯密关于资本生产的道德哲学观念,以及要求资本所有者积极加入企业管理和领导岗位的做法,到如今仍然适用。托马斯·爱迪生会如何看待通用电气公司当下的运作方式?如果当前的生存状况会影响他施展才能,那么托马斯·爱迪生是会赞成通用电气公司向金融业、保险业等非科学制造领域进军,推行多元化发展模式呢,还是会提倡这家企业在其可胜任的主要领域实现其功能性追求?

亚当·斯密在《国富论》中警示说，当我们将获取资本的实际生产过程的掌控权从资本所有者手中移交到管理层手中后，管理层必然会开始忽视资本所有者的权益，从而造成企业内部的功能紊乱。

如今，如果人们秉持爱迪生的价值观来经营通用电气公司，太阳能和风力涡轮机技术的应用是否会让美国更易于实现能源独立和绿色能源经济？这种系统化的领导力形式是否会让美国在定义可持续发展的全球经济方面处于全球前沿？我们会猜想，如果企业由其天才创始人持续掌控，这些企业会以怎样不同的方式向前发展，但这种猜想是徒劳无益的。许多成熟的公司，即使由富有远见的创始人掌舵，也一直在苦苦挣扎，而后便逐渐销声匿迹，退出历史舞台，成了许多领导力案例研究的分析对象。但也有许多公司取得了引人瞩目的成功，并在此过程中从本质上改变了企业领导力。

从价值体系的角度来看，一个显而易见的问题是：成功的创始人和首席执行官是否能自然地表现出系统化的第七层价值体系思维模式，他们的元模因概貌能否为设计职能型的企业领导力提供一些解决方法？这些领导人的独特管理风格不仅帮助他们的企业平安度过了各个经济周期，还使商业行为上升到新的意识水平，具有了系统可持续性的所有特征。像苹果、星巴克和全食食品超市这样的企业，是否受到了第七层价值体系的黄色元模因远见卓识者的指引？在由第五层体系的价值观为主导的市场中，这些远见卓识者却在第七层价值体系的自然生态视角下看待自己所领导的企业的经营活动。2007年，星巴克创始人霍华德·舒尔茨（Howard Schulz）解雇了其首席执行官吉姆·唐纳德（Jim Donald），这样的行为是否合理？

审视星巴克当时的价值体系后，我们收获了一个很好的案例，可用于说明在追求更高回报的过程中，最鲜明的第五层橙色元模因思维模式是如何变得精简化的。在唐纳德被解雇前的那几年，星巴克开始了最大规模的扩张，其橙色模因特征最为鲜明，目标是提高效率和削减成本。这本应令华尔街感到满意。可是恰恰相反，该策略削弱了星巴克这家咖啡馆对人们的吸引力，数百家门店因表现不佳而不得不闭店歇业。作为董事长，舒尔茨对公司价值观的暂时错位承担了全部责任，并重新出任首席执行官，同时也恢复了公司原有的核心价值观。[129] 在这个案例中，其错位之处在于，领导者优先考虑去实现第五层价值体系的目标，却忽视了造就星巴克独特体验的内涵价值。

在《哈佛商业评论》(*Harvard Business Review*) 于2010年7月发表的一篇访谈中，舒尔茨暗示，是价值观的重新调整使他的公司走上了开放的黄色元模因功能型道路。首先，他谈到星巴克的领导层是如何在公司的所有同仁面前站出来，向18万名员工承认自己失败了。其次，舒尔茨认为公司迎来了转折时刻。当时，"卡特里娜"飓风刚刚过境，他带领1万名门店经理前往新奥尔良参加性格与价值观训练营。他们提供了超过5.4万小时的志愿服务，并投资了100多万美元，用于修复这座满目疮痍的城市。"如果没有在新奥尔良的这次经历，我们就不会扭转局面。当真确实如此，而且这与领导力有关。我们对员工进行了再投资，对创新进行了再投资，也对公司的价值观进行了再投资。"[130] 自从舒尔茨重新担任首席执行官以来，星巴克的经营模式比以往任何时候都更加符合黄色元模因可持续发展的做法。它先是在美国国内启动了"为美国创造就业机会"的项目，扶持那些为全球推广项目和服务水平低下的社区企业提供资金支持的机构，这些全球推广项目已筹集了数百万美元，使发展中国家获得了清洁水源。星巴克也为人们创建了可持续发展的生态系统，扶持了全球种植咖啡和茶的农户。[131]

在重整星巴克、对其价值观承诺进行深化方面，值得注意的是，星巴克的顾客和股东都推崇这个新的发展方向。自舒尔茨重新担任首席执行官以来，在短短的 4 年时间里，公司的股价上涨了 5 倍，这使那些相信星巴克会信守创始人的原则这一承诺的清醒投资者获得了丰厚的回报。通过使星巴克成为支持所有利益相关者、为他们提供环境庇护的开放体系，舒尔茨提高了股东的意识水平，使他们都变得更为富有，并参与到全球可持续发展的实践中，拥抱人、经济效益和地球生态环境这三重底线。但问题是：如果首席执行官不是企业创始人，他们未必会将自己的工作视为终身为之奋斗的目标和未来的唯一追求，这时他们也会做出同样的行为吗？

许多既是企业创始人又是首席执行官的人，他们表现出的领导才能在漫不经心的观察者们看来，未必是可预测或容易理解的。已故的史蒂夫·乔布斯（Steve Jobs）为我们提供了极具远见的领导力典范，他超越了最成功的非创始人首席执行官的橙色元模因标准。2009 年，《财富》(Fortune) 杂志将他评为"十年内的最佳首席执行官"，因为他彻底改变了四个行业：音乐、电影、移动电话以及他最初开创的计算机行业。[132] 自 2009 年以来，苹果公司在数字出版和平板电脑领域的转型中扮演了重要角色。虽然他是个深居简出的人，但由于他对苹果产品做出的精妙设计，身着标志性的黑色高领衫和蓝色牛仔裤的乔布斯闻名世界。根据他的传记作家沃尔特·艾萨克森（Walter Isaacson）的描述，乔布斯最突出的品质是他在追求完美的过程中拥有如激光般强烈而专注的注意力。[133] 在乔布斯的案例中，进行功能性调整是为了使他创造出来的每件产品都既美观又简单易用；而苹果公司内部以及众多合作伙伴和供应商的所有其他价值观都必须与他的设计愿景保持一致。

经过多年的反复试验和试错，包括早期从自己创立的公司出走，乔布斯的长远眼光变得更加精到，其设计手艺也得到了打磨，结果使这家公司从单纯的个人电脑制造商彻底转型为世界创新领域的领导者，并在此过程中深刻地改变了其他几个行业。在苹果公司的案例中，追随创始人的愿景所带来的经济回报甚至比星巴克更令人叹服，每次苹果公司发布新产品后专卖店门口排起的长队以及苹果股价的飙升都证明了这一点，苹果已经成为世界上最具价值的公司之一。

要想了解企业创始人兼首席执行官的愿景，以及他们与非创始人身份的首席执行官相比所具有的不同职能定位，我们就需要先去了解黄色元模因的系统性思维模式在组织中的运作方式。行业不同，其功能性会有很大差异，但是，使其成为第七层价值观方法的原因在于内驱力，是它推动苹果公司超越了华尔街和期待短期结果的投资界在橙色元模因生存状况的主导下施加的人为限制和压力。俄亥俄州立大学（Ohio State University）费舍尔商学院（Fisher College of

Business）金融系的卢迪格·法伦布拉赫（Rüdiger Fahlenbrach）在2007年进行了一项研究，他发现，由创始人兼任首席执行官的企业与由非创始人担任首席执行官的企业相比，在企业估值、投资行为和股票市场表现等方面存在系统性的差异。[134] 研究还发现，由于这些由创始人兼任的首席执行官将企业视为自己的人生成就，因此他们既有内在动力又有长远策略，会鼓励自己追求实现股东价值最大化的最佳战略，而不是专注于短期行为。他们对风险也持有不同的态度，其合并和收购活动也更具针对性。

在金钱至上时代，这是一种被抛弃的功能性行为准则，因为在当时，并购主要是基于财务原因，而不是通过功能上的调整对企业进行整合协同，使它们具有互补性技能、共同的价值观和共同的目标。法伦布拉赫还发现，这些首席执行官从一开始就在塑造他们的组织，因此，管理特征的差异对企业行为和绩效的影响尤为强烈。研究结果表明，无论在哪个行业，与那些由非创始人任首席执行官来执掌运营的企业相比，由创始人兼任首席执行官的企业的回报率都会更高。健康的橙色元模因实践行为是与企业的长期功能保持一致的，其标志之一是对研发和未来生产能力的投资。法伦布拉赫的研究还证实，由创始人兼任首席执行官的企业在研发上的支出比由非创始人任首席执行官的企业高出22%，资本支出高出38%。[135] 这一行为理念与最近的首席执行官行为趋势相背离，而后者在行为上似乎更关注即时的流动性和股票价格的日常波动，而不关注投资于员工和创新产品的长期战略规划。

在为企业领导者设计黄色元模因功能时，我们可以挖掘丰富的信息，了解这些成功的创始人兼首席执行官的个性准则，并探索他们为实现那些影响他们长期决策的价值观而采取的方法。众所周知，创始人兼首席执行官的行事风格往往古怪而另类，这更能吸引人们去了解这个以第五层橙色元模因体系的精简化价值观为中心的世界。许多人可能会争辩说，所谓的可持续发展实践不过是橙色元模因体系的健康表现形式，以确保企业的长期盈利。黄色价值体系对所有其他价值体系的功能流程都感兴趣，对黄色价值体系而言，健康的橙色元模因是这个设计方案的一部分。这些做法能否被其他体系接受并不重要，但一旦一家企业使长期可持续性成为其导向力，它自然会设法使自己的行事方式长期保持在黄色元模因的功能轨道上。

螺旋动力学理论将第七层首席执行官描述为功能主义者，他们相信长期主义，不盲从于自己的生存经验，并从长期主义的视角建立他们的核心激励和评估系统，从而相对不受外部压力或判断的影响。[136] 在当今的企业文化中，特别是在金融服务行业，关切地球上生命和自然环境的可持续发展，对许多企业领导人而言可能听起来还很陌生。第五层体系的领导者往往没有看到，企业在地球上的可持续发展与我们在这个资源有限的星球上维持后代生生不息的能力直接相关。同时，这两件事之间又有着非常错综复杂的联系。贝克经常将第七层领导者描述为拥有情境化权威的人：他们既可以表现得温和，也可以表现得无情；基于情势需要，他们既可以循规蹈矩，也可以打破常规；而且他们会用自然、简单、讲道德、有意义的东西来替换掉任何人为制造出来的东西。这些特征所描述的黄色元模因领导者，似乎既存在于知识经济中，也存在于那些仍在从事旧有的实物商品贸易行业的人的新兴意识形态中。虽然那些本质上具有功能属性的知识经济公司结束了许多根深蒂固的旧有橙色元模因实践行为，但那些在零售行业中无法数字化、符合贝克对第七层领导者的描述的领导者正在制定新的实践标准，而这些标准将被旧有的橙色元模因零售商争相采用。

所有权的演变

自从亚当·斯密建立道德哲学的乌托邦时代以来，企业管理已经发展为一门科学，反映了更高水平的复杂性以及各种思想流派，这些流派纷纷在探讨究竟是什么人或什么事物体现着企业最有价值的资产。他们讨论得最为激烈的是"所有权"一词的定义，以及它对企业底线和企业业务模式的长期可持续发展究竟意味着什么。通过研究模因经济周期的历史可以发现，当生存状况受到第三层红色价值体系控制时，所有权意味着所有者的完全控制。这就是镀金时代和强盗大亨时代，发生在大萧条时期金融体系由于自身价值观的毒性而崩溃之前。在此期间，特定企业的所有者完全控制着劳动力和资本的使用方式。即使企业由公众持股，对企业拥有占有意识的也仅限于一小部分家庭成员和少数严格支持所有者价值观的可信赖的伙伴。工人只不过被视为生产单位,他们没有占有意识,也没有所有权。

罗斯福新政和爱国繁荣模因的价值观试图通过引入一系列劳动保护法来重新定义所有权,并将管理和劳动共同置于爱国主义的主板上,以赢得战争并建立美国今天的中产阶级。在这个时代,工会的突出地位重新定义了管理学史上人们所知的占有心理学——不一定是实际占有财产和股票,而是由获得薪酬和工作条件的谈判权来获得心理上的所有权。随着这种元模因经济周期在其价值观的重压下宣告终结,在后工业时代早期,所有权再次得到了重新定义。

杰出的技术阶层和白领阶层开创了一个同时在心理和事实上占有企业所有权的新时代。员工股票期权、401K 计划和固定收益计划成为企业吸引和留住人才的首选方法。以经济报酬的形式分配所有权,成为金钱至上时代的标志。随着这种模因扩展到了系统层面,所有权与财务收益的联系越来越紧密,而与企业生产的产品和服务的功能一致性的关联却越来越小。2008 年,随着金融创新模式进入衰退期,知识经济的价值观开始得到充分体现。这些价值观最初是为了使信息获取变得民主化,如今在为我们构建新的功能型所有权形式奠定基础。突然之间,那些为传播信息时代价值观而创建基础的工程师,因做了自己最擅长的事而获得了经济上的回报。

随着这种职能型领导力持续涌现,知识经济持续将计算机存储的知识内容细分为新的有见地的商业模式,反映出不断进化的文化的全部需求,将继续彻底改变人们看待所有权的本质。作为一种自我更新和可持续的商业模式，这是所有权类型的整合。管理科学时代即将到来，人们对生理、心理和功能性所有权的整合成了推进新的高效执行方式的催化剂，推动全球经济向第七层体系的系统性和功能性价值观演变。

这就是自然设计，它首先试图通过使用价值体系这个棱镜去穿透最深层次的认知，确认生存状况中的需求，以便了解利益相关者的动机，并将他们接入同一块主板上，共同为实现新的最高目标服务，即通过可持续的实践行为来提供全球领导力。这种职能型领导力模式是第七层企业的核心，与之前的任何领导力模式都截然不同，因为它基于职能优化，为人们提供了分散的决策权。这种模式的持续出现有可能使企业领导层从单纯追求利润转向重视分散式的"创始人—首席执行官"行为准则，这自然会激励每个利益相关者，使他们在追求新的可持续的最高目标的过程中，能够给予自己一种充分得到整合的所有权感。

谷歌公司的系统性颠覆

在当今的经济环境中，像谷歌这样处于创新前沿的公司，让我们得以窥见，当知识经济发展成熟、达到第七层体系那种全面而有意义的表现形式时，企业功能未来可能会是什么样子的。这家公司不仅在自己的行业不断引领创新，还秉承使自己获得成功的价值观，为具有创新精神的初创企业提供资金,而这些企业有可能会淘汰掉封闭的橙色元模因体系中的许多行业。谷歌的诞生源于其联合创始人拉里·佩奇(Larry Page)在其博士论文中提出的创新构想,他想对万维网的底层数学特征进行量化。[137] 拉里·佩奇和谢尔盖·布林(Sergey Brin)在实施互联网逆向工程时,将知识经济置于功能性"第二层级"实践的正确轨道上。在谷歌公司成立后的短短几年内,算法隐含在诸如网页排名(PageRank)和关键字广告(AdWords)等复杂难懂的创新背后,开始悄然改变广告行业。

"谷歌经济学"(Googlenomics)是作家史蒂文·利维(Steven Levy)在其著作《走进谷歌:谷歌如何思考、工作以及改变我们的生活》(*In the Plex: How Google think, Works and Shapes Our Lives*)中创造出来的一个词,它正在成为一种模式,在整个在线广告界掀起一波颠覆性创新的浪潮。谷歌的商业模式已经成为麦迪逊大道(Madison Avenue)高管们的极大担忧,用不了多久,类似的模式就会迫使传统的橙色元模因企业的董事会重新审视其开展业务的基础。利维这样总结谷歌商业模式的颠覆性悖论:

> 一家资本主义企业为人们提供最好的服务,不为支持其运营的广告商设定价格,却会因为它们的广告不符合谷歌的复杂算法公式而将其拒之门外。这种行为是多么令人困惑啊!谷歌的成功不是由于人们疯狂的灵感激发而来的,而是因为它及时认识到,互联网会奖励人们对于规模、速

度、数据分析以及客户满意度的狂热关注。人们懂点拍卖理论也无妨。[138]

那么，在谷歌成功的软件开发、管理和业务模型中，哪些方面可以体现第七层体系的智能？我向人类发展中心的同事凯文·凯尔斯（Kevin Kells）提出了这个问题。凯尔斯取得了电子工程博士学位，且深谙硅谷文化。他用更通俗的语言解释了互联网逆向工程的概念："谷歌做到了以往其他搜索引擎无法做到的事情。它将万维网的自我量化功能进行了众包化。实质上，它是向每个实体都提出一个简单的问题：'嘿，你是谁？'而答案是：'你是什么样的人，是以所有其他实体对你的看法、你的长处为基础的。'"

作为对螺旋动力学理论和唐·贝克的著作都非常熟悉的人，凯尔斯认为，谷歌公司的文化、业务执行方式和管理风格可以证明第七层黄色价值体系的某些方面。凯尔斯从事这个行业已经有20年了，他在IBM公司的蓝色元模因阶段之后，见证了知识经济在发展螺旋上的跃升，也经历了摩托罗拉等公司的绿色元模因阶段——在摩托罗拉公司，经理也能是朋友。根据凯尔斯的说法，谷歌公司在其创新平台上采用的管理模式，是从蓝色元模因阶段、橙色元模因阶段和绿色元模因阶段分别截取的最佳实践方法。正是由于将不同管理价值体系的各种最佳实践方法交织在一起，谷歌公司的经济模式才获得了成功："免费为人们提供有用的功能，而后对高阶业务功能收取费用。"

凯尔斯承认，他看到谷歌公司在巧妙地处理这些时而稳定、时而相互矛盾、不断变化的蓝色元模因（会计、工程和设计过程规则、保密协议、管理层次）、橙色元模因（市场营销、创意化的个性冲动、项目管理、战略决策）和绿色元模因（尊重言论自由，尊重设计师、工程师、管理人员和创新冲动的需求）时所表现出的是第七层黄色价值体系思维模式的迹象。"第二层级"自然设计的精髓体现在谷歌公司受互联网推动时所展示的大规模边际优势上，可以同时管理蓝色、橙色和绿色三种价值体系，并经由功能性流程朝着最高目标迈进；尊重每种价值体系，拥抱每种价值体系的健康方面，并将每种价值体系与公司目标、项目目标和谷歌的总体社会目标"不作恶"保持一致。

谷歌的工作场所是被凯尔斯称为创新渠道的一个快速通道，在这里，无数的创意都有机会在压力较小的氛围中相互竞争，并不断迭代，使自己变得更好，有时甚至也会被其他渐进式的创新成果击败。这是一种激进的研发方式，充满了丰富的创新构想，这些构想首先在谷歌的内部市场以低调的方式相互竞争，以便发展到下一个发展阶段，即"公开发布beta测试版"。通过在开发阶段的早期发布产品，并常常重复这个过程，谷歌利用"人群"公测来获得反馈，并解决特定产品中的漏洞。这种经常发布产品的哲学理念，通常能使谷歌公司更快地优化产品功能，并更精准地适应市场需求。谷歌极佳地领会了信息时代的创新渠道原则。在知识经济领域，这就等同于工业时代的新产品开发过程。许多蓝色和橙色元模因的支持结构在传统流程中不可或缺，它们大部分是通过软件支持的团队流程来实现的，从而释放了人类的创造力，使之走向创新。通过承认和鼓励这种渠道，并优化其软件支持的实现方式，谷歌公司就像是一个由强大的服务器、程序员、工程师和设计师组成的工厂，在这里，人们几乎不用花费成本，就能不断对任意产品进行试验，并根据需要调整虚拟生产流程。

谷歌公司的橙色元模因在研发方面优于传统的橙色元模因。同时，谷歌公司的绿色元模因价值观也比以往任何知识经济公司都表现得更为强劲有力。谷歌校园复制了大学校园的绿色生存状况，使工作环境成为一个非常有利于学习、创造和分享新想法的场所。通过了解工程师和设计师的大脑运作模式，谷歌的管理层能够创造出卓越的工作环境。这样自然而然地发展成了具有相似兴趣、动机和互补才能的小团队，团队成员们一起从事某些项目或参与项目的某些部分，直至将项目成功完成。这种模式远远优于以往人们在工作场所表现出的绿色元模因价值观，其自然功能的实现受限于特定的工作环境。我们还洞察到，谷歌公司在工作环境中体现强大的绿色元模因价值观的另一个侧面，是它在企业文化中如何看待员工的"停机时间"。谷歌认为，在工作日让员工的大脑休息一下，这个休息时刻是重新激发员工创造力的最有效时刻之一。

这自然反映着一种管理哲学，即允许工程师和设计师在每周的工作时间中拿出一天的时间来做自己想做的任何项目。这种管理方法是在协同工作环境中自然产生的结果，成为激发创造力的催化剂，不断为新的知识经济模式的发展提供动力支持。也正是这种管理方法，将美国经济从早期的"橙色—绿色"价值观表现形式转变为更具弹性的价值观模式，因为在"橙色—绿色"价值观影响下偶尔会出现创新，但当更好的创新出现时，又会使企业消失不见。我们可以想见，这是一个持续创新的孵化器，由一群最聪明的工程师和设计师赋能，他们在不断地向市场推出产品，无须担心自己的成功会受到冲击。

当谈到谷歌公司如何看待经济增长时，凯尔斯对谷歌采取的方法抱有独特的看法。橙色元模因企业在寻求增长战略时，主要通过收购其他企业来实现。根据凯尔斯的说法，谷歌通过在其收购模式中添加一种自然而系统的方法，使所有利益相关者都成为长期赢家，从而将橙色元模因模式推向了下一发展阶段。在某种程度上，这是退回到了健康的橙色元模因实践行为，促进了企业所在特定产业的互补性收购，增加了企业的市场份额。然而，当被收购方主要为初创公司时，人们就会像谷歌当时那样，将关注的焦点从眼下的市场份额转移到生产产品的长期能力上。

凯尔斯指出，软件初创公司在开发出初始产品并提高其所谓的智库价值后，有时会以被谷歌等大型企业收购为发展目标。谷歌在收购规模较小的软件公司时，并不仅仅关注于该公司的产品，它还会研究产品生产背后的个体人才的成长历史和未来发展轨迹。因此，在决定收购哪些创新项目和初创公司之前，作为额外的评估步骤，谷歌会研究产品背后的团队集体和团队智慧——包括人与产品，以及人与人之间的关系。谷歌将这一过程视为招募杰出人才的自然机制，以便在知识经济的生存状况变化中使其保持领先地位。知识经济中最大的资产是每个企业（无论大小）智库的当前和未来价值。

文化构建了谷歌公司的运营智库，为这些独立发展的初创企业提供了它们自己无法再造的工作环境。谷歌的人才、知识、关系、经验和独特的管理结构对这些初创公司非常有吸引力，它们自然希望融入这个不断发展壮大的体系。谷歌通过采取自然的后续步骤来保持竞争优势，为所有利益相关者创造价值。这种商业收购模式纯粹是功能性的，因为它将最聪明的工程师和设计师的才华与成熟的商业模式结合在一起，同时不断挑战他们的创造力和专有技能。与以往的橙色元模因模式不同，当并购的主要目的是提升股东的短期价值时，这就是一种功能上的长期可持续模式，通过扩大智库的规模来提升利益相关者的价值。这也是一种催化剂，将知识经济的工作场所和人才货币化永久转变为一个开放的体系。只有时间才能证明这种模式能否被复制或替代，这也要靠那些能够在资本主义文化中更好地发掘天才群体的才华的智者才可以做到。不管知识经济在未来如何变化，谷歌公司已经为追求成长的企业提供了颠覆性创新的发展模板，并创造了卓越的工作环境，为企业在实践中应用其功能价值设定了标准。

那么，在谷歌这样的工作场所中，"第二层级"价值观会如何在系统层面影响文化？我的工作伙伴曾经谈到谷歌对网络进行的自我量化，我在思考其中的价值体系含义。这不断让我想到，它本身就是世界所渴望实现的第七层价值体系的功能性。互联网用户不断向谷歌反馈自己的身份,这代表着一种应用最广泛的生存状况模型,它可以向搜索引擎提供自己的信息,并且以最有效的方式进行传递,而搜索的结果也不会被人为输入所操纵。在设计搜索引擎时,谷歌认为,网页的好坏最好是由人来判断,而不应由随机的点击量来决定。在提出"你是谁"这样的问题时,他们清楚地了解应当如何提问,同样重要的是,他们也知道应如何接收答案。在搜索时,他们会将更多的权重放在链接到特定网页的其他网站的数量上,而不是基于人们主观地链接到特定网页而随机获得的点击量。

换而言之,如果我想知道你是谁,我会问你,同时也会问那些能够完全客观地看待你的人。因此,我会更加看重别人对这个问题所给出的客观反馈。这就好比在招聘时,雇主相信应聘者自己所叙述的工作经历,还是会实际去核实这些信息,是有区别的。招聘结果决定着应聘者的命运,而招聘决定的有效性不仅与应聘者告诉雇主的信息有关,更与公共领域的公正透明程度直接相关,这使得决策过程更加科学和客观。通常,为了满足实体的需求,寻求数据的实体的自身利益会影响研究的纯洁性,因为他们会操控受访者回答问题的措辞和统计结果的制表方式。不带偏见、完全透明的信息能准确地反映全部生存状况,为系统决策者提供尽可能最完备的数据。

为了进一步明确这一点,作为"第二层级"的功能性概念,有一个区别是我在贝克的讲座中经常听他提到的。当与全球变革的推动者谈到我们要给世界带来真正的改变时，贝克重新表述了甘地的名言。甘地的宣言是"要想在世界上看到改变，就先从改变自己做起"（be the change you want to see in the world），贝克对此提出怀疑。他认为，希望在世界上看到改变，这是主观的"第一层级"价值观，很可能是绿色元模因价值观，它无法辨别出价值体系的层级结构。由于它具有"第一层级"价值观的主观性，贝克问道：如果这不是世界所需要的改变呢？（想象一下，红色元模因组织如果达成了它希望在世界上看到的改变，会怎么样？）然后，他用简单实用的"第二层级"黄色元模因的措辞将这句话重新做了表述：做出世界所需要的改变。这种重新表述通过对我们需要做的事进行无偏见观察，超越了"第一层级"价值观的主观私利，是一种考虑到整个体系的健康发展的功能性方法。清晰透明地向广告商提供数据是谷歌商业模式的核心。这是谷歌创收算法的运作方式。他们提供给广告商的数据已经剔除了主观偏见，使网络上报道的人们在哪里购物之类的信息保持完全透明，在此过程中谷歌成了网络广告收入的主要创造者：这种颠覆性的模式成了一个平台，使这个受人尊敬的行业匆匆拯救了旧有商业模式，使它免遭淘汰。

　　谷歌公司已经将其颠覆性做法扩展到了广告领域之外。自首次公开募股以来，多年后，其首次公开募股模式仍有可能带来颠覆性创新，并大大提高资本市场的效率。通过所谓的荷兰式拍卖，谷歌引入了数学算法，为其首次公开募股设定了公平的价格。网络企业的典型首次公开募股与脸书（Facebook）最近的首次公开募股很像。

几个月来，高盛等投资银行向机构投资者大肆宣传这只股票的发展潜力。它们使用的指标、秉持的价值观仍然是导向它们所希望看到的变革的，而这却不是投资界需要实现的变革。另外，谷歌的股票是面向整个投资界发行的。由于限制很少，私人投资者可以像投资银行家那样购入谷歌的股票。其结果是，谷歌的股价由完全透明的市场所决定，几乎不受投资银行家的偏向操纵，规避了大多数首次公开募股的典型特征。

自首次公开募股以来，谷歌的股价上涨了900%以上，追随它的不仅有投资者，还有那些看好谷歌未来发展的利益相关者，而脸书的股价自2012年5月首次公开募股以来已经下跌了45%以上，令许多投资者大失所望。[139] 如果我们看看这两种模式下的财富分配情况就会发现，在谷歌的首次公开募股中，股票投资者只是象征性地将初始费用支付给投资银行家，就变成了百万富翁和亿万富翁。另外，脸书的首次公开募股估值过高，从投资者的口袋里拿走了数千万美元，而投资银行家仍按高估值的初始发行价格赚取一定比例的经纪费。

谷歌正在用它所触及的一切来制造颠覆性的东西。谷歌风投是谷歌旗下的风险投资部门，它在重新定义许多根深蒂固而又老旧的橙色元模因产业方面有着巨大潜力，这些产业在本章的前面已经讨论过。谷歌公司的风险投资部门代表着风险资本向"第二层级"资本市场发展的早期阶段。在这种模式推出之前，如果创业者想要为业务扩展筹集资金，根据业务性质，一般有两个去处。如果创业公司的业务涉及比特和字节——计算机信息存储和处理，那么硅谷就是一个好去处。如果涉及的是其他方面的业务，华尔街和私募股权融资就是另一个好去处。似乎这两个领域的世界相去千里，后者代表传统的橙色元模因业务扩展方式，而前者则代表着知识经济——它以光速运转，并由天才阶层的财富和专有技能驱动。

通过其风险投资部门，谷歌将其独特的商业模式（推进大学与企业交互合作）扩展到每位创业者身上，他们相信保持颠覆性是谷歌的核心使命。在访问谷歌风投的首页时，访客首先会看到这样一段话："这是完全与众不同的风险投资基金，它每年向创业者投资1亿美元，同时也乐观地相信没有做不成的事。"[140] 谷歌发表这样的声明，似乎并不仅仅是为了批判风险投资者目前的做法；谷歌通过为人们提供完整的基础设施支持，支持企业家不用理会那些不可能实现的事情。设计技能、人员配置和营销知识已成为谷歌未来商业模式的一部分，使谷歌的发展具有极强的韧性。这种对风险投资方式进行全面整合的方法促成了一百多家公司的创立和扩张，这些公司像谷歌一样，在能源、生命科学、移动应用和游戏等行业处于创新的前沿。[141]

不过，问题仍然存在：这种融资模式是否足够有弹性或足够宏大，能够引发大规模的系统性颠覆？有一点是肯定的，那就是它创造了华尔街和风投市场无法为创业公司提供的模式：允许人们对谷歌不断发展进化的智库——从工程到营销——进行全面访问，这为未来风险项目的启动提供了完全整合的"第二层级"方法。

全食食品超市与众不同的整体系统方法

如今，第七层企业似乎可分为两种截然不同的类型，即数字型和非数字型。不同于诞生在知识经济的绿色元模因生存状况下的少数企业，全食食品超市获得了成功，证明了在以旧有的橙色元模因实践为主导的行业中，第七层体系的功能性价值是如何使某种商业模式蓬勃发展起来的。这个行业短期内不会被数字化也不会被淘汰。因此，人们认为几乎没必要为了竞争而改进这个行业的管理实践。知识经济的颠覆性本质迫使嵌入式行业对自己进行重新定义以求生存，而与之形成鲜明对比的是，全食食品超市却为其行业内的其他企业设定了可遵循的新的实践标准。

谷歌代表着第七层体系中那些天才群体的颠覆性创新，而全食食品超市则体现了与现代人类本身一样古老的行业在进行有意识的发展进化。这家企业代表着一种行为准则，它反映了"第二层级"价值观将在未来主导经济格局。知识经济时代的职场模式要求员工高度精通职业技能，且在数学和工程学方面也达到高级水准；而全食食品超市的模式则不同，它吸引了分布最为广泛的群体网络，将认同其核心价值观或愿意接受其价值观的所有人都囊括了进来，包括当地的种植者、生产者、供应商、客户、员工以及股东。这种分布式模式，比迄今为止出现的其他任何黄色元模因模式都更能满足当地生存状况的需求。

全食食品超市的管理风格使它可以在必要情况下将组织结构图颠倒过来使用。它采用了传统的"蓝色—橙色"元模因杂货商的最佳做法，将其与当地农民合作社的绿色元模因价值观相结合，并为它们注入了一系列原则，这些原则重新定义了未来的繁荣，在更大程度上，也重新定义了资本主义本身的优点。全食食品超市的管理结构与业内的其他企业都不同，因为它相信彻底的权力下放，由小型团队负责大多数关键的运营决策。表面看来，这就像基于一个个标杆团队的绿色元模因经营模式，它从一线招聘一直贯穿到全国总部，而在各个级别的各个运营单元中，这种模式都表现得特别出色。

以新员工为例，他们被分派到某个团队，进行为期四周的试用。试用期结束后，团队成员将投票决定新员工的去留，而新员工必须获得三分之二以上的票数通过才能留下来，获得全职工作岗位。这种做法不仅在食品杂货行业中比较罕见，而且在最为先进的橙色元模因管理实践中也很罕见。纵观这种绿色元模因招聘流程，小型团队已成为一种关键模式，代表着分布式创新，而分布式创新正是全食食品超市成功的核心。一旦负责各个门店采购流程的小型团队有了主人翁意识和创意自由，小型团队便会成为分布式黄色元模因体系的代表，能最准确地反映当地顾客的需求。举例来说，同是考虑选择将哪些商品放在货架上，对传统杂货商而言，他们会在企业内部的某个层级做出决策，根本不会或很少会让一线员工发表意见；而在全食食品超市，决定权掌握在小型团队成员手中，因为他们与当地顾客保持紧密联系，最了解什么能吸引顾客，他们在决定进货

> 当绿色元模因价值观被赋予了主人翁意识和恪守底线的责任感后，它们便成为人们进阶至"第二层级"价值观的跳板。

时只需要与当地门店经理协商即可。

门店和区域经理通过自主权和管理结构的自然结合而获得权力。全市食品超市在美国分划出了十几个与众不同的分散管理区域，在满足地区口味的独特性的愿望下，平衡了蓝色元模因问责制和橙色元模因效能。有些地区的奇异现象很有意思：加利福尼亚州的威尼斯城有一家康普茶吧；缅因州的波特兰市只有唯一的一家出售活龙虾的商店；在达拉斯市，团队成员为您购物时您可以选择"全食食品超市水疗"。[142] 如果杂货商店的使命是提供卓越的顾客体验，那么满足这些需求的最佳方式难道不是让员工直接与做决策的顾客们接触，以满足当地顾客独特的购物需求，并让区域供应商和本地供应商也联合起来，一致满足顾客的需求吗？一旦当地种植者认同全食食品超市的价值观，在生产过程中使用天然和有机的方法，他们便会成为全食食品超市成千上万个类似供应商中的一员，并持续与全食食品超市保持合作。这些供应商构成了独特而多样化的网络，很大程度上定义了全食食品超市经营哲学的系统功能。

仅在工作场所秉持绿色元模因价值观并不会对商业模式产生太大影响，可是当绿色元模因价值观被赋予了主人翁意识和恪守底线的责任感后，它们便成为人们进阶至"第二层级"价值观的跳板。全食食品超市团队模式的成功也离不开其责任机制。尽管店内团队在人员配置、定价和产品选择方面拥有很大的自由裁量权，但他们也要为各自部门的盈利能力负责。公司会根据每月的盈利目标对团队进行评估，各团队的绩效表现在整个公司内部都是公开可见的。当

> 在许多管理实践中，领导们都主张将客户和员工的幸福放在首位；然而，很少有企业会付出额外的努力，赋予一线员工关键决策权，以强化这种主张，使其成为管理模式中的功能性部分。

团队成员实现既定目标时，他们就会在次月工资中获得奖金奖励。[143]这种模式将健康强劲的绿色元模因形态与"蓝色—橙色"元模因标准在充满活力的团队中结合使用，团队成员有决策权，并有能力与系统中数百个标杆团队进行竞争，而该系统的最高目标是提供卓越的客户体验。

在许多管理实践中，领导们都主张将客户和员工的幸福放在首位；然而，很少有企业会付出额外的努力，赋予一线员工关键决策权，以强化这种主张，使其成为管理模式中的功能性部分。这一过程反过来又在企业选择与哪些种植者、生产者和供应商合作方面起着至关重要的作用，从而反映当地社区的价值观。全食食品超市的管理风格一旦与橙色元模因的效能指标、蓝色元模因的责任意识以及盈利需求相结合，便会转变为一个永久的开放体系，在功能上实现分散管理，且最能满足利益相关者的需求。

全食食品超市的很多价值观都反映了其联合创始人兼现任联合首席执行官约翰·麦基的经营哲学。麦基身上整合了决定"创始人—首席执行官"品格行为准则的全部三种所有制形式。在2010年接受《纽约客》(*The New Yorker*) 杂志采访时，他表示将企业视为自己的孩子，将自己视为5.4万名员工的父亲。[144]企业和员工的福祉与麦基自己的人生使命密不可分。麦基对"创始人—首席执行官"行为准则的功能型所有权的部分看法，在前面关于全食食品超市的管理风格的部分已经讨论过了，然而，驱动这种功能型所有权的是他自己的哲学倾向。麦基认为，企业可以同时追求利润和更高的目标。他所称的全食食品超市的"核心价值观"旨在公平地对待所有利益相关者,他通过秉持这样的价值观,设法使利润和更高目标共存。在一篇长达16页的名为《有觉知的资本主义:创造商业新范式》(Conscious Capitalism: Creating a New Paradigm for Business)的宣言中,麦基定义了资本主义的新疆界,在这里,商业意识取得了巨大的飞跃,超越了当前价值观的局限。

麦基对大多数有兴趣关注生活延续性的"第二层级"领导者进行了普遍观察,据此他确定了更大的利益相关者群组。据称,这些利益相关者彻底地相互依存,且有助于使资本主义跃升至"第二层级"的表现阶段。第一个群组由四个利益相关者群体组成,即客户、员工、投资者和供应商群体。现在,大多数声誉良好的橙色元模因企业现在都将这四个群体囊括在内,作为界定其企业社会责任范围的一个方面。第二个群组由其他三个利益相关者群体构成,它们分别是人、食品体系和地球的健康与福祉。[145]在谈到强化这些利益相关者群体之间的相互依存关系时,麦基引入了一个具有深远文化含义的变革模型,同时还试图驯服这两头相互对抗了五十多年的价值体系野兽。

说服美国企业相信一个非常简单的前提,即企业应该对不会直接影响其产品的事情负责,不论在过去还是现在都是一项艰巨的任务。在当今的企业现实中,这是两个独立的利益相关者群组,在上市公司的使命声明中,这两个群组并不同时存在。第一个群组定义了橙色价值体系,第二个群组定义了绿色价值体系。评论者认为,第一个群组使地球资源不堪重负，而事实证明，第二个群组也无法阻止人们攫取地球资源。在第一个群组中，主要当事人仍然是股东群体，而客户、员工和供应商等其他当事人群体则相对次要，但也有必要得到关注。第二个群组中的三个利益相关者群体让我们想起约翰·列侬（John Lennon）的歌曲《想象》（Imagine），那是一个令人心生向往的乌托邦式目标，但毫无疑问，不论在过去还是现在，它都是企业社会责任的重要组成部分。虽然第二个群组的利益相关者认为第一个群组在加重地球的健康负担，但第一个群组却不认为企业责任中应包含这些非营利性努力，拒绝以此为前提。让这两种生存层面的价值体系达成共识，是当今有觉悟的商业发展模式所面临的最大难题。

绿色元模因价值观认为，它本身的价值观就是人类所能达到的最高意识水平。它拒绝将追求利润当作一种较低层次的价值观，并轻视公司所代表的一切。出于绿色元模因的不健康表现形式，全食食品超市和麦基寻求健康地球解决方案的做法遭到了排斥，因为绿色元模因价值观本身就强烈反对橙色元模因价值观。由于绿色元模因价值观中不存在系统地看待事物的视角，因此它将全食食品超市希望盈利的愿望视为企业贪婪的另一种表现。对于橙色价值体系而言，全食食品超市的核心价值也好，两个利益相关者群组的融合也好，一直都是无法得到解释的矛盾。

尽管这两种相互冲突的价值体系一直是阻碍资本主义崛起的斗争核心，但麦基关于系统性繁荣的观点或许能为企业如何迈入"第二层级"提供答案。有觉知的资本主义所做的就是创建一个平台，这两个几十年来一直处于对抗状态的利益相关者群组接入同一个主板，同时致力于促进绿色元模因和橙色元模因价值观的健康发展，追求"第一层级"企业的非典型新底线：人、激情、目标、利润和地球可持续发展。在麦基的模型中，当他将资本主义的目标从追求自身利益改变为追求公共利益时，就出现了向"第二层级"观念的转变。通过将人们关注的业务焦点扩大到可以涵盖人、食物供应和地球三方面的健康福祉，并建立一个能够应对这些挑战的成熟体系，麦基提出了有觉知的资本主义，为商业世界绘制了新的路线图。

这个最高目标是麦基经营哲学的核心，麦基的经营哲学挑战了当前管理实践的智慧。这种范式转变在本质上是与商业相互依存的，已成为人们在追求公共利益方面必不可少的组成部分，并将这样的理念从灵感转变为一种同时以可持续性和增长性为导向的商业模式。正如麦基自己所阐述的那样，在这种情况下，核心价值观是衡量标准，使顾客的福祉与团队成员、股东、供应商、社区、环境的福祉（财务和其他方面）之间维持平衡。[146] 相互依存被认为是一种最高价值，这在高度分散的模型中得到了实践证明，它以公共利益为背景来看待增长，使全食食品超市成了令第七层体系实现分布式繁荣的一流模型。

在麦基的有觉知的资本主义模型中，公司所做的每件事的透明度是驱使它成为"第二层级"功能工具的动力。这一点在它解决公司治理问题时表现得最为明显。在金融危机之后，最能引发公众热情的热门问题是首席执行官薪酬、高管薪酬和股票期权的分配。2012年，星巴克和苹果公司等在开放体系下运营的成功企业向其首席执行官发放了数千万美元的薪酬。在一个尽其所能去奖励成功而健康的橙色元模因价值观的体系中，这些都是标准的可以接受的做法。只要企业是盈利的，并采用最新的最佳实践方法，如迎合可持续发展和其他能够彰显企业社会责任的倾向，就很少有人会关注高管薪酬。

虽然个人财富的积累仍然是"第一层级"资本主义的核心，但有觉知的资本主义却会将公众利益视为其主要服务对象。麦基举例说明了这个问题。任何一家市值与全食食品超市相当的企业，其创始人和首席执行官都有望拥有数十亿美元的身家和数百万美元的年薪。但对约翰·麦基而言却不是这样的。根据他公司的最新财务信息，约翰·麦基持有的股票不到流通股总股本的1%，而他的年薪仅为1美元。[147]尽管薪酬专家和管理专家们绞尽脑汁试图解释这些事实以及全食食品超市薪酬理念的其他随机属性，麦基和他的董事会仍在持续改善这个具有橙色元模因格调的关键领域，使其变得更好。高管薪酬的上限是全职员工平均薪酬的19倍。不仅如此，根据麦基引用的2005年的一项研究，他的公司将93%的股票期权给予其非执行员工，这种高比例是史无前例的，而在美国的其他所有上市公司中，出让给员工的股票期权的平均比例仅为25%。[148]

要想理解全食食品超市分散式薪酬模式的广泛影响，并弄清楚为何高管仍对自己的工作非常满意，就要先去理解"第一层级"和

"第二层级"领导风格之间的区别。然而，全食食品超市还有另一个与典型的橙色元模因企业的理念截然不同的哲学视角，涉及员工薪酬是否需要保密的问题。全食食品超市的所有团队成员都知道每个人的收入是多少。从表面看来，这似乎是一种平等主义的绿色元模因价值观，但麦基认为，这样做可以减少怨念，并为工作环境中的健康竞争和进步奠定基础。团队成员是实现这个模型中相互依赖的关系网络的关键链接，因此他们享有极强的灵活性，可以选择获取许多其他的福利待遇——从而使这个模型具有高度的自适应性和自组织性，在功能上属于"第二层级"。

自从麦基在2006年首次阐明有觉知的资本主义的核心价值观以来，它已成为一座灯塔，吸引了一批新型商业领袖。如今的自觉资本主义有限公司（Conscious Capitalism, Inc.）是一个非营利组织，其主要目标是促进觉知观念与资本主义相融合。[149] 从西南航空公司（Southwest Airlines）到诺德斯特龙（Nordstrom），在这些最成功的企业，其高管们都相信它所具有的种种优点，因为它们与地球上的生命网络相互联系在一起。为了在基层发扬这些优点，自觉资本主义研究所（Conscious Capitalism Institute）成立了。它构成了一个快速成长的全球社区，其中不乏来自一流商学院的学者、企业高管和首席执行官，以及顾问、企业家和思想领袖群体，他们共同构成了资本主义未来最重要的利益相关者：变革推动者。正是这种系统性的变革方法将影响生存状况，使人们以不同的方式思考和做事，并将决定资本主义理想的成败。

未来企业

那么,"第二层级"的企业治理是否也会被人们冠以同样的名称?如果对高管薪酬设置上限,并向员工提供最高份额的股票期权,当前人们对企业行为的批评会消失吗?这将是一个很好的起点,但如今的大多数企业要想被人们视为"第二层级"企业,还有很长的路要走。在主流公司看来,像全食食品超市这样的企业通常是自相矛盾的,特别是它们用于解释其经营理念的话语尚未达到"第二层级"的专业水平。对于大多数企业而言,它们向"第二层级"跃升时将会采用与全食食品超市相似的路径,而不会采用谷歌公司或知识经济那种颠覆性方式。这就需要我们在整个文化环境中发展这种思维方式。这是一条漫长而艰巨的道路,我们必须提高整个社会的觉知水平,并为全世界树立榜样,才能承担人类文化和经济发展的重任。

我们在看待自己与环境及人类同胞的关系方面,需要做出根本性的改变。当企业开始将自己视为一个生命有机体的一部分时,它将更容易接受诸如有觉知的资本主义这样的概念。通过使无防御能力的地球成为我们经济活动的最终受益者,我们使自己的价值观与一系列不同的动机保持一致。当我们开始将生命视为相互依存的网络时,我们就会将人类的生存与我们的经济利益和我们自己都置于同等重要的地位。

那么，为什么有觉知的资本主义会成为我们理想的效仿模式，它所使用的方法有什么不同，以至于使我们在本章花费了大量时间来讨论它？从价值系统的角度来看，相较于我们先前讨论的其他所有"第二层级"模型，有觉知的资本主义模型中的功能是由一组不同的衡量标准所决定的。当其中确定的所有利益相关者都被视为在整体上相互依存时，一套完全不同的、更加有觉知的价值观就会开始出现。突然间，每个利益相关者都被编织进一张紧密交织的网络，将地球视为一个整体的生态系统。所有利益相关者为确保其长期健康发展，都接入了这个独一无二的有机体。从这个视角出发，一套完全不同的分布式创新模式萌发了出来，在螺旋动力学理论中我们称其为"子整体"（Holons），它代表第八层青色价值体系。[150]

不要把这与资本主义和整个社会正在进入青色价值体系的概念混为一谈。我们现在才刚刚开始看到我们进入"第二层级"价值观所面临的问题，并将花几十年的时间去处理"第一层级"资本主义中的结构性改革，直到资本主义进入黄色元模因阶段。在这种情况下，青色元模因正在影响着有觉知的资本主义平台如何通过黄色元模因路径将"第一层级"体系在功能上调整到青色价值体系的轨道上。在"第一层级"，我们仍需要将许多事情处理得健康有效，也仍有许多企业的价值观与生存状况的需求不一致。企业必须首先接受绿色元模因的健康表现形式，而后才能跃升到黄色元模因阶段，这时企业才能客观地看到"第一层级"价值观对地球所造成的损害。

指挥控制型企业结构已经过时了。团队协作、去中心化和对小型团队的赋权以及人类精神权力这些因素都是盛行的，也正发挥着作用。谷歌的"不作恶"和全食食品超市的"整体相互依存"等理念都是"第二层级"的价值观，正是以这些价值观为指导的功能性，将改变当今企业治理的指导原则，并超越其生存层面的价值体系。这将是一个新的前沿领域，在这里，地球生态系统的微妙平衡影响着企业的觉知，而所有利益相关者都明白，在这个资源有限的星球上，维持生命的延续是迫在眉睫的事情。

参考文献

1. Clare W. Graves, *The Never Ending Quest*, eds. Christopher Cowan and Natasha Todorovic (Santa Barbara, CA: ECLET Publishing, 2005), 161.
2. Clare W. Graves, "Introducing the Theory," 1974. http://www.clarewgraves.com/theory_content/audio/CG_clip1.mp3.
3. Global Center for Human Emergence http://www.humanemergence.org/home.html Retrieved Jan 3, 2010.
4. Said E. Dawlabani, "Economic Policy and Global Value Systems," *Integral Leadership Review*, August, 2009.
5. Don Edward Beck and Christopher C. Cowan, *Spiral Dynamics: Mastering Values, Leadership and Change*. (Malden, MA Blackwell Publishing 1996, 2006), 29.
6. Svenja Caspers, Stepahn Heim, Mark G. Lucas, Egon Stephan, Lorenz Fischer, Katrin Amunts, and Karl Zilles, *Moral Concepts Set Decision Strategies to Abstract Values*, PLOS ONE Website, http://www.plosone.org/article/info%3Adoi%2F10.1371%2Fjournal.pone.0018451. Retrieved Jan 20, 2013.
7. Ayn Rand, *The Objectivist Ethics*, The Ayn Rand Institute, http://www.aynrand.org/site/PageServer?pagename=ari_ayn_rand_the_objectivist_ethics Retrieved Jan. 3, 2010. [Original Source: Paper delivered by Ayn Rand at the University of Wisconsin Symposium on Ethics in Our Time in Madison, Wisconsin, (February 9, 1961)].
8. "Irrational exuberance" is a phrase used by the then-Federal Reserve Board Chairman, Alan Greenspan, in a speech given at the American Enterprise Institute on December 5, 1996 during the Dot-com bubble of the 1990s. The phrase was a warning that the market might be somewhat overvalued.
9. Greenspan, Alan *The Age of Turbulence: Adventures in a New World* (New York: The Penguin Press), 2007, 20.
10. Greenspan, 21.
11. Greenspan, 48.
12. Schumpeter, Joseph A., *Capitalism, Socialism and Democracy (London: Routledge,1942,1994)*, 82–83.

13 Greenspan, 40–41.
14 Extracted from a brief description by Rand at a sales conference at Random House, preceding the publication of *Atlas Shrugged* in 1957 after being asked by the book salesmen to present the essence of her philosophy.
15 Frum, David (2000) *How We Got Here: The '70.s (New York, New York: Basic Books)*, 292–293.
16 Harriet Rubin, *Ayn Rand's Literature of Capitalism* (September 15, 2007). http://www.nytimes.com/2007/09/15/business/15atlas.html? Retrieved May 3, 2010.
17 Edmund L. Andrews, (October 23, 2008) "Greenspan Concedes Error on Regulation", *The New York Times*. http://www.nytimes.com/2008/10/24/business/economy/24panel.html. Retrieved June 16, 2010.
18 Frederick J. Sheehan, *Panderer to Power: The Untold Story of How Alan Greenspan Enriched Wall Street and Left a Legacy of Recession* (New York: McGraw Hill, 2010), front flap.
19 "Guru, Abraham Maslow," *The Economist*, Oct. 10, 2008, (http://www.economist.com/node/12383123). Retrieved March 5, 2010.
20 United States Department of Labor, Bureau of Labor Statistics http://www.bls.gov/cpi/home.htm. Retrieved July 7, 2010.
21 Herbert A. Simon, "A Behavioral Model of Rational Choice," *Quarterly Journal of Economics* 69 (February 1955): 99–118.
22 Humergence, exploring Clare W. Graves, Emergent-Cyclical theory of human nature. http://humergence.typepad.com/the_never_ending_quest/2006/03/graves_and_masl.html. Retrieved June 4-2011.
23 Clare W. Graves, "Summary Statement: The Emergent, Cyclical, Double Helix Model of the Adult Human Biopsychosocial Systems," Boston May 20, 1981.
24 Beck and Cowan, 27–33.
25 Beck and Cowan, 31.
26 Don Edward Beck, Spiral Dynamics Integral, Level 1 Course Manual (Denton, TX Spiral Dynamics Group, 2006).
27 Clare W. Graves, *The Never Ending Quest*, eds. Christopher Cowan and Natasha Todorovic (Santa Barbara, CA: ECLET Publishing, 2005), 163.
28 Beck and Cowan, 50.
29 Beck and Cowan, 53.
30 Beck and Cowan, 55.

31 Beck and Cowan, 63.
32 Beck and Cowan, 168.
33 Beck and Cowan, 42.
34 Beck and Cowan, 76–80.
35 Beck and Cowan, 34–47.
36 Graves, 202.
37 Beck and Cowan, 203–214.
38 Beck and Cowan 215–228.
39 Beck and Cowan, 229–243.
40 Beck and Cowan, 245–259.
41 Beck and Cowan 260–265.
42 Beck and Cowan 274–276.
43 Beck and Cowan 286–289.
44 Witt, Ulrich."evolutionary economics." The New Palgrave Dictionary of Economics. Second Edition.Eds. http://www.dictionaryofeconomics.com/article?id=pde2008_E000295. Retrieved June 20, 2011.
45 Beck and Cowan, 59–61.
46 Michael V. White and Kurt Schuler, "Retrospective, Who Said 'Debauch the Currency': Keynes or Lenin?" *Journal of Economic Perspectives*, Volume 23, Number 2, (Spring 2009) 213–222.
47 Merrill C. Tenney, ed., *The Zondervan Pictorial Encyclopedia of the Bible*, vol. 5, "Weights and Measures," (Grand Rapids, MI: Zondervan), 1976.
48 Sheila C. Dow (2005), "Axioms and Babylonian thought: a reply," *Journal of Post Keynesian Economics* 27 (3), 385–391.
49 William A. Shaw, *Select Tracts and Documents Illustrative of English Monetary History 1626–1730* (London: Wilsons & Milne, 1896) [reprint: (New York: Augustus Kelley Publishers, 1967)], 166–171.
50 Adam Smith (2002) [1759]. Knud Haakonssen, ed., *The Theory of Moral Sentiments* (Cambridge University Press), xv.
51 Adam Smith, *The Glasgow edition of the Works and Correspondence of Adam Smith*, vol. 3, 26–7, edited by W.P.D. Wightman and J.C. Bryce (Oxford: Claredon Press, 1980).
52 Michael Hudson, *Super Imperialism: The Origin and Fundamentals of U.S. World Dominance*, 2nd ed. (London and Sterling, VA: Pluto Press, 2003), 63–68.

53 M. Bordo, (2002) *Gold Standard, the Concise Encyclopedia of Economics* http://www.econlib.org/library/Enc/GoldStandard.html. Retrieved July 10, 2010.

54 United States Department of Labor, Bureau of Labor Statistics, 1980, http://data.bls.gov/pdq/SurveyOutputServlet. Retrieved August 3, 2010.

55 Board of Governors of the Federal Reserve System, *The Federal Reserve System Purposes & Functions*, Washington: Federal Reserve Board Publications, 2005, 1.

56 Ibid., 3.

57 Phillip Cagan, 1987, "Monetarism," *The New Palgrave: A Dictionary of Economics*, v. 3, Reprinted in John Eatwell et al. (1989), *Money: The New Palgrave*, pp. 195–205.

58 Niskanen, William A.,*Reaganomics; The Concise Encyclopedia of Economics.* http://www.econlib.org/library/Enc/Reaganomics.html. Retrieved August 3, 2010.

59 United States Department of Labor, Bureau of Labor Statistics, 1980–1984 tables, http://data.bls.gov/pdq/SurveyOutputServlet. Retrieved August 3, 2010.

60 Graves, 247.

61 John D. Buenker, John C. Burnham, and Robert M. Crunden, *Progressivism* (1986), 3–21.

62 "Coolidge's Legacy," Calvin-coolidge.org. 1926-03-05. http://www.calvincoolidge.org/html/coolidge_s_legacy.html. Retrieved October 3, 2010.

63 Conte and Carr. *Outline of the U.S. Economy*. N.p.: U.S. Department of State. http://economics.about.com/od/useconomichistory/a/post_war.htm. Retrieved October 5, 2010.

64 Ibid.

65 Neil B.Lillico, Neil B. *Television as Popular Culture: An attempt to influence North American Society? An Ideological analysis of Leave it to Beaver (1957–1961).* A memoir submitted to the School of Graduate Studies and Research in partial fulfillment of the requirements for the M.A. degree in History. University of Ottawa, 1993.

66 Arnold B. Barach, *USA and its Economic Future* (New York: Macmillan Company, 1964), 90.

67 Barach, 57.

68 Conte and Carr. *Outline of the U.S. Economy*. N.p.: U.S. Department of State. http://economics.about.com/od/useconomichistory/a/change.htm.

Retrieved October 7, 2010.
69. "BEA: quarterly GDP figures by sector, 1953–1964". Bea.gov. Retrieved December 17, 2011.
70. "Statistical Abstract of the United States: Historical price indices". Retrieved December 17, 2011.
71. "Statistical Abstract of the United States, 1964" Retrieved December 17, 2011.
72. www.census.gov/hhes/www/income/data/historical/ Retrieved December 20, 2011.
73. http://www.usgovernmentrevenue.com/breakdown_1961USbt_13bs1n Retrieved December 20, 2011.
74. Frum, 295–298.
75. Frum, 298–300.
76. Forex as an investment of the future, What is Forex, what is investing, what is the future?" The Market Oracle http://www.marketoracle.co.uk/Article13053.htm.
77. Daniel Bell, *The Coming of the Post Industrial Society*. New York. Harper Colophon Books, 1974. P13.
78. "The Prize in Economics 1976 - Press Release". Nobelprize.org. 3 Jan 2012 http://www.nobelprize.org/nobel_prizes/economics/laureates/1976/press.html.
79. William A. Niskanen, *"Reaganomics"*. *The Concise Encyclopedia of Economics*. Retrieved 2-2-2012.
80. Ibid.
81. Steve Early, (2006-07-31). *"An old lesson still holds for unions"*. *The Boston Globe*. Retrieved 2-4-2012.
82. University of Virginia Miller Center *"Remarks on the Air Traffic Controllers Strike August 3, 1981."*http://millercenter.org/president/speeches/detail/5452. Retrieved 2-4-2012.
83. United State Department of Labor. Bureau of Labor Statistics. http://data.bls.gov/pdq/SurveyOutputServlet. Retrieved 2-4-2012.
84. *"To Treat the Fed as Volcker Did"*. *The New York Times*. 2008-12-04. Retrieved 2-6-2012.
85. Nathan Gardels, *"Stiglitz: The Fall of Wall Street Is to Market Fundamentalism What the Fall of the Berlin Wall Was to Communism"*. *The Huffington Post*. September 16, 2008. Retrieved 2-7-2012.
86. The National Bureau of Economic Research. *"Author F. Burns"*, NBER 1949 http://www.nber.org/books/burn49-1. Retrieved 2-8-2012.

87 Bell, 17–18.
88 Bernanke, Ben (February 20, 2004). "The Great Moderation" *federalreserve.gov*. Retrieved 2-12-2012.
89 John C. Edmunds, "Securities: The New World Wealth Machine," *Foreign Policy*, no. 104, Fall 1996, 118–123.
90 Charles Ferguson, Director (May 16, 2010). http://www.imdb.com/title/tt1645089/Inside Job (Television Documentary (DVD). Sony Pictures Classics. Event occurs at 17:20. http://www.imdb.com/title/tt1645089/.
91 Christopher L. Culp and Robert J. Mackay: *Regulating derivatives, the current system and the proposed changes,* CATO Regulation: The Review of Business & Government. http://www.cato.org/pubs/regulation/regv17n4/reg17n4b.html. Retrieved 3-1-2012.
92 Bank for International Settlements, *OTC Derivative Market Activity for the first half of 2008.* http://www.bis.org/search/?sndex=alike&_st=false&c=10&q=derivatives&mp=any&adv=1&sb=0&fn1=date_range&fv1=2008. Retrieved 3-1-2012.
93 This American Life, "The return of the giant pool of money," http://www.thisamericanlife.org/radio-archives/episode/390/transcript. Retrieved 3-2-2012.
94 Don Edward Beck, PhD, *Stages of Social Development, the Dynamics that Spark Violence, Spread Prosperity and Shape Globalization,* Spiral Dynamics, Integral http://www.spiraldynamics.net/DrDonBeck/essays/stages_of_social_development.htm Retrieved 3-12-2012.
95 Graves designated levels of existence in alphabetical pairings with A through G representing existential problems, or Life Conditions and N through U representing the adaptive intelligences in the brain. G-T is the 7th level system or the YELLOW vMEME in Spiral Dynamics.
96 Clare W. Graves, "Human Nature Prepares for a Momentous Leap," *The Futurist*, April 1974, 84.
97 Dave Clarke & Alexandra Alper, (October 11, 2011), "U.S. reveals Volcker rule's murky ban on Wall St. bets", Reuters. Retrieved 3-28-2012.
98 The Ratigan Report, *MSNBC* http://ratiganreport.msnbc.msn.com/_news/2012/01/06/10008698-launching-the-30-million-jobs-tour. Retrieved 3-25-2012.
99 Dylan Stableford, "Video: MSNBC's Dylan Ratigan has a meltdown over the meltdown". *Yahoo News*, 8/10/2011. http://news.yahoo.com/blogs/cutline/video-msnbc-dylan-ratigan-meltdown-over-meltdown-031046281.html. Retrieved April 3, 2012.

100 Google Venture-Where We Invest, http://www.googleventures.com/where-we-invest Retrieved April 26, 2012.
101 Beck and Cowan, 145.
102 Richard Buckminster Fuller Quotes http://www.goodreads.com/author/quotes/165737.Richard_Buckminster_Fuller. Retrieved 05-7-12.
103 Bell 1974, 17–33.
104 Chris Anderson, *The Long Tail: Why the Future of Business is Selling Less of More*, (New York: Hyperian Books, 2006–2008), 50–53.
105 Anderson, 52–57.
106 D. Tapscott & A.D.Williams, *Wikinomics: How Mass Collaboration Changes Everything* (New York: Penguin, 2007), 15–20.
107 The Sloan Consortium, Going the Distance: Online education in the United States in 2011. http://sloanconsortium.org/publications/survey/goingdistance_2011 Retrieved 05-12-12.
108 Clare W. Graves, "Human Nature Prepares for a Momentous Leap", *The Futurist*, April 1974, 81.
109 Graves, 369.
110 Paul Krugman, "The Market Mystique," *New York Times*, Mar 26, 2009. http://www.nytimes.com/2009/03/27/opinion/27krugman.html. Retrieved 9-3-2012.
111 A Report from the New Economy Working Group, "How to Liberate America from Wall Street Rule." http://issuu.com/newgroup/docs/.
112 Charles Gasparino, "Too big to fail grows, the failure of banking reform." *The New York Post* online. July 24, 2012. http://www.nypost.com/p/news/opinion/opedcolumnists/too_big_to_fail_grows_cVFocOFPEAJyQ4LgCR2ilO. Retrieved October 18, 2012.
113 John Cassidy, "What Good is Wall Street?" *The New Yorker*, Nov. 29, 2010, 50.
114 Hyman Simeon, Financial Sector Job Cuts Announces: 200,000. Bloomberg.com, Jan. 30, 2012. http://www.bloomberg.com/portfolio-impact/2012-01-25/financial-sector-job-cuts-announced-200-000.html. Retrieved October 17, 2012.
115 David Bailey and Soyoung Kim, Reuters. June 26, 2009. http://www.reuters.com/article/2009/06/26/us-ge-immelt-idUSTRE55P4ZT20090626. Retrieved Oct. 14, 2012.
116 US Department of Labor, Bureau of Labor Statistics. http://data.bls.gov/pdq/SurveyOutputServlet. Retrieved October 14, 2012.

117 Daniel J. Ikenson, Thriving in a Global Economy: The Truth about US Manufacturing and Trade. Cato Institute. August 28, 2007. http://www.cato.org/publications/trade-policy-analysis/thriving-global-economy-truth-about-us-manufacturing-trade. Retrieved October 14, 2012.
118 Bailey and Kim, Reuters. June 26, 2009.
119 Nick Schulz, "Hard Unemployment Truths about 'Soft' Skills,"WSJ.com, Sept. 19, 2012. http://online.wsj.com/article/SB10000872396390444517304577653383308386956.html. Retrieved October 17, 2012.
120 The White House Office of Management and Budget. http://www.whitehouse.gov/omb/budget/Historicals. Retrieved Oct. 17,2012.
121 Jeremy Rifkin, The Third Industrial Revolution: How Lateral Power Will Transform Society (Excerpt). *The Huffington Post*, Sept. 28, 2011. http://www.huffingtonpost.com/jeremy-rifkin/the-third-industrial-revo_b_981168.html. Retrieved Oct. 18, 2012.
122 John Mackey, *Conscious Capitalism: Creating a New Paradigm for Business*, John Mackey's Blog, http://www.wholefoodsmarket.com/blog/john-mackeys-blog/conscious-capitalism-creating-new-paradigm-for%C2%A0business. Retrieved 10-18-2012.
123 US Department of Commerce, *Bureau of Economic Analysis*. http://www.bea.gov/newsreleases/national/gdp/2011/gdp4q10_3rd.htm. Retrieved April 3, 2012.
124 Survey Central, *What would you do to change corporate America, Wall Street, the government and capitalism in general.* http://surveycentral.org/survey/33473.html. Retrieved April 3, 2012.
125 Valerie J. Brown, February 2007). "Industry Issues: Putting the Heat on Gas". *Environmental Health Perspectives* (US National Institute of Environmental Health Sciences) 115 (2): A76. PMC 1817691. PMID 17384744. April 5, 2012.
126 "The Halliburton Loophole", *New York Times*, November 2, 2009 (http://www.nytimes.com/2009/11/03/opinion/03tue3.html?_r=1&adxnnl=1&adxnnlx=1338218432-fg6KaStIZcp+GyJXLr+suQ). Retrieved April 5, 2012.
127 Rick Newman, "How to Survive a 'Zombie Economy,'" *US News and World Report*, August 23, 2010 http://money.usnews.com/money/blogs/flowchart/2010/08/23/how-to-survive-a-zombie-economy. Retrieved May 23, 2012.
128 Adam Smith, *An Inquiry into the Nature and Causes of the Wealth of Nations*, (Clarendon: Oxford 1776), 741.
129 Aaron Pressman, "The Coffee Wars IV, Schultz rallies Starbucks baristas," Bloomberg *BusinessWeek*, February 23, 2007. http://www.businessweek.

com/investing/insights/blog/archives/2007/02/coffee_wars_iv.html. Retrieved May 23, 2012.
130 Ignatius Adi "The HBR Interview: We had to Own the Mistakes", *Harvard Business Review*, July, 2010 http://hbr.org/2010/07/the-hbr-interview-we-had-to-own-the-mistakes/ar/1. Retrieved May 23, 2012.
131 Starbucks (2012) Responsibility: values, goals, progress. http://www.starbucks.com. Retrieved May 23, 2012.
132 Adam Lashinsky, "The decade of Steve: How Apple's imperious, brilliant CEO transformed American Business," *Fortune Magazine*, November 5, 2009. http://money.cnn.com/2009/11/04/technology/steve_jobs_ceo_decade.fortune/index.htm. Retrieved May 24, 20102.
133 Walter Isaacson, *Steve Jobs* (New York: Simon & Schuster, 2011), 561.
134 Fahlenbrach Rüdiger, Founder-CEOs, *Investment Decisions, and Stock Market Performance*, Ohio State University, Fisher College of Business, August 8, 2007. http://www.ssrn.com/abstract=606527. Retrieved May 27, 2012.
135 Ibid.
136 Beck and Cowan, 282.
137 John Battelle, "The Birth of Google," *Wired Magazine*, August 2005.
138 Steven Levy, "Secrets of Googlenomics: Data-Fueled Recipe Brews Profitability," *Wired Magazine*, May 2009.
139 Carol Kopp, *"Rediscovering Google,"* Market Watch/*Wall Street Journal*. http://www.marketwatch.com/story/rediscovering-google-2012-09-26. Retrieved September 26, 2012.
140 Google Ventures. http://www.googleventures.com. Retrieved September 27, 2012.
141 http://www.googleventures.com/companies. Retrieved September 27, 2012.
142 Nick Paumgarten, "Food Fighter: Does Whole Foods CEO know what's best for you?," *The New Yorker* Jan. 4, 2010. http://www.newyorker.com/reporting/2010/01/04/100104fa_fact_paumgarten. Retrieved October 8, 2012.
143 Gary Hamel, "What Google, Whole Foods do Best," *Fortune*, Sept. 27, 2007. http://money.cnn.com/2007/09/26/news/companies/management_hamel.fortune/index.htm. Retrieved October 9, 2012.
144 *The New Yorker*, Jan. 4, 2010.
145 John Mackey, *Conscious Capitalism: Creating a New Paradigm for Business*. http://www.wholefoodsmarket.com/blog/john-mackeys-blog/conscious-

capitalism-creating-new-paradigm-for%C2%A0business. Retrieved October 11, 2012.

146 John Mackey, *Conscious Capitalism*, http://www.wholefoodsmarket.com/blog/john-mackeys-blog/conscious-capitalism-creating-new-paradigm-for%C2%A0business.

147 http://www.reuters.com/finance/stocks/overview?symbol=WFM.O. Retrieved October 12, 2012.

148 John Mackey, *Conscious Capitalism*, http://www.wholefoodsmarket.com/blog/john-mackeys-blog/conscious-capitalism-creating-new-paradigm-for%C2%A0business.

149 Conscious Capitalism Institute, http://consciouscapitalism.org/institute/. Retrieved October 14, 2012.

150 Beck and Cowan, 289.

致　谢

在俄勒冈州西部的安普夸河（Umpqua River）河岸之上，有一片名为灯塔农场（Lighthouse Farms）的天堂胜境。2008年金融危机期间，我在这里安住静修，萌生了写这本书的想法。写作对我而言从来都不是一件容易的事情，但我身边有这么多伟大的人，在他们的支持与特别鼓舞下，写作变成了我所热爱的工作。我要感谢唐·贝克为这本书写下了精彩的序言。唐是我认识的最具觉知力的领导者之一，他的认知水平领先于我们这个时代数十年。我还要感谢珍·休斯顿，她一看到这本书的大纲，就竭力敦促我放下其他一切事务，把这本书写完。

我要深深地感谢我过去和现在的所有老师。我要感谢我的大学教授古斯塔夫·沙赫特（Gustav Schachter）提出的建议，他总会鼓励我研究过去影响变革的经济数据，这个建议引导了我三十多年。我要感谢我的父亲，他九十岁高龄，却仍然是我所认识的最具洞察力的人；我还要感谢我的母亲，她总能给予孩子最好的家庭生活。我要特别感谢我优秀的兄弟姐妹：感谢"D博士"纳西夫，他一生致力于救助那些居住在城市中心区的孩子，感谢"小D博士"尼克和他的小家庭，还要感谢我的妹妹努哈和她的家人，他们给了我鼓舞。

我还要感谢歌手理查德·丹斯（Richard "the Crawdaddy" Dance），是他让我走上了自我发现的旅程。我也要感谢伊查克·爱迪思（Ichak Adizes）博士和劳拉·弗雷·霍恩（Laura Frey Horn）博士的盛情帮助，他们还给了我很多机会，让我指导他们的研究生。我要感谢博尔德市整合中心（Integral Center）的杰夫·萨尔茨曼（Jeff Salzman），多年前他让我第一次有机会在整合社区展示我的工作。我还要感谢我的好友兼同事凯文·凯尔斯，他总能看出复杂纷扰之外的简单质朴之处，让我们更好地理解世界。

非常感谢我的代理人比尔·格莱斯顿（Bill Gladstone），他相信我的作品具有变革性，并愿意代理我的工作。也非常感谢我的出版商 SelectBooks 出版公司的杉原肯吉（Kenzi Sugihara），他的远见卓识让我的书展现出了应有的样子；感谢我的编辑杉原南希（Nancy Sugihara），与她合作，我获取的信息更加清晰明确。

感谢我以前在房地产行业和住宅建设行业的同事、员工和合作伙伴，你们都曾是我的老师。我还要特别感谢我的助手小佛陀（Lil Buddha），它就是我们四条腿的查理士王小猎犬，在我写作的几个月时间里，它一直在为我暖脚。

最后，非常感谢与我一起在螺旋动力学社区工作的所有同事，如果没有我们每天的交流，这本书是不可能问世的，这些交流净化了我的思想，也令我的信息准确无误。你们就是我的青色元模因部落，我们可以一起移山倒海。

关于作者

赛义德·道拉巴尼是经济学价值体系研究领域的前沿专家。他是模因经济学集团（Memenomics Group）的创建者，这家咨询机构通过价值体系的视角重新审视经济问题，并基于这门新兴科学提供可持续的解决方案。在过去的十年里，赛义德与著名的全球地缘政治顾问唐·贝克博士密切合作。贝克博士是帮助南非从种族隔离走向和平过渡的设计师之一，也是最权威的价值体系理论著作《螺旋动力学》的合著者。

道拉巴尼曾是一名房地产开发商，后来成为社会企业家。他曾在房地产行业的经纪、开发和投资咨询领域有过25年的杰出职业经历。他组织过数百个复杂的规划、开发和历史修复项目，并向清算信托公司、联邦存款保险公司、美国破产法院和新英格兰银行等著名客户就资产处置策略提供建议。除了在波士顿、斯科茨代尔和圣迭戈等地从事房地产开发和经纪工作外，他还为一些特定客户提供长期投资策略方面的建议。

赛义德是安提俄克（Antioch）主教菲洛塞奴·尤汉纳·道拉巴尼（Philexinos Yohana Dawlabani）的后裔。菲洛塞奴·尤汉纳·道拉巴尼出版了七十多部关于神秘主义和秘传基督教（Esoteric Christianity）的著作和译本，也是20世纪早期能将《圣经》从阿拉姆语和希腊语翻译成阿拉伯语和土耳其语的少数几位学者之一。

赛义德还是中东人类发展中心的首席运营官和董事会成员，该中心是由专家组成的智囊团，透过价值体系的棱镜来解读该地区面临的政治和经济问题。他在加利福尼亚州圣巴巴拉市的爱迪思研究所（Adizes Graduate School）和弗吉尼亚大学等机构的几个研究生学术项目中担任变革型领导力主题的演讲嘉宾。

获取更多信息，请访问网站：memenomics.com。

Original English language edition published by SelectBooks, Inc..
Copyright © 2013 by Said E. Dawlabani.
Simplified Chinese Characters-language edition Copyright © 2025 by Huaxia Publishing House. co.,Ltd.
All rights reserved.
Copyright licensed by Waterside Productions, Inc., arranged with Andrew Nurnberg Associates International Limited.

北京市版权局著作权合同登记号：图字 01-2023-5648 号

图书在版编目（CIP）数据

螺旋动力. 全球经济篇 /（美）赛义德·道拉巴尼 (Said Dawlabani) 著；蔡莹晶译. -- 北京：华夏出版社有限公司, 2025.2
书名原文：MEMEnomics: The Next-Generation Economic System
ISBN 978-7-5222-0553-3

Ⅰ.①螺… Ⅱ.①赛… ②蔡… Ⅲ.①世界经济－研究 Ⅳ.① F11

中国国家版本馆 CIP 数据核字（2023）第 221399 号

螺旋动力. 全球经济篇

著　　者	［美］赛义德·道拉巴尼
译　　者	蔡莹晶
策划编辑	马　颖
责任编辑	马　颖
责任印制	刘　洋
出版发行	华夏出版社有限公司
经　　销	新华书店
印　　刷	三河市万龙印装有限公司
装　　订	三河市万龙印装有限公司
版　　次	2025 年 2 月北京第 1 版　2025 年 2 月北京第 1 次印刷
开　　本	710×1000　1/16 开
印　　张	24.75
字　　数	270 千字
定　　价	149.00 元

华夏出版社有限公司　地址：北京市东直门外香河园北里 4 号　邮编：100028
网址：http://www.hxph.com.cn　电话：（010）64663331（转）
若发现本版图书有印装质量问题，请与我社营销中心联系调换。